U0905322

Sexual Being with Passion

性海探秘

Fangfu Ruan's New Treatises of Human Sexuality

性知·性趣·性福

阮芳赋◎著

深圳报业集团出版社
SHENZHEN PRESS GROUP PUBLISHING HOUSE

策划编辑：旷　昕
责任编辑：谭祎波
特约编辑：黄　灿
装帧设计：黄　灿　周　诚

图书在版编目（CIP）数据

性海探秘：性知·性趣·性福 / 阮芳赋著. --深圳：深圳报业集团出版社，2012.10
ISBN 978-7-80709-481-4

Ⅰ.①性…　Ⅱ.①阮…　Ⅲ.①性学—文集　Ⅳ.①C913.14-53

中国版本图书馆 CIP 数据核字（2012）第 230307 号

性海探秘：性知·性趣·性福

Xinghai Tanmi Xingzhi Xingqu Xingfu

阮芳赋　著

深圳报业集团出版社出版发行
（518009　深圳市深南大道 6008 号）
编辑部：（0755）83518017　发行部：（0755）83518314
深圳市德信美印刷有限公司印制　新华书店经销
2012 年 10 月第 1 版　2012 年 10 月第 1 次印刷
开本：787mm×1092mm　1/32
字数：295 千字　印张：11.75
ISBN 978-7-80709-481-4　定价：39.00 元

本书作者在世界华人性学家协会成立大会上发言。　　陶林/摄

序

本书是一本自选的文集，是笔者在2000年出版的广东优秀获奖著作《性情怡人——阮芳赋性学杂论》的姐妹篇。故名《性海探秘：性知·性趣·性福》。

收集在这里的文章，有一半以上不但是21世纪新写的，而且有些篇乃是笔者独创提出来的新观点或新体系。此外，本书中的文章，多是关于性与生活，性与社会，性与文化或性与社会文化的。

就写作的时间来说，跨度很大，从1986年到2009年，长达23年；从写作的地点来说，有的在美国，有的在中国内地，有的在台湾，也有少许的在马来西亚等地；

就文章的篇幅来说，许多是“千字文”，是给在美国出版的中文报纸《世界日报》或《中报》（早已停刊）写的专栏文章，每篇1000字左右；也有些是给发行量巨大的中国内地的《大众医学》和《人之初》等杂志写的专栏文章，每篇3000字左右；也有些是1万、2万、3万字的长文；

就体裁来说，大部分是通俗的，是简单明了地说明一个问题的；有些是学术的、专业的，是相当系统全面地阐述一个方面或一个领域的；有的是历史的，有的是现实的；有的是理论的，有的是实际的；有的是笔者独创的学说，有的是介绍他人的成果；也有的是给别人的著作写的序言、书评或传记；有个别文章原是用英文写的，收入本书时再译成中文的。

因此，读者并不一定要从头到尾一篇一篇地阅读本书，可以跳着读，各取所需，各读所感兴趣的内容。

可以说本书的体例是不统一的，也不想或不必去统一。当然，也可以换一句话说，本书的统一就在于全书是对“性与社会文化”的论述。

笔者最初写性与社会文化，是在1986年。因为在1985年底，由笔者所主编的《性知识手册》（后被认为是现代性学在中国内地兴起的标志，并在2008年年底入选中国“30年最具影响力的300本书”中唯一的由华人编著的性学著作）在北京出版后，就离开了从学生到教授学习和工作长达31年之久的北京大学医学院，来到美国，任教于德州理工大学社会学系，除了主要编写《医学社会学》教科书（后来于1987年在上海科学技术出版社出版）之外，就和邀请笔者去美国的同系的蔡勇美教授，合作在台湾联合报系在北美的《世界日报》的“家园版”（当时的主编是薇薇夫人）开设“两性社会学漫谈”专栏。后来将这些文章交由巨流出版公司，以《性的社会观》为书名，1987年在台北出版。那时，因为笔者的中国内地身份（虽然人在美国），无法用真名在中国台湾出版书籍，所以用的是笔名江吉芳（暗含“江西吉安阮芳赋”之意，该书中有85%的文章是出自笔者之手。那本书在台湾是有一定影响的。例如，台湾教育部门发行的郑玄藏教授主编、晏涵文等教授审查的《性教育》（辅导计划丛书17，主题辅导工作坊研究手册，1993年）一书，引用了该书关于“性革命”（引《性的社会观》P.119-121），“性权利纲领”（引《性的社会观》P.109-111），“性别，性别角色与性别角色革命”（引《性的社会观》P.14-15，117-118）等的论述。

后来，笔者在香港出版的《性学与医学》（金陵出版社，1989

年，香港），在台北出版的《你想知道而不敢问的事》（方智出版社，1992年，台北），在深圳出版的《性情怡人——阮芳赋性学杂论》（海天出版社，2000年）等书中，也有一些性与社会文化方面的文章，分别是在中国内地《百科知识》、《大众医学》、《人之初》和美国《中报》“副刊”（曹又方主编）等报刊发表的文章的汇集。

上面三本书（除《性情怡人——阮芳赋性学杂论》）中，笔者的性与社会文化方面的文章，大都重新编排入本书。有一些短文后来写入了更大篇幅的长文中，原来的短文自然就删去不再出现。有些短文，合并成一篇长文。

要明确指出的是，本书并不只是旧作的杂烩，至少有一半以上的篇幅，是2002年笔者应聘到台湾高雄树德科技大学人类性学研究所担任客座教授之后新写的。这些新写的文章，多数不再是为报刊写的专栏文章，所以会更系统更完整也更专业和学术化一些。自然，也有一些文章，是专门为本书的编写所写，首次发表在此。

由于时跨23年，每次写作有不同的要求，有个别内容会在不同文章中出现，略有重复，在所难免。然而，不论是在23年前写的，还是昨天刚刚写就的，都同样代表笔者现在（而不只是过去）对所论到的性与生活，性与社会文化的种种方面的看法，其中固然不少是学习的笔记与心得，也有不少是笔者的加工整理和综合，还有一些是笔者独立形成并提出的新见解和学说。大体上说，那些在本书中也还只是1000字左右的短文，全是在1986年到1988年间写成的。因此，那里面所引的具体数据，除非另有更新，就都是那个年代的。谨此说明，并恭请广大读者和同仁指正。

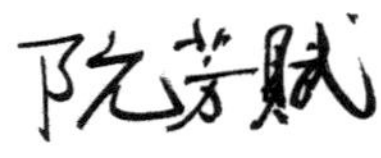

2011年10月30日于深圳

目录

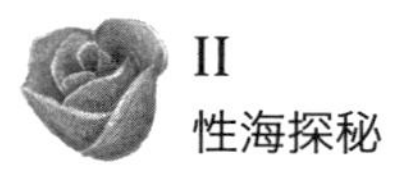

知性篇：麻辣“性学大餐”

探性篇：“性”海探秘

观色篇：“色”眼看“性”

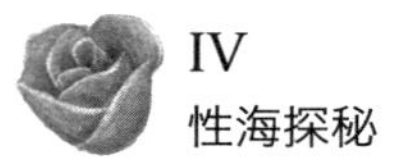

性福篇：“性福”的彼岸

附录

问性篇：
每日问“性”

编者温馨提示

“性”是什么？“性学”又是什么？你知道自己的“性别角色”吗？你是否处于“性”的困惑和迷误之中？又是如何面对现实生活中遇到的“性”的问题？

“性”伴随人的一生，又困扰人的一生，所以我们必须：每日问“性”。

“性”是什么？

由于“性”（Sex and Sexuality）的太普遍，看起来太简单，实际上又太复杂，和每个人的关系太密切，而且还太神秘，几乎每个人都可以有他自己的说法，但，恐怕不会有哪一句话能够把它说全、说透、说准、说得人人信服、不需要再加以纠正或补充。

假如一个人说：“性是欢乐之源”，一定有人会说：“性是痛苦之根”；假如一个人说：“性是爱之父，爱生于性”，一定另有人会道：“性是爱之子，性生于爱”；

假如一个人说：“性是人生幸福的保证”，一定还有人会断言：“性是社会罪恶的肇因”，而且都能绘声绘色地用自己的、或别人的亲身经历来加以证明。

活跃在美国旧金山湾区的华文散文作家、诗人刘荒田在他的《随笔专辑：“性”致勃勃》的“作者自白”中写道（《美华文学》1999年1–2月号，第4页）：

> “性”这玩意，爱情是它，销魂是它，佳话是它，荒淫是它，阴谋是它，强奸是它，骚扰是它，卑污是它，谁也不

好自认垄断真理。

他的话虽带讽喻，却是“入木三分”，道尽“性”字实难简单化地“一锤定音”。

去问研究“性”的专家，他们却也是分门别类，各据一方，各说一词：

一位遗传学家可能会说：“性之种种不过是来自‘性染色体’XX与XY，特别是那个Y基因起决定性作用。”

一位内分泌学家也许会说：“性腺和它们分泌的性激素决定性的表现和性的差别。”

另一位神经生理学家马上会补充道：“下丘脑和脑下垂体控制性腺和它们分泌性激素的功能。实际上决定性的表现和性的差别的，应该说是下丘脑的性中枢。”

一位解剖学家会出来描述男、女性器官和第二性征的种种表现，当且会赞美地说：“这才是真正有血有肉的性，那性的吸引、性的欢快正是来自这可触可摸、活生生的奇妙人体呀!”

可是心理学家为了维护“脑科学”的尊严，不得不反驳说：“其实，那吸引、那欢快、那性的欢乐高潮，都是一种心理体验，都是来自那号称‘万物之灵’的大脑，大脑才是最重要的性器官!”

美国著名电视节目“芝麻街”的制作组，拍了一部很好的性教育片《男女青少年对于性和生长发育想知道些什么？》，其中有一段是大家来回答“性”是什么，摘译如下：

（女教师）要是你去问人们到底什么是“性”，你会发现每个人的回答是不一样的。

（胖男孩）“性”是男人的精子进到女人的卵子中去，

产生一个小孩。

（穿玫瑰红衣女孩）嗯——嗯

（黑孩子）“性”就是人们做爱。

（红衣女孩）“性”就是性。（笑）

（女教师）你们看见了吧， 各有各说，让我们再来讲一讲，到底什么是性?

（音乐）；（字幕:性是什么?）

（女教师）有的时候我们讲到性，不管是男人还是女人，男孩还是女孩，指的是一种“性吸引”，常会想到一些漂亮的、很性感的广告，用来吸引人们去买那种产品。有的时候我们讲到性，就是指“性交”，有的人说得文雅些，就是“做爱”。这种事情是大人做的，当他们互相感觉到很有情意，愿意互相照顾，并且互相同意做出这种决定的时候，就会这样去做。但当互相做出了做爱的决定的时候，还需要做出另一个决定，就是要不要怀孕生孩子，假如不愿意马上怀孕生孩子，就要考虑和决定到底用什么避孕的措施来有效地防止受孕。

这一小段引文，虽说是并无什么高深大论，却真是提到了几个又大、又深的问题：性与爱、性与人际关系、性行为的“年龄要件”，性的自决权、性行为的“互相同意要件”、性与义务、性与生育、性与不生育（避孕）、以至性与广告和商业经济的关系。看来，“性”这个词的分量是越来越重了。

早在1927年就有人在《性而已》（T·M著，北新书局出版，北京·上海）一书中说过，人生不过是性而已。虽然笔者并不认为这种说法十分准确，但毕竟不失为一种大声疾呼地对“性”的强调。

在2000年春出版的《北美周报》（3月3日）“时尚”版，刊出一

篇佚名长文：《在21世纪的新纪元里，我们还会需要性吗？》，其中罗列了1960年代避孕药的应用，使“性只为性、不为生育”成为普遍的事实；1978年第一个“试管婴儿”诞生后，现已有几十万个“试管婴儿”诞生；“无性复制”的“桃莉羊”诞生，使“人的无性复制”成为一种现实的可能；对“同性恋”的社会接受程度也日益扩大，都使“性”与生育渐行渐远，似乎人们有根据发问：在21世纪的新纪元里，我们还会需要性吗？然而，该文在结尾，以极大的肯定态度写道：

> 自然界中我们认为美丽怡人的事物，大都归功于性。要不是有性，就不会有花开鸟鸣。开满花朵的草地，回荡黎明时分的鸟儿合唱，这其实是激烈的性竞争场景。伦敦大学进化心理学家米勒指出，人类生活中每件铺张炫耀的东西，从诗词到快速跑车，都是根植于性的逞强好胜。船王欧纳西斯曾说：“如果女人不存在，世界上全部的金钱也没有什么意义。”他曾是世界首富并娶了世界级的美女、美国甘乃迪总统的遗孀杰克琳为妻，应该是懂的。或者如基辛格（前美国国务卿）所说：“权力是最好的春药。”那么人类文明如果没有了性，会是什么样子？我猜大概会和蚜虫、蒲公英一样：毫不费力地生殖，但建造不出大帝国或大教堂。

这种把伟人和人类的大功业和“性欲”相连的观点，多年前，一位在1912年因“血管缝合、血管与器官的移植”而获得诺贝尔医学奖的著名的医学家卡雷尔（Alexis Carrel, 1873–1944），在他1930年代风行全球的名著《MAN，THE UNKNOWN》（1940年周太玄的中译本译为《人的科学》）中，就曾明确表达过：

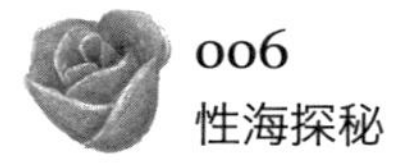

一般说来，伟大的诗人、艺术家、圣人、以及征服者，都是有很强性欲的。几乎所有伟大的艺术家，都是伟大的情爱者。灵感看来取决于性腺的一定状态。爱情刺激心灵，特别是当追求而未达成目标的时候。假如毕特蕾丝真的成为了但丁（1265-1321年，意大利伟大诗人）的情人和妻子，可能根本就不会有《神曲》的出现。（据说但丁由于对他心中的美女毕特蕾丝的强烈单恋，而在1307-1321年间写成其不朽的长诗《神曲》）。

中华文化的代表性经典之一《礼记》中早就指出：“饮食男女，人之大欲存焉。”这里说的“男女”自然是指两性的性生活，而且，把性的满足与饮食的获得相提并论，同列为“唯二”的“大欲”，不能不说是很正确而鲜明地强调了“性”的重要。其实，这乃是一种朴实的真理；不吃不喝，人就要渴死、饿死，个体生命不能保存；男女两性不交合，不能成孕（当今科学的人工授精、试管婴儿且当别论），种族生命无法延续。离开“性”，民族不存，国家何在？人类也将从地球上绝灭!

那么，性的重要，是否只表现在“传宗接代”上?

当然不是!

从生物医学方面来看，性行为不仅带来高潮的欢乐，而且，良好的性生活乃是防病健身、延年益寿的重要途径；从心理社会的角度来看，性生活的积极意义，也是非常明显的。

位于美国旧金山的世界著名的“高级性学研究院”院长麦克依尔文纳博士，是研究“性与健康”的权威，他领导进行一项例数达37500人的调查，以揭示有规律的性交对于身心健康的重要作用。他们的研究结果显示出：具有主动活跃的性生活的人，更少焦虑，更少出现暴力和敌意，也更少抱怨，更少把不幸、不快的责任推到别人身上，因而也就更少和人们处在冲突和紧张的关系之中。他指出：

当你处在一种健康的性关系之中，你就会对自己满意，并且也会对你周围的人满意。幸福的情侣造就最好的夫妻、父母和朋友。也就是说，良好的性生活使人们成为好的夫妻、好的父母和好的朋友，使人际关系变得轻松愉快。父母沉浸在良好的性生活之中，并且间接或直接地让子女知道这一点，将使家庭更和谐安定。父母性生活的满足感会洋溢到子女，并使子女对于他们的身体有一种正确而健康的态度。性的健康是代代相传的。

希恩博士对65位男人、40位女人进行了长达25年之久的追踪研究，写成《充实的生活》一书，说：

持续不断的良好的性生活，使伴侣们学会如何更好地表达他们的需要，从而使他们变得更少抑制，更多主动自发，更能使需要得到满足，人的性格变得更欢乐可亲，更有决断，更自我信赖，更能做出良好的决定。性生活美满的夫妇，有更幸福的家庭。在性方面的满足，也使他们在更多的更广泛的方面感到更有意义，对于家庭、对于事业、对于社交，也都更有追求，感到更有价值。

婚姻治疗专家法尔吉指出：

一种温柔体贴的性生活有助于造成我们许多最优秀的质量。它培育配偶双方，导致更好的沟通和情感交流，增加对

对方的关怀和体贴，使我们更多地考虑到对方的需要。因为做爱是双方共同配合才能做得更完美，所以做爱的过程教会我们互相配合，共同动作。

又，正如内斯尼克博士所说：

做爱肯定不只是你在床上做什么动作。你会把和配偶共同享有这种积极良好的感觉，带进你生活的世界的所有方面。性的能量正是整个生命的能量。

以上是从“正”的方面来看“性”对人生、人际关系和人类社会的某些重要意义。

再简略地从“反”的方面来论证这一点：

一次又一次的“扫黄”花了多大的人力、物力，去清除商品化了的“性”事；年复一年有多少人因强奸罪而被绳之以法；古往今来又有多少夫妻因为性生活的不和谐而闹家庭纠纷，直到离婚，甚至因“婚外性”而闹出人命案来；不断增长的性病发病率，表明全国又有多少人因性生活处理不当而延祸自身以至后代，更不用提艾滋病（AIDS）对人类造成的威胁了。

“水可载舟，亦可覆舟”。性亦然，既可使婚姻幸福，家庭和谐，社会稳定，也可能使家庭破裂，婚姻不过剩下一种痛苦的记忆，社会也为“色狼”、“美人计”所困，全看人们能否把握好这个“性”字所深含的种种内涵了。

固然，性器官是天生成的，但这并不意味着性生活的和谐美满也是“本能”的赐物。性的德育、智育、体育和美育，都是要花力气去学习和应用的。

性的三层次：生物性、心理性别、社会性角色

“性”（Sexuality）是一个包括生物 、心理 、社会三个层次的复合体，这个多层次的“性”内涵， 决定了人们对自己、对子女 、对青少年、对广大人群进行性教育的必要。

第一，性活动是一种自然现象，生理现象。性、生殖系统是人体整体的一个组成部分。这一系统与其他器官系统不同，大约要在出生后10年才开始发育，再过大约10年才能成熟。在青春发育过程中，会出现一系列个体从未有的现象，例如女性的初次来月经，男性的初次遗精，男、女性都会逐渐萌发对异性的兴趣，也可能会出现性冲动，出现手淫，等等。由于缺乏有关的知识，青少年们便可能陷于迷惑、恐惧、焦虑之中，也有可能处理不当。所以，应该在可接受的范围内，向儿童、少年、青年们讲解生殖器官的构造和功能、青春发育的自然进程等生理卫生知识。

一个很有说服力的例子：1968年捷克斯洛伐克布尔诺城的两位精神病学家，在布拉格召开的第二次世界大战后的第一次国际“性学”大会上所作的学术报告中提供的数据。布尔诺市为了预防自杀，设置了一个昼夜有专家值班的称为“生命线”的专用紧急心理咨询电话，任何因极度的心理危机而濒于绝望、企图自杀的人，可拨此电话得到专家的帮助。仅仅1967年一年之中，这个只有30万人口的城市就有100多人因为性方面的问题而处于自杀前的痛苦中，使用“生命线”求助。其中大部分是年轻人，因为恋爱中出现的性问题而陷入严重苦恼、焦虑和恐惧。发人深省的是，这些人几乎都是在其教育和职业中

缺乏性生殖知识的技术人员。相反地，学医的便相对较具有性生殖知识，不会仅仅由于无知而导致的痛苦去自杀。这种无知可达到惊人的程度，譬如有的女孩子仅仅被她的男朋友吻了，就陷于怀孕的恐惧之中而不能自拔 。

第二，性又是一种心理、社会现象，是个体社会化的主要方面之一。婴儿出生后，马上就要被当成男性或女性加以养育，在3岁或5岁以前，一个人是男性，还是女性，在社会心理上便已定型，很难改变。正是从父母、幼儿园、小学校，从社会接触中，一个人接受了男性应如何如何，女性应如何如何，男女之间接触应如何如何的一套社会规范，形成了心理学上的“性别”差异，形成了社会学上的“性别角色”差异和性别角色行为。这一过程进行得好与不好，对终生有极大影响。所以，还应该在可接受的范围内，向儿童、少年、青年讲解有关性别差异，有关性道德等方面的知识。在全世界范围内已出现青春发育提前、婚前性关系和少女怀孕、未婚怀孕增多的问题，这方面的教育尤为必要。对于性别心理差异和社会角色差异的正确教育，有利于两性的互相尊重，有利于建立良好的两性社交关系，有利于防止某些变差情况的出现。

为了科学地表达性（Sexuality）的3个层，近年来常采用性、性别和性角色这3个成系列的概念：男、女在生物学上的差别，简称之为“性”（Sex）；男、女在心理学上的差别，简称之为“性别”（Gender）；男、女在社会学上的差别，简称之为“性角色”（Sex role）或“性别角色”（Gender role）。

“性学”是什么？

假如我们要给“性学”下一个很简单的定义，可以说：性学乃是对于有关“性”（Sexuality）方面的一切的科学研究；或者说，性学乃是研究“性”的科学。对于“性”的研究，可以从不同的方面或角度来进行，例如从解剖学、生理学、病理学、卫生学、临床学、治疗学、心理学、社会学、政治学、伦理学、哲学、民俗学、人类学、文学等等方面来研究“性”。这样便有了性解剖学、性生理学、性社会学、性政治学、性伦理学、性哲学、性民俗学、性人类学、性文学等等不同的领域。广义的性学，便是这一切“性研究”领域的总称。既然这些学术领域都是研究“性”的，所以它们之间既有差别，也有关联。我们可以举两个明显的例证来说明这种关联。

众所周知，有两种性少数行为：一种叫虐待狂（Sadism），一种叫被虐狂（Masochism）。它们得名于法国贵族Marquis de Sade（1740–1814）所写的小说，描绘了虐待狂行为；还有历史学家兼小说家Leopold von Sacher · Masoch（1836–1895）所写的几部冗长的小说描写男子屈从于暴戾残酷的女子。这便说明了性文学和性心理学、性病理学等的关联。甚至有人称这两位小说作者为“性学”鼻祖。

不过，从学术上来看，人们多半把1886年克拉夫特 · 埃宾的《性心理病》一书的出版，看成是现代性学的开端。

然而，“性学”这个学科名称是布洛赫（I. Bloch）在1906年首先创用的。布洛赫是一位知识极为渊博的医学家，他首先将民族学、人类学的方法引入性障碍的研究。他对“性学”所下的定义是相当广泛

的。在他的名著《当代的性生活》一书中论及：从医学角度研究性生活，永远应是性科学的核心，然而仅此还不足以恰当地处理好性生活与人类生活其他领域多方面的关系。考虑到性爱在个人生活和社会生活中的整个重要性及其与人类文明进化的关系，性学这样一个特定的研究分支，应成为总的“人类科学”（Science of mankind）的一部分。

布洛赫这段话，今天看来，仍然是很精辟的。他把性生活和人类其他生活领域，例如家庭生活、社会生活、政治生活、经济生活、军事生活、宗教生活、学校生活等等互相联系，更把性学当成是对“人”的研究的一个重要组成部分，这无疑是很正确的。

性（Sexuality, sex）在人类社会的历史与现实中，是无时不在的，无所不在的，也是无所不用的。对每一个人来说，人人有性，一生有性，从生到死，绵延不断。性与爱紧密联系在一起，性与生育紧密联系在一起，性与民族的存亡和发展紧密联系在一起，性与人类的文化和艺术紧密联系在一起。

不论性给一个人的生命带来的是些什么，每个人的欢乐、痛苦、激情、亢奋、低回、相思、回味、满足、失落、幸福、不幸，那最刻骨铭心的感情，那最伤人肺腑的失去，那无法抗拒的欲望，那抑制不了的冲动，那最值得庆贺的人生收获，那最难以忘怀的终生遗憾，凡此种种，都和这个“性”字有着分不开切不断的紧密关系。性的内涵是无限丰富的，它的外延也是无限多样的。

从生物医学层面上来说，遗传学上的性，性的解剖，性的生理，性的内分泌学，性的发育，性健康和性安全与卫生，性生活质量的改善与提高，性的病理，性功能障碍，性传播疾病，性治疗，性疗法，性与药物，助性器具的应用等等；

从心理层面上来说，性心理发展，性欲、性吸引，各种情况下的性心理反应，性的沟通，性的咨询，性别的心理差异，性指向、性认同和性行为等极其多样的性象；

从社会层面上来说，性角色、性成见与性别歧视，性教育、性社会学、性权利的维护，性犯罪和各种性社会问题的处置，性哲学、性法学、性伦理学、性政策学、性经济学、性产业或涉性产业的研究，性与计划生育，性与婚姻，各年龄阶段的性问题，性风俗和性人类学研究，性的中西比较研究，性与大众传播等等；

从历史和文化的层面上来说，性的认识史，性的社会控制史，各个国家和民族的性文化及其演变史，性书的编辑、出版、收集、评介、译介及书目提要等性文献学研究，性文物的收集与研究、文学中的性和性的文学，艺术中的性和性的艺术，等等，都是性学所应该包括的内容。

当然，以上方面的内容，到目前为止，并不是都很完备的，有的也许只能说还刚刚开始。所以说，性学是一门跨多个学科的发展中的学术领域，是极为广阔，极为丰富，也极为诱人的。

基于以上对性学的理解，笔者在2006年，提出了如下的性学图书分类表，由此可见性学作为一个综合的多学科领域的丰富面貌：

分类号	类表
	性学总论 Sexuality Generalities
	性哲学和伦理学 Philosophy & Ethics of Sexuality
	性与神话和宗教 Sexuality & Mythology & Religion
	性生物医学 Biology & Medicine of Sexuality
	性心理学和性行为学 Sexual Psychology & Behavior
	性社会学和性人类学 Sociology & nthropology of Sexuality
	性研究性调查和性教育 Sexual Research, Survey, and Sexuality Education

	性产业和性经 Sexual Industry and Economy
	性学史和性文化 History and Culture of Sexuality
	性语言文学艺术和色情学 Sexual Language, Literature & Arts，and Erotology

这只是性学的第一级分类，是根据内容的学科性质的一种本质分类。还需要根据时代、地域、专业层次等等，作进一步的次级划分。例如，“18世纪的性学”、“波斯的性学”、“弗洛伊德的性学著作”、“生殖内分泌学”、“性激素”、“雌激素”等等次级类目。我在台湾树德科技大学性学研究所指导的林琼芬硕士，原是图书馆学系本科毕业生，作为硕士论文完成了一个“性学图书分类全表”。

在“性学图书分类法”之外，为适应近年来华文图书市场的需求，出现了一些很畅销的“涉性图书”。著者又提出了一个“涉性图书”的划分。

“涉性图书”指一切其内容在很大程度上是谈论“性”的书籍。为何要说“在很大程度上”，是因为，实际上“在很小程度上谈论到‘性’的书”，是一定要排除在外的。例如，许许多多的“字典”、“词典”、“百科全书”等等，都有关于性的或多或少的解说，但在全书中只占很少篇幅，自然不会也不应被列为“涉性图书”。

所指很畅销的“涉性图书”，更敦群培（1903－1951年）著《西藏欲经》（陈琴富译）[1]便是其中的佼佼者。书中，他提出了“完全排外”（因为他用的是全称判断）的男人4分法：“兔子、雄鹿、公牛和种马”与女人4分法：“莲花型、图画型、海螺型和大象型”。

出现在“涉性图书”（特别是很畅销的）中的类似以上的种种说

1、更敦群培著、陈琴富译：西藏欲经，台北：大辣，2003。Gedun Chopel（tr. Jeffrey Hopkins: Tibetan Arts of Love, Ithaca,NY: Snow Lion Publications,1992.

法，既会困惑一般读者，更会困扰学习性学专业的学生：“这些说法对不对？”“为何不见于性学教科书中？”

面对这么繁多的“涉性图书”（或不准确地称为“性学书籍”），就很需要一种划分来表明其间的差别，下面便是着重提出的“涉性图书”的划分方法。

1. 古典性学（Classical sexology）

也可以称为“前性学”（Pre-sexology），“前科学性学”（Pre-scientific sexology），或“远古性学”（Primitive sexology）。即1886年之前的“涉性图书”。

虽然“性学”一词是在1906年由布洛赫（I. Bloch）创用的，但是，人们仍然公认1886年出版的克拉夫特·埃宾的《性心理病》一书是现代性学的奠基性著作。因此1886年便被看成是现代性学的肇始之年。[1]

像中国的《素女经》、《玉房指要》、《玉房秘诀》、《洞玄子》等，日本的《医心方·第28卷，房内》，印度的《爱经》等等，都是“古典性学”的代表作。

古典性学的特点是其经验性，一般都缺乏实验的证明。

2. 民间性学（Folk sexology）

民间性学的特点也是它的经验性，一般都缺乏实验的证明。这是“非科学性学”的共同特点。它和古典性学不同的是，它可能不具有“经典”的名气和影响力，而且，在1886年之后，它还出现，直到现今，并将继续。

1　阮芳赋（2007）：性史：自然史·社会史·研究史。（阮芳赋主编：性学万有文库027）。高雄：万有出版社。

3. 宗教性学（Religious sexology）

也是“非科学性学”的一个门类。“非科学”只是一个描写语，指它“不是用现代科学方法，包括科学实验或其他客观研究方法所证明的”，并不是判断语，不像“不科学”或“反科学”这种带有否定意义的论断词。通常说“不科学”或“反科学”，等于说它是不对的；然而，“非科学”的，并不就是不对的，其中有的是对的，有的可能是不对的，要加以具体分析。

宗教性学的代表作，因宗教和教派的不同而不同，例如中国道教的“内丹派”的性技巧专著《三峰丹诀》和《玄微心印》等。

4. 个体性学（Individual sexology）

个体是就书的著作者来说的。又可以分为：专业的个体性学（Professinal individual sexology）、通俗的个体性学（Popular individual sexology）。

例如，莫尼（John Money, 1921–2006）是20世纪性学著作最多的著名性学家。“莫尼的性学著作”便是在“专业的个体性学”项下的一个类目。

列入“个体性学”中的著作，很可能是一家之言，未必世所公认。既包括有著者个人的种种特色，也可能包括他的严重错误。例如，莫尼著作中有很多他自己新造的术语，是为特色之一，再如他的“性别社会建构论”（不是指“社会性别”而是指整个人的性别）便被证明是有严重弄虚作假的错误结论。

5. 科学性学（现代性学，简称：性学）Scientific sexology（Modern sexology）

指在1886年之后出版的著作，其基本内容是用现代科学方法，包括科学实验或其他客观研究方法，所证明的可重复可验证的结论。又可以分为：理论性学（Theoretical sexology）和实用性学（Practical sexology）。

一般说来，科学性学著作，是比较可靠的。但也不是无错的。科学也是不断发展的。新的结论推翻旧的看法，是经常发生的。

由于事物的交叉性和复合性，由于角度的转换，同一本书，有可能被分在两个类别中，有时还可能分在3个或以上的类别中。例如，“莫尼的性学著作”既可以列入“科学性学—理论性学”中，也可列入“专业的个体性学”中。

现在回到前面的问题，关于更敦群培《西藏欲经》，假如根据他主要参考印度的古典性学而写成，便可列入“古典性学”；假如根据他也写了他个人的性经验，似乎也可列为“通俗的个体性学”；假如根据他综合了“藏传佛教”的著作和经验，似乎也可列为“宗教性学”；杜永彬在《藏族性学初探——更敦群培〈欲经〉研究》一文中，称“现代藏族学术大师更敦群培（1903-1951年）撰写的《欲经》，是藏族性学的代表作”[1]，这一说法也是可取的。但是，它不能被列入“科学性学”。

因此，以上提到的困扰自然就解除了：现代性学的课程中，并不一定要包括进诸如更敦群培等人的著作，也不会与他们的一些特殊的涉性说法保持一致，并且也不必为这些说法提供解析与论证，当然也不应该加以全面的反驳与否定。各类涉性著作都有权各自独立地存在。这也进一步使得“性学”的领域，更为复杂而多样。

1　杜永彬：《藏族性学初探——更敦群培〈欲经〉研究》，2002年12月16日

“性社会学”是什么?

性社会学既是社会学也是性学的一个新兴分支学科，研究与性密切相关的社会规范、社会行为、社会角色、社会结构、社会变迁和社会问题。

1927年，北新书局出了一本小册子，书名叫做《性而已》，在其“导言”中说：“人生是什么？简单地说一句，性而已。……从礼教而至于裸体游行，从教育而至于革命工作，举凡一切人类的行为，以及社会的组织等，无一不直接或间接、多量或少量地由于性的指挥而形成。伟哉伟哉，性的威力！”我们并不完全赞同这段话，因为作者T.M.（原著如此）先生把人生归结为“性而已”，未免有点过分。但是，性与整个社会生活的诸多方面都有密切的关系，这一观点倒是很正确的。因此，社会学家要研究性，把性社会学建立为社会学的一个专门分支，也就理所当然了。

性在本质上就是社会的。因为性行为往往总是涉及两个人，而且通常是一男一女。所谓“两性”，其结果则可能生出一个新个体，即子或女，就变成3个人了。严复老先生把“社会学”译为“群学”，意义上很正确，社会学正是研究人群、研究人际关系的。性，总是“群”的，总是“人际关系”的，因此，自然也就成为社会学的研究目标。

不过，正式成为一个专门领域的“性社会学”则为时不久，还是发展中的一门新兴学科。当然，性社会学作为一个学术研究领域，是已经确立了的。这可以用《社会学文摘》从1960年起便开始有了“性行为的社会学”（Sociology of sexual behavior）这一特定类目来做证明。《社会学文摘》是国际社会学会的机关刊物，开辟专门收集“性行为的社会学”的文献的栏目已达30年了。又如，在著名的社会学的书评刊物《当代社会学》中，就有性别（Gender）和人的性方面（Human Sexuality）等门类，是属于性社会学的范围的。

可以作为性社会学学科形成标志的一些著作，例如James M. Henslin教授编《性社会学研究》初版于1971年，以及它的增补修订版《性社会学：入门读本》（The Sociology of Sex: An Introductory Reader）出版于1978年。《性社会学研究》一书，有18位作者就婚前性行为、性高潮、人工流产、性与暴力、职业与性、同性恋、性研究与社会学等课题进行撰述；在《性社会学：入门读本》中有17位作者就大体相似的课题进行了论述。第一版的较短的“引论”代之为第二版的较长的“走向性社会学”，表明了人们对建立性社会学这一专门分支的进一步的期望和努力。

美国社会学家Kando教授在1978年提出：“性社会学研究有关性行为的特定领域，并且由于某种原因，经常把注意转向一些差异形态，例如色情品（Pornography）、强奸、娼妓和同性恋。”这个定义只强调了与性有关的差异行为和社会问题。事实上性社会学也要研究常态行为，也许性社会学更重要的对象是广大群众的性观念和性态度等内容。固然性犯罪、娼妓、色情品和色情行业等是性社会学重要研究内容，但，性社会学还要把立足点放到广大群众的范畴，面对所有的人，而不仅仅是差异行为者。这样的性社会学才更为完整、更切合社会的需要。

性社会学可以有广义和狭义两种不同的定义。广义的性社会学涉及性（Sex）、性别（Gender）性角色（Sex role或Gender role）；而狭义的性社会学则主要涉及性（Sex），比较局限在直接和性行为有关的社

会内容，而不专门去讨论性别和性角色。

男女平等不平等，男女是否同工同酬、男女在教育、职业、社会地位和社会角色方面的差别等，都属于“性角色社会学”（Sociology of sex role或Sociology of Gender role）；而对男性特质（Masculine）和女性特质（feminine）的社会学研究等，则属于“性别社会学”（Sociology of Gender）。也有的人把“性社会学”、“性别社会学”与“性角色社会学”都混合起来，而总称之为“性社会学”，这就是广义的性社会学了。

似乎在英文中可以把广义的性社会学叫成Sociology of human sexuality或Sociology of sexuality；而Sociology of sex则专用于狭义的性社会学。因为Sexuality是一个更为广泛的概念，包括了与性有关的生物、心理、社会诸方面，而Sex则比较专注于生物学上的性和性行为。

在中国社会学的传统中，曾经有过“两性社会学”这个术语，例如，1937年出版的李安宅译，许地山和吴文藻校《两性社会学——母系社会与父系社会的比较》便是直接用“两性社会学”作书名的。但此书并非对两性社会学的通论，而是著名人类学家、社会学家马林诺夫斯基1927年的一本专题著作，原书名是《野蛮社会里的性抑窒》，乃是对初民社会中的一种性社会学研究。而且，“两性社会学”这个术语，现在看来也是不恰当的。因为人类不仅有男女两性，而且有不男不女或亦男亦女的“第三性”。随着性别转变手术的发展，数以万计的人已经从生物学上的男人变成了女人，或从生物学上的女人变成了男人，他们都不是原来意义上的男人或女人，而是“第三性”，这是后天的第三性别者。也还有因生下来而带有的性别畸形造成的不男不女或亦男亦女者，这是先天的第三性别者。现在，第三性别者有他们特定的职业、特定的社会圈子，甚至有“男人手术而变成的女人”和“女人手术而变成的男人”结婚而组成的新型家庭，至少就其不可能

生育这一点来说，和传统的“异性家庭”是不同的。总之，性社会学不仅要研究男性（Male）、女性（Female）这两性，也要研究第三性。所以，两性社会学一词应予删除不再使用。

性，是一个牵涉范围极广的课题。性与战争、性与政治、性与军事、性与宗教、性与经济等，都有相当的关系，并且都已经成为了特定的研究课题以至研究领域，这些研究都应该包含在性社会学之中，至少也是性社会学与其他学科相交重叠的区域。性与社会变迁也关系很大。“性革命”曾经一次又一次地出现在人类历史上，至少是在某些国家之中。1984年4月9日《时代》杂志登载了其高级作家列奥（J. Leo）的文章“性革命已成过去”，同年，与之观点相反的文章“性革命方兴未艾”在《人道主义者》杂志发表。这只是一个例子说明性与社会革命、社会变迁的关系，也是一项重要的性社会学研究课题。

Henslin教授1978年撰写的“走向性社会学”一文中指出：“性社会学并非社会学的周边领域，它所研讨的乃是作为社会秩序的基础之中的社会问题，并研讨社会文化诸群体对于人类行为的影响。”这一判断很清晰地指明了性社会学在现今社会学分支系统中的重要地位。

大学生对“性”的问与答

人们发现，即使在性资料很开放的现今社会，即使是大学生，仍然对于“性”所知甚少。S.L.Caran 博士等在《Medical Aspects of Human Sexuality》中发表长篇论文，介绍了美国东部一个著名大学中，大学生问的一些什么有关“性”的问题。对于最常问的一些问题,并附有解答。有一些问题和解答是很有意思的，选介如下：

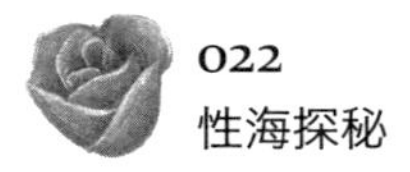

问：女人真的比男人更难达到性高潮吗？

答：我想你指的是阴茎和阴道性交而不是指手淫。女的要较长的时间才能兴奋起来，她也希望保持性兴奋较长的时间。对于大多数女人来说，需要刺激她的阴蒂（Clitoris）。假如只用阴茎、阴道性交，由于阴道离阴蒂相当远，对阴蒂的刺激往往不够达到产生高潮的程度。

问：男人偶尔不能勃起，是正常的吗？

答：是正常的。一个男人在过度疲劳或过度紧张的情况下，做什么事都不会做得很好的，性交亦然。身体的疲劳和精神的紧张都可能使他一时不能勃起。应该能理解这种情况，不要着急。

问：阴茎是长一些好还是粗一些好？

答：阴道对于阴茎的大小是能很好地调适的。女人多半喜欢她的阴蒂和阴道入口处受到刺激，假如阴茎插入阴道太深，摩擦起来，反而会使女人感到疼痛不快。性交的快感并不依赖于阴茎的长与粗。

问：我怎么能判断一个女人想要性交了呢？

答：女人在准备接受阴茎插入时，有一些身体方面的征象，例如外阴道有不少分泌物，很滑润，骨盆也会有某种运动。许多女人愿意告诉男人她希望插入。若你不清楚，你可以温柔地询问她，是否到了插入的时候。

问：两人一起达到性高潮是不是很重要的？

答：这并不很重要。事实上，一先一后分开来达到高潮，可能会更愉快一些。特别是新的伴侣，需要互相了解一阵子的时候，更不必着意于两人一起达到高潮。很多人都感觉到，当他们致力使对方愉快

的时候，往往不容易体验到自我的性高潮快感。

大学生同居现象

著名性心理学家阿尔伯特·艾利斯（Albert Ellis）在1962年写道：从1950年到1960年10年间，在美国“求爱”（Courtship）程序中一个最显著的变化，乃是在12岁到15岁的少女少男之间，约会和肯定关系大量增加。大学生同居乃是这一过程的发展。

1968年，琳达（Linde Leclair），一个Bernard 学院二年级学生被发现和一个前哥伦比亚大学学生在校外同居，成为纽约时报和其他报刊的热门新闻，从此，大学生同居现象开始被研究者们所瞩目。

大学生同居率从不允许校外居住的小学院的占1%，到允许学生同居住校外的大型州立大学的占35%不等。这就是说，约有1／4到1／3的美国大学生过着婚姻之前（或婚姻之外）的同居生活。大学生同居，已经成为一种重要的当代生活方式。

在科纳尔大学（Cornell University）进行的一项很强有力的研究表明，在其学习能力和学习进程方面，同居的大学生和非同居的大学生之间，并无任何显著的差异存在。甚至在最终结婚的愿望和安排方面，这两组学生之间，亦无任何显著差异存在。这就是说，无论同居与否，大学生们的学习情况和对未来婚姻的态度，是并无差异的。

同居者之间，并不一定有性交。住在一起，主要是出自一种感情上的需要，而不纯粹是为了满足性欲。显然，大多数的同居的大学生过着性生活。但有10%的同居者，住在一起3个月以上并无性交发生，仅仅是睡在一起而已。

科纳尔大学同居的大学生列举同居的理由有：大学生活的寂寞与单调；“约会的游戏”过于肤浅；对于和他人有一种更有意义的关系的追求；和一个愿意照顾你的人住在一起、睡在一起所感到的情感上的满足；试验一种婚前的关系的愿望；对于传统婚姻结构的严重不满。

最重要的单一理由选择和某人同居是：相互感情上的依恋。大多数同居者保持一种排除第三者的单一配偶关系（Monogamous）。但他们并不视同居为“试婚”。

而非同居的大学生之所以不和他人同居，主要不是因为道德观念上的问题，而是因为没有适当的机会。

事实上，大学生同居现象只是社会上同居现象增加的一个趋向。在1980年，美国已有160万未婚配偶住在一起，是1970年的3倍之多。

对性生活的看法

有性生活好吗？还是禁欲好？性生活频繁一点好？还是节制一点好？历来是大有争议的。

著名的中国古典性小说《肉蒲团》[1]，在第一回中很大胆地讲到性生活的好处，说假如没有“男女交媾”，“只怕头发还早白几年，寿数还要略少几岁”，并以和尚、太监缺少性生活者为例，说明“京师

1　《肉蒲团》或《玉蒲团》，英译Rou Pu Tuan，或The Camal Prayer Mat。在各种外文译本中，《肉蒲团 》都印著者为李渔。《肉蒲团》是中国古典性小说中最为典型的，也是写得最好的之一。也许是因为李渔（李笠翁）的名气太大，这样好的小说好像一定要出自名家，所以外国人宁愿相信是他写的。中国内地出版的李渔全集，也把《肉蒲团》收进去了。

城内只有挂长寿匾额的平人，没有起百岁牌坊的内相（太监）”，可见“女色”二字原于人无损。这就是说，禁欲不好，有性生活才好。《肉蒲团》的作者并没有宣扬纵欲。他写道：

> 世上的人若晓得把女色当乐，不可太疏，亦不可太密，不可不好，亦不可酷好，未近女色之际，当心思日此药也，非毒也，胡为惧之，既近女色，当思此药也，非饭也，而胡为溺之。如此，则岂但阳不亢，阴不闭，世无夭折之成，亦可使内无怨女，外无旷夫，则如王者之政。

作者是从男人的立场写的，所以说“女色”，其理于女人是同样的，我们可以把“女色”二字读为“男女交媾”便可。《肉蒲团》的作者，主张性生活“不可太疏，亦不可太密”，自然是对的。不过，明确一点说，现在的认识是，在不过度的情况下，以密一些为好，也可以说是有节制下的频繁更好一些。

现代的性学研究，已经发现较频繁的性交有如下的好处：

宾州大学医学院教授Carcia博士写道：“女人若有更为积极频繁的性生活，绝经期便会来得较晚。而绝经以后的妇女，无论是通过手淫还是性交，继续保持很活跃的性生活，便会继续享有较高的性欲水平，并可使阴道更为滑润而健康”（Dr. Schreiner · Engel）。

Garcia教授还指出：较频繁的性交有利于调节排卵，“每周性交2次或2次以上的女人，生殖功能更为正常”。

德国性医学家Schnabl博士通过客观的研究证明，经常性交有利于发展女性达到“性高潮”（Orgasm）的能力。他指出：每月性交1–4次的妇女，有59%感觉不到性高潮；每月性交5–8次的妇女，只有25%感觉不到性高潮；而每月性交9次以上的妇女，感觉不到性高潮者降低到

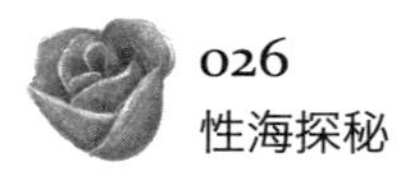

只有16%。他还提出，短时间内反复性交，可以延缓男子的射精，同时增加女子获得性满足的可能性。假如性交频率太少，男子则倾向于很快就射精疲软，女子则倾向于高潮推迟，这两种反方向的改变，正好造成了性生活的不和谐，特别是女方性生活因而不满足，长此下去，则可能引起“阴冷”，以致造成婚姻生活的冲突和离散。

性生活不和谐问题

夫妻之间或伴侣之间，经常出现性生活不和谐、不协调的问题。有的很短暂，偶尔出现，就过去了；有的持续很长时间，甚至以离婚而告终，或虽未离婚，但终生没有美满的性生活可言。有的是由于确有某种毛病存在，有的却纯属误解，有的是真的性功能失调，一方或双方有某一种或几种性功能方面的障碍，有的却纯粹是误认为性生活不和谐，而实际上并没有问题，是无端的烦恼。

医学博士L.I.Jacobs在一篇分析性生活不和谐的《性咨询》文章中，列举了6个方面的因素，使人们产生自认为性生活不和谐的无端烦恼（实际上并不存在性功能的异常），这构成了大部分“自构出来”的“性不和谐”的主要原因。

1. 谬误的信念：例如“双方要同时达到高潮”便是一种谬误的信念，不能同时达到高潮，便认为是不和谐，其实双方同时达到高潮并不一定是必要的。

2. 不切实际的期望：例如误把书上的平均数当成自己的期望数，书上说30岁的男人平均每周性交2–3次，而他自己每周只有1次，便认为性生活不和谐，其实，性欲的个体正常差异很大，每周1次对某些人来说就像每周10次一样正常，有的人确实每周10次或更多，也有的人也许1周不到1次，都不能认为是不正常。年纪大了，期望还和青年时期一样，也是不切实际的。

3. 对异性角色的曲解：在蜜月的欢乐之中，某男突然性欲和性能力直线下降，原来他以为他好社交的妻子常和别的男人开玩笑，或有时和别的男人跳舞，表明他妻子在引逗别的男人，所以性生活大为失色。其实，他妻子只是在扮演她一般的社会角色而已，只是她性格的表现而已。解决疑团之后，性生活又美满如初了。

4. 无端的恐惧：某人内心有一种不可言传的恐惧，以为和父亲一样也会在50岁时死去，这种内在的无端恐惧使他的性生活也暗淡无光了。

5. 隐藏的意图：某人对他女朋友不满，不想和她结婚了，于是性功能变得不好，以便实现他不结婚的目的。后来他们的关系好转了，他的性能力也恢复如初了。

6. 没有解除的罪恶感：性是人生的重要欢乐感觉，很容易被内心的罪恶感（Guilt）所抑制。一个新寡的女人，再婚之后，性生活很满意，比起和前夫的关系和欢快要好得多，当她产生出一种罪恶感时，性生活就不满意了。去掉罪恶感之后，她又重回性的欢乐之中。

克服性迷误，才能性和谐

Myth（s）是一个常用的英文词，但很难找到相应的中文词对译。Myth的本义是“神话”，可是我们常用的却是其引申义。中国最具权威的《英汉大词典》（上海译文出版社，1993年）对Myth的译义是：“神话，编造的话、谎言、谣言，杜撰出来的人（或事物），（没有事实根据的）虚构信念（或观点、理论）。”

性观念中的用Myth一词，现有的中文译法有“性迷思”、“性迷失”、“性迷信”、“性神话”等等，都有不足或不准确之处。近见梁实秋先生的一篇散文《流行的谬论》，文章开首即对“流行的谬论”作了定义：

> 有许多俚语俗谚，都是多少年下来的经验与智慧累积而成。简单的一句话，好像含着颠扑不破的真理。所以在言谈之间，常被摘引，有时候比古圣先贤的嘉言遗训更亲切动人。由于时代变迁，往昔的金言有些未必可以奉为圭臬，有些即使仍在流行，事实上也已近于谬论。

该文对“流行的谬论”的定义倒很接近Myth一词之所指。总起来说，Myth指的是曾经或至今广泛流行的、人们信以为真、实际上却并无科学根据（虽可能有个别“例子”佐证）的虚妄谬论。现将其译为“迷误”，“迷”既是“My”的音译，又可意指为流行的“迷信”，“误”当然是指现已确认其为错误。

由于“性隐秘”和“性愚昧”的广泛存在，就大大加强了“性迷误”的流传。

在人类生活的各个领域，或多或少都有这种或那种迷误存在。关于“性”这个一向被视为不能公开进行探讨的禁地，自然有着更多的迷误，这些迷误使人们的性生活受到轻重不同的损害。因此，消除性迷误，乃是改善性生活的一个重要方面。

著名性学权威玛斯特斯和约翰逊就曾经对一些性迷误进行过有力的抨击：

1. 性交最满意的姿势是男人在上面的姿势。

这只是最常用的，但不一定是令双方最满意的性交姿势。女上位（女性在上）可能更容易使女性得到满足。侧位则可能对男女双方都是很好的姿势。

2. 妊娠期间应该禁止各种性行为。

妊娠的头3个月，由于早孕反应，妇女也许无意于性交，而且此时女性性高潮时的子宫收缩有可能导致流产。暂停性交为宜，或者可以采用避免达到性高潮的性行为。妊娠的其他月份，并无必要禁止各种性行为，包括性交。

3. 小的阴茎不如大的阴茎更能使女人满足。

在疲软状态下，阴茎的大小相差颇著，但当勃起时，差别并不大。由于阴道具有收缩作用，更使勃起阴茎大小的差异显得无关紧要。真正使女人感到痛快的，是对阴蒂的直接或间接刺激。阴道壁对来自阴茎的性刺激其实并不很敏感。

4. 从长远利益来看，最好节制性欲，让性欲升华。

这是一种清教徒、禁欲主义者的说法。我们从未见到禁欲能把“性力”真正转变成为其他的能力。禁欲对身体并没有什么明显的好处，活跃的性生活倒是对心身都有好处。

5. 热衷于性事的女子乃是女性色情狂或性欲亢进。

女子天生就比男子有更强的性能力。真正的“色情狂”和病态的性欲亢进，即便有，也是极其罕见的。

6. 老年乃是性行为的终点。

无论男女，都不必因年龄而放弃性生活。相反，保持适度的性生活可延缓心身衰老。

7. 作为一个男人，如果不能使一个女人得到性满足，便患有某种严重的性功能障碍。

不一定。女方得不到性满足，有各种不同的情况和原因，要加以具体分析。

男性学的权威齐尔柏吉尔德博士著《男性学》和《新男性学》（同一作者，体例不同于前书），在书中详述了近20种性迷误，现简摘部分以飨读者：

男人不应表达某些情感。

譬如男人不能表现出温柔、害怕，软弱，在性行为方面也总要戴上一副欺凌的面具，其实，这样不利于男人的心身健康，也不利于男女亲密关系的发展。

性交是一种要男人努力去完成的任务。

社会成见把男人看成是一部努力行动以达到目的和成就的机器，连性交也成了让女方达到性高潮的一种紧张工作。其实，这种看法让性生活的兴奋迷人感丧失殆尽。性生活应该是全身心地沉浸在灵与肉的交融中，不是计较勃起有多硬、持续时间有多长、能引发对方几次高潮的工作任务。那些计较只会引起“操作焦虑”，破坏性快感，以致陷入性功能失调。

男人要为性交安排好一切、谱写好全章乐曲并加以演奏。

把男人放在对性生活的一切要负全责的看法是不正确的。琴瑟和鸣，阴阳谐和，两情相投，男女共欢，才是爱途之道。

男人总是想性交，总是一想性交马上就能性交。

男人和女人一样，既不总是想性交，也不总是一想性交马上就能性交。在“马上就能”这方面，男人还不如女人，因为男人在射精后有“不应期”，有一段时间不能勃起。不应期的长短，从几分钟到几个小时都可能，因人而异，因情境而异，也因年龄而异。

一切肉体的接触必定要导致性交。

美妙的触摸本身便是美妙的，并不一定要转为性交。有时是不能性交，有时是不想性交，只要拥有肉体接触的性欢乐便很好。死守“肉体接触后一定要性交”的想法，一生中会失去很多很多的性欢乐。

性生活就是性交。

性生活比性交（通常指阴茎插入阴道的“阴道性交”）要丰富得多。性交只是性生活的一种方式，而不是唯一的方式。在某些特定情况下，性交既不是最好的方式，也不是最合适的方式。

性行为一定要有阴茎勃起。

既然性行为并不一定要性交，性行为也就不一定要阴茎勃起，甚至根本不需要阴茎。唇舌、手指，甚至全身肌肤都可以是性行为的“主角”。

良好的性生活一定要以达到一定高潮而告终。

性高潮也只是性欢乐、性满足的一种。“良好的性生活”应以双方的真正满意为标准，达到性高潮并非必要因素。假如感到这次不易有性高潮出现，或要很费劲才能勉强出现，就不如在感觉还良好时，适可而止。

性行为应是自然并自发的。

自然并自发地性交，当然是有的，也是很好的，但却不是普遍而恒常的。几千年来的文化所带来的种种限制，已经把本来应是自然并自发的性行为，变得不自然、不自发了。假如“自然”意味着“不必学习”，那就必须说“性行为不是自然的”，因为人类的性行为确是需要学习的。假如“自发”意味着“不必准备”，那就必须说“性行为不是自发的”，因为人类的性行为确是需要有所准备的，思想和情绪准备、环境和条件准备、安全和避孕准备，诸如此类。

著名电视性教育专家鲁思博士曾撰文指出：很多妇女保持着“小女孩”式的性观念，而这种种观念其实都是错误的，不利于达成良好的性生活。如果把这些大多数得自少女时的性观念抛掉，你的性爱生活就会好得多。这些所谓“小女孩”式的性观念，也是一类性迷误：

爱情是重要的，性则没有什么。

童话故事教给小女孩，爱情是幸福的唯一所需，性则避而不谈。这纯粹是维多利亚时代的清教徒神话。真实的情况是，我们生来便是有性欲的，我们都需要性的欢乐，这种需要是与亲密关系连在一起的。我们正是为了亲密关系而结婚，良好的性生活乃是这种关系的纽带。性的欢乐，是夫妇之间表达爱情和亲密关系的最自然的方式。

男人比女人更需要性，男人比女人的性欲更强。

其实，现在知道，女人同样性欲很强，甚至超过男人。当然，每个人是不同的。在一对配偶中，两人的性欲也不总是完全匹配的。所以每一方都要了解自己和对方的性欲情况，以建立一种双方都很满足的性生活。不但男人的性欲应该得到满足，女人的性欲也应该得到满足，而不仅仅是为了满足男人。

性是天生的，所以良好的性生活会自然来到。

不对！人们告诉小女孩在公众面前如何得体，一举一动要高雅，但没有人告诉小女孩在私生活方面的言行举止。性生活并不是不学而会的。从最简单的握手、接吻，直到如何达到性高潮，都需要学习。假如你永远保持小女孩的态度，“不讨论任何性事”，你就会发生麻烦。每一对夫妇都应该学习和讨论如何过好性生活，对方喜欢什么，不喜欢什么，都要共同努力去找到适当的方式让双方都满意。

他应该知道我在床上喜欢什么。

不对。正像你也不知道丈夫的喜好一样，假如他没有告诉过你或者没有表现出来。例如，有些丈夫非常喜欢妻子抚摩他们的乳头，而有些丈夫却很不愿意他的乳头被抚摩。

在床上女人不可主动提出要求。

当然可以。大多数男人喜欢配偶在床上能主动些，而不喜欢妻子只是躺在床上，像木头动也不动，等着男人去满足她。其实应该双方都要主动，共同培育和开发你们的性生活！

近20多年，美国出版的与性有关的书中，书名上包含了“Myth”

一词的就有30多种，有几本是专讲性迷误的。在书名上没有标出，但在内容中对性迷误加以批驳的，就更多了。上面所引述的最负盛名的三家之言，便是例证。

美国休斯敦大学麦卡利教授（James Leslie McCary）写了一本专批性迷误的书，还译成了中文（书名为《错误的性观念——打破七十一个“迷思”》，郑文译，河北科学技术出版社，1989年）。该书从6个方面（性生理、性欲、生殖与避孕、性失调与性变态、性犯罪、其他）分述了71项性迷误。例如：“同时达到高潮是性和谐的第一要务”、“年纪大了就不应该在性生活上太活跃”、“停经或子宫切除会结束性生活”、“性交后排尿或站着性交都能避孕”、“手淫会引起各种生理、心理问题”、“性犯罪的发生是因为性欲过强”、“一般的医生都足以处理性问题”，等等。这些说法为何是错的，从书中都可找到答案，这里不再重复。

该书作者关于反对性迷误的演讲，也大受美国医药学界、媒体和公众的欢迎。麦卡利教授说得很好：

> 在心理学、医药、生物学方面的研究和发现，一直都证明一件事：“正确的性知识”与“稳定和圆满的性生活”之间有直接的关系。只有当真理取代那些不合理、有侵蚀性且附属于罪恶感的性观念时，幸福的性生活才有可能。

在中国，不论是过去还是现在，也流传很多性迷误。总的来说，中国的现代性迷误，和上述西方的性迷误大致相似，或完全相同，无需另行重复。中国古代的性迷误，则颇具特色。例如，中国现存最著名的几本性学经典，都有些传统的性迷误在内，下面略举几个，以见一斑：

1.“五月十六日，天地牝牡日，不可行房，犯之不出三年必死。何以知之？但取新布一尺，此夜悬东墙上，明日观之，必有血色，切忌之。”（《素女经》）

无稽之谈，纯属迷信。

2.“求子……以妇人月经后三日，夜半之后，鸡鸣之前……”（《素女经》）

现代科学证明女性排卵在月经周期的中间，即以刚来月经之日为第1日，在第14日左右排卵。“月经后三日”未必不能怀孕，但肯定不是常人最佳的易孕时期。

3.“凡欲求子，候女之月经断后则交接之，一日三日为男，四日五日为女，五日以后徒损精力，无益也。”（《洞玄子》）

生男还是生女，不取决于日子；恰恰“经断”5日到10日后，才正是求子的大好时日。

4.“昔黄帝御女一千二百而登仙……能御十二女而不复施泄者，令人不老，有美色。若御九十三女而自固者，年万岁矣。”（孙思邈《千金方·房中补益》）

实际上，既没有人成仙，也没有人万岁，包括孙思邈本人在内。据报纸的公开报道，美国著名XXX级男影星霍姆斯一生“御女”一万二千之数，远多于黄帝，不仅没有成仙，却在盛年死于艾滋病，早早地成了风流鬼！

至于“一滴精等于十滴血”之类的诸多说法，更是在民间广为流传。这些古已有之，信奉多年的性迷误，至今还有人相信着。所以，

中国的性教育任务更重，不但要消除似是而非的现代性迷误，还要铲除千百年来的根深蒂固的传统性迷误，才能使每个家庭的性生活与普通生活一样，随着社会的进步、文明的昌盛而有明显提高。

性隐秘与性愚昧

很少有什么别的领域像人类在性生活领域那样地严加隐藏、谨守秘密。人们都习惯于隐讳自己的性生活，很少宣扬出去。人们都不在公共场所具体地谈论有关性行为的事情，甚至要买一本有关性知识的书时，纵然鼓起最大的勇气，还是说不出口，只好用指头一指，匆忙地偷买而去。人们之中，很少敢公开进行性研究，即使有几个先驱者开性研究的先河，也都遭到过各方面的刁难和打击。似乎，“性隐秘”是不可侵犯的；否则的话，“无耻”、“堕落”、“败坏社会风气”、“庸俗不堪”，诸如此类的帽子就会压在头上。笔者并不认为性隐秘全然不对。事实上，假如在性的方面一点隐秘也不讲，可能就会使性的吸引力大大降低，变得淡而无味了；而且，过分的性开放，确实会带来一系列本可不出现的社会问题。但是，笔者也不认为性隐秘全然正确。事实上，对性持一种极端的神秘化、务求隐藏的态度，确已引起了一系列本来可以不出现的社会问题。其中之一就是“性愚昧”：对于性全然无知，对各色各样的神话（myth）、谬见、谰言信以为真，贻害于己，贻害于人，贻害于社会。

通俗小说《新红楼梦》中写到少女薛蔼如月经初潮，以为是大病缠身，“好端端便下起血来”，不知“到底叫什么病症，会死不会死？”被风流少男贾小钰大大戏弄了一番。现实生活中，确实有不少女孩初潮来临时，不知所措，大为惊恐，著名妇女运动家玛丽·司托发夫人在她的《结婚的爱》一书中写道：

> 有一个受到过高等教育的女子，对我说，她18岁时，因为一个男子在跳舞中，猝然吻了她一下，便担了好几个月的大心事，生怕生出一个小娃娃来；还有一个少女对我说过，她非但同样受了精神上的痛苦，而且由于对一个吻便会生出小孩的恐惧，竟使她的月经停止了几个月。

一位妇产科医师谈起，一对夫妇因不孕症来就诊，经检查发现，该妇女是先天性无阴道症，尿道口扩大，原来10余年在尿道口性交，还以为是正常情况，乃怀疑何以不怀孕，这才上医院来；另一位妇产科医师谈起，一位十几岁的少女怀了孕，原来她以为别人结了婚，两年都不一定怀孕，她只性交一两次，当然不可能怀孕，于是她就成了可悲的未婚少女怀孕者！

所以说，对于性的科学研究是必要的，对于从童年起便要进行的性教育是应该的；作为私生活的性隐秘固然应加坚持，性愚昧却必须破除。

独身并不意味孤独

现代社会独身者日益增多。所谓独身者指的是已到达法定结婚年龄之后仍然没有结婚的人，仅此而已。独身者既不是昔日的“独身主义者”，发誓终生不婚配；也不是昔日的“禁欲主义者”，不和任何

他人（异性或同性）有任何性行为，也许包括不手淫在内。今日的独身者，到了某种时刻，也许会进入结婚者的行列，在他（她）们独身之际，可以有性伴侣和性生活，甚至可以有多个性伴侣和很活跃的性生活，只不过暂还不想就婚姻之范而已。至于这个“暂时”则长短不一，数年、数十年，甚至主动或被动地成了终生未婚者。

习惯于结婚成家的人，也许会感到独身是颇为孤独难耐的事，其实未必。美国华盛顿一位署名Yadima的读者写信给专栏作家Ann Landers道：

> 为什么你和许许多多的人以为所有单身者都是孤独的呢？我一辈子没有结婚，我并不觉得别种生活方式会比这更好。
>
> 我曾经见到过一些所谓美好的婚姻，但我唯一想说的只是“不，谢谢，我不想要”。结了婚的人，一生之中时时要考虑到另一个人。每一方都有权利知道对方每时每刻在哪里，花了多少钱，花在什么上。
>
> 婚姻要求一切东西都共享。一旦你结婚了，就不存在什么是“我的”了。全都是“我们的”了。
>
> 我喜欢能够在晚上回到一个安静舒适的房子，在其中可以完全放松休息。我整天都看人、听人说话，我在回家之后不愿意再听到别人的声音了。假如我想说话，可以打电话。假如我想要有人作伴，我有很多好邻居和朋友。
>
> 我知道有些结了婚的女人却非常孤独，像身处于地狱之中一样，更不用说那些不得不和酒鬼、赌徒、色鬼、性欲狂徒苦度一生的女人了。我相信别人也会看到这些的。我真感到困惑不解，为什么很多单身的女人以为她们失去了很多。

也许因为人们总倾向于他们所没有的东西，而不去满足于已有的幸福吧。Ann Landers请不要再劝每一个人都去结婚了。

Ann Landers回答道：谁？我？你错了。许多的单身者有着最好的身心生活。我对这一点知道得比谁都清楚。

当然，这也只是一家之言。人们也可以举出同样多的好处来赞美婚姻生活。因人而异，不可强求一律就是了。

女性性观念的社会成见

社会上存在着一些对女性在“性”方面的成见。这些成见流传很广，影响很深，对于女性积极的性生活是十分不利。下面列举的便属于这种成见：

●女人的性生活仅仅是为了满足男人和生孩子。

●只有在结婚之后和丈夫才能有性生活。

●女人只能和男人发生性关系（不能和女人、和自己）。

●女人必须嫁给一个男人。

●只有男人可以接触你的生殖器（女人不可以，自己不可以）。

●女人应该除掉生殖器部位的气味。

●性是脏的，性欲是不好的。

●除了“男人在上”的“传教士位置”性交之外，其他的都是肮脏的，不正常的。

●即使你在性生活上很有经验，也不要显示出你有经验。

●性是很羞耻的。

●女人不应该太成功，即使在性方面也不要很成功。

●你必须能够有“阴道高潮”（弗洛伊德认为只有阴茎摩擦阴道而产生的高潮才是成熟的，经由阴蒂刺激而达成的阴蒂高潮则是不成熟的。这是弗洛伊德带给人们的一种虚假的观念。）

●你必须要有高潮。

●假如你要求阴蒂刺激，你就是过分、不成熟和自私。

●要让女人性兴奋起来，需要很长的时间。

●“前戏”是成问题的，因为性交的目的就是交媾。

●你必须每天有性生活。

●你必须要有一个男人，你才是完备无缺的。

●你在性交中的全部欢快都应来自男人阴茎的抽动。

●只有医生和男人才懂得女人的身体和性方面的事情。

●假如你在性交中，没有出现性高潮，你就要假装你有了性高潮的欢快体验。

●对女人来说，性仅仅是一种义务，是为了满足男人的需要，而不是为了你自己的性欲。

●女人不可注视自己的生殖器（用镜子照看等）。

●女人永远不要让自己失去控制，沉溺于性的欢乐。

性育篇：一生的必修课

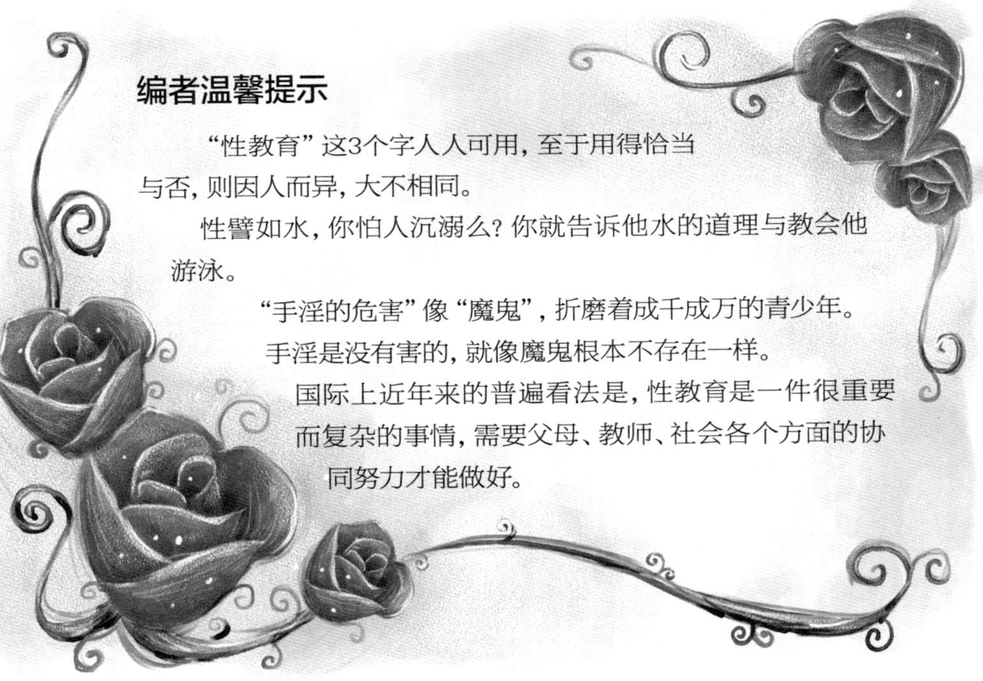

编者温馨提示

“性教育”这3个字人人可用，至于用得恰当与否，则因人而异，大不相同。

性譬如水，你怕人沉溺么？你就告诉他水的道理与教会他游泳。

“手淫的危害”像“魔鬼”，折磨着成千成万的青少年。手淫是没有害的，就像魔鬼根本不存在一样。

国际上近年来的普遍看法是，性教育是一件很重要而复杂的事情，需要父母、教师、社会各个方面的协同努力才能做好。

性教育要从0岁开始

严格说来，0岁是不存在的。通常人的年龄是从出生后算起，所谓“0岁”也就是从呱呱坠地到满1周岁那一年间了。然后才是1岁、2岁，逐年增岁。说性教育要从0岁开始，从新生儿开始，这是不是故作惊人之语呢？刚生下来的小孩，根本听不懂话，怎么去教育呢？从新生儿就开始性教育，果真有这种必要吗？

是的，非常必要。教育并不一定要通过语言。一生之中，最初那些日子里的“无言的教育”，是非常重要的。一般人常常把性教育理解为性器官和性行为方面的知识教育，这是很片面的。当然，这种教育既不必要、也不可能去对一个摇篮中的婴儿述说。但是，性教育更基本的部分，即性心理学和性社会学方面的教育，却须及早从0岁开始。

孩子生下来，就要取名字。在各种语言中，男人的名字和女人的名字是不同的。当你一看到“李玉娘”或“刘秀姑”这种名字，就知道是女人；而你一看到“李大海”或“刘振刚”这种名字，就知道是男人。名字的“性”差异不仅有识别意义，也有某种心理暗示作用。假如你替自己的女儿起一个男孩的名字，或给男孩取一个女性十足的名字，就不适宜，就可能使子女在日后引起某种性心理方面或性社会化方面的不适应。同样，你给婴孩穿什么衣服，选什么颜色，佩什么饰物，玩什么玩具，唱什么儿歌，讲什么故事，做什么示范，作什么告诫（“不许这样！女孩子不能这样！”“不许哭！哪有男孩子动不动就哭，真害羞！”之类），这一切的一切，都与性心理的发展和性角色的形成，有极密切的关系。也可以说，正是这种种情境中，潜移默化，性心理和性角色得以按社会的期望而发展与形成。若是做得不恰当，例如混淆了男女的差异，给一个男孩叫女性的名字、按女孩打扮、玩女性的玩具、做女性的劳作，就可能在日后使这个男孩出现性心理的异常；甚至成为“性别同一性障碍”的患者，终生受累。所以说，性教育必须从0岁开始，就很正确，这对孩子终生都极有关系。

美国“性信息和性教育理事会”（SIEGUS）的创始人、纽约大学教授玛丽·考尔德伦（Mary Calderone）博士说得好：“对于性教育，特别紧要而有效的时期是14岁以前，尤其是5岁以前，由父母或其他有关人员进行。这一期间所接受的有关‘性’的培养和教育，无疑地将决定儿童及青少年此后一生有关‘性’的种种方面。”如能从诞生开始便进行良好的性教育，就可为你的孩子一生的性生活和社会生活奠定了良好的基础。

性教育的正与偏

“性教育”这3个字人人可用，至于用得恰当与否，则因人而异，大不相同。

20年代谈性论情著名一时的“性博士”张竞生教授，在其《美的

社会组织法》（1926年，北平中国印书局代印）一书中说："性教育问题关系于人生比什么科学与艺术更大。生殖器乃人身最扼要的机关，岂可毫无讲究，以致此问题变为生番的野地，一任秽芜不理，遂至恶毒丛生。……性教育的公开研究，岂不胜于道学先生的一味不说与压抑为能事，以致少年于暗中愚昧无知地一味去乱为吗？性譬如水，你怕人沉溺么？你就告诉他水的道理与教会他游泳。"

就张竞生这段话本身来说，当然是正确的。也许只是说"比什么科学技术更大"，有点过分，看成对性教育的一种强调，也不算太错。然而与张竞生同时代的一些致力于性教育的专家们，却纷纷指斥张竞生，必与张某划清界限以正性教育之名。例如，杨冠雄在所著《性教育法》（1930年，上海黎明书局）一书中，数度谴责张竞生："所谓张博士者，更妙想天开，无恶不作，写出《性史》来，冒充性教育者。"（第150页）；"尚有一般如张竞生之徒，假借性教育的美我，而大事宣传纵欲主义，这是性教育的破坏者。"（第166页）；"我们尤非议张竞生博士所倡'自由性交'而谓之性教育。"（第49页）

笔者晚生，与张竞生教授未能同世，也未曾有机会读到他的《性史》，所以是非曲直不敢妄评。有鉴于指斥张者并非杨君一人，他如《性典》（日本性病学家长滨繁著）的译者王风、《性心理学》（英国霭理斯著）的译者——著名社会学家潘光旦教授等，都曾对张加以申诉，想必确有根据。看来，至少在张竞生的"性教育"中，实际掺杂了"诲淫"的成分[1]，他自己也在某种程度上坠入了他所谴责的"恶毒丛生"的陷阱之中，从而遭到世人的非议，可谓咎由自取。诲淫者

1　也许这只是保守社会对中国现代第一位真正的性学家张竞生教授的陷害。笔者另有专文在中国首先为张竞生教授翻案，并高度评价他的伟大贡献，在1985年发表在《未定稿》。

假借性教育之名，确实是性教育最阴狠的破坏者，因而使得“性教育”变成恶名昭彰，以致被人厌恶而加以拒绝。

然而，公众必须清醒地认识到，“挂羊头卖狗肉”固属可鄙，但羊头本身并无过失。科学的性教育，不仅不是诲淫的，而且是对淫秽的最强有力的抵制。沈雁冰早在1927年刊出的“中国文学内的性欲描写”一文中就指出，中国之所以流行不健全的性观念和性欲小说，其原因不外乎“①禁欲主义的反动；②性教育的不发达。后者尤为根本原因。”实在是很深刻的见解。

性教育十讲

第一讲　为什么性教育是必要的?

性教育是学校教育、家庭教育和社会教育的一项重要内容。中外有识之士，不愿长期存在的对性教育的误解、歧视和反对，一再强调对儿童和青少年进行性教育的意义。究竟性教育为什么是必要的？本文先比较全面地讨论一下性教育（包括对儿童、青少年的性教育和对成人的性教育）的意义，然后再说明，为什么父母和教师们掌握性教育的知识，做好对儿童都有青少年的性教育，更具有特别的重要性。

第一，性是一种自然现象，生理现象。性、生殖系统是人体整体的一个组成部分。这一系统与其他器官系统不同，要在生后10年才开始发育，再过10年成熟。在青春发育过程中，会出现一系列个体从未有的现象。例如女性的初次来月经，男性的初次遗精，男、女性都会逐渐萌发对异性的兴趣，也可能会出现性冲动，出现手淫，等等。由于缺乏有关的知识，青少年们便可能陷于迷惑、恐惧、焦虑之中，也有可

能处理不当。所以，应该在可接受的范围内，向儿童、少年、青年们讲解生殖器官的构造和功能、青春发育的自然进程等生理卫生知识。

一个很有说服力的例子：捷克斯洛伐克布尔诺城的两位精神病学家，在1968年于布拉格召开的二次世界大战后的第一次国际“性学”大会上所作的学术报告中提供的数据。布尔诺是捷克斯洛伐克的一个城市，为了预防自杀，设置了一个画夜有专家值班的称为“生命线”的专用紧急心理咨询电话，任何因极度的心理危机而濒于绝望、企图自杀的人，可拨此电话受到专家的劝告。仅仅1967年一年之中，这个只有30万人口的城市，就有100多人因为性方面的问题而处于自杀前的痛苦，使用“生命线”求助。其中大部分是年轻人，因为恋爱中出现的性问题而陷入严重苦恼、焦虑和恐惧。发人深省的是，这些人几乎都是在其教育和职业中缺乏性生殖知识的技术人员等等（相反的情况，如学医的便相对较具有性生殖知识，不会仅仅由于无知而导致的痛苦去自杀的。这种无知可达到惊人的程度，譬如有的女孩子仅仅被她的男朋友吻了，就陷于怀孕恐惧之中）。

第二，性又是一种社会现象，是个体社会化的主要方面之一。婴儿出生后，马上就要被当成男性或女性来加以养育，在3岁或5岁以前，一个人是男性，还是女性，在社会心理上便已定型，很难改变。正是从父母、幼儿园、学校从社会接触是，一个人接受了男性应如何如何，女性应如何如何，男女之间接触应如何如何的一套社会规范，形成了心理学上的“性别”（Gender）差异，形成了社会学上的“性别角色”（Gender role）差异和性别角色行为。这一过程进行得好与不好，对终生有极大影响。所以，还应该在可接受的范围内，向儿童、少年、青年讲解有关性别差异，有关性道德等方面的知识。在全世界范围内都出现青春发育提前、婚前性关系和少女怀孕、未婚怀孕等增多的问题，这方面的教育尤为必要。

第三，性教育为心身健康所必需。女性的月经、怀孕分娩，男性的遗精，两性的性生活，都有很多卫生方面的知识和需求要知道，不当的话，本身就可以导致生殖系统的炎症及其他疾病的出现。进一步看，性功能障碍（男性的早泄、阳痿等，女性的阴冷等）实际上是相当常见的疾患，而90%以上的性功能障碍都是心理性的。对于性和生殖过程的无知、恐惧、不应有的禁忌和观念上的误解等等，正是病因或发病的主要因素，或者说决定性因素，并且，这些因素还可导致某些全身性的“心因性疾患”和“身心疾患”的出现，也可加重某些躯体疾患的进程。因此，良好的性教育，是预防和治疗多种性功能障碍以及其他一些生殖系统和非生殖系统疾患的重要措施。

第四，性教育为增进个人幸福、家庭的稳定和幸福、社会的稳定和幸福所必需。性的问题，和其他的人体生理机能有别，不仅关系到一个人的一生，而且关系到婚姻，从而关系到家庭，又从而关系到社会。并不是任何婚姻关系，都可带来和谐的性生活，据国外的统计，实际上不和谐的发生率相当高。这种不和谐，可导致个人的不幸福，也可导致家庭的不稳定，从而也就可影响到社会。国内外的离婚研究都表明，实际上因为性生活不和谐而导致婚姻破裂的，占有相当的比例。性生活不和谐的原因很复杂，但是，缺乏足够的、科学的性教育，不能不说是重要原因之一。

性教育的关键时刻是在儿童和少年时期。虽然由于性教育不足或错误的性观念造成的影响，常常是出现在成年以后（性功能障碍、恋爱、结婚和家庭生活方面的问题等），但，在很多情况下都是植根于儿童和青少年时期。例如，对“性”的不洁感、神秘感、罪恶感、压抑感等等，常常是在儿童、青少年期形成，而后在成年的漫长岁月中备受其害。美国“性信息和性教育”理事会主席玛丽·考尔德博士指出：“对于性教育，可能特别紧要而有效的时期是14岁以前，尤其是5

岁以前，由父母或其他有关人员进行。这一期间所接受的有关‘性’的培养和教育，无疑地将决定儿童少年此后一生有关‘性’的种种方面。”我国著名生物学家、教育家周建人也早就强调：“性教育是一件很严肃的事情，是关系到青少年的成长和我们民族的未来的。性教育不仅学校应当注意，在家庭里实在尤为重要，所以做父母的必须有一点性教育的知识。”

第二讲　国外性教育一瞥

国外近年来对性教育颇为重视。在60年代以前，许多国家都受到封建思想的束缚，长期对性教育持保守的态度。例如日本，据大阪大学的一位专家在1976年于加拿大蒙特利尔召开的国际“性学”大会上说，直到1970年，日本才开始用“性教育”这个术语取代原先的“贞洁教育”一词，也就是说，直到70年代日本大多数父母还认为对他们的子女所要进行的“性教育”，只不过应该是教他们的子女“保卫贞操”而已。即使在美国这样的西方工业化社会，虽然有识之士早就强调过性教育，例如著名美国妇女活动家，计划生育运动的倡导者桑格夫人（M. Sanger，1883–1966）在本世纪初年，便强调性教育的重要性，她在《女子应有的知识》（赵元任夫人译，商务印书馆1925年出版）中指出：“我们渐渐地才觉得对于性这件事的态度应该要开放些、正常些，并且觉得青年男女关系性的教育的重要了。”但是，在美国也仅仅是到60年代，才比较真正重视起来。以美国的医学院为例，1960年整个美国只有3所医学院开设有关“性”的课程，1968年增加到30所，到1973年114所医学院已有110所开设了这方面的课程，也就是说，现在几乎全部美国医学院都有专门的课程讲授有关“性”的知识。医生在性教育中起着关键的作用，而教育者是先要受教育的，从医学教育中有

关性学和性医学课程的迅速增加，可以反映出社会对性教育的需求和重视。

从国际范围来说，从60年代开始，性教育开始成为一种有组织的努力。例如，1965年美国成立了“美国性信息和性教育理事会”；1968年，在美国宾州大学建立了“医学中的性教育研究中心”；1969年加拿大蒙特利尔的魁北克大学设立专门培养“性教育工作者”的学系，授以性教育学位（学制3年，有30门专业课程）；1972年在东京建立了“日本性教育协会”；同年，墨西哥建立了“墨西哥性教育协会”。性教育课程不仅在医学院，也在其他一些院系开设，例如美国明尼苏达大学除在医学院开设这方面的课程外，还有12门有关“性”的课程，在家庭社会科学系、社会学系、学校卫生教育系，家庭经济教育系和成人教育系开设。社会对性教育的支持增加，例如据日本性教育协会1974年对日本全国范围的社会调查资料，80%的教师、90%的父母认为在学校进行性教育是必要的，60%以上的教师和父母认为在进行性教育时家庭应和学校合作；有关性教育的出版物也大量增加，例如日本1975年就已有100多种有关性教育的书，可供儿童、少年、青年、父母、教师等不同年龄、不同对象的人阅读，还有幻灯片、影片等视听材料，许多地方的教育部门都编写出版了“性教育指南”。

性教育组织的工作目标，以“墨西哥性教育协会”为例，以见一斑。该会的长远目标有：推动对“性”的态度的转变（过去，性及其教育在墨西哥也是一种禁忌的事，遭到很大的反对）；促成使“性”成为积极的家庭关系的一种创造力量；支持生育控制；建立墨西哥性教育研究所。

该会的一些特殊目标有：调查墨西哥有关性的知识、态度和实践的可靠信息，并在全国范围或不同地区研究这些内容与婚姻状况、收入、职业、家庭情况、教育水平等的关系；设计小学和中学的性教

育课程，训练全国教师，使他们得到性知识，有运用有关数据进行性教育的能力；向社会，特别是向“小区”的一些领导人进行性教育，以实现促使这些地方官司员对性和性教育的态度的转变；在护士、医生、社会工作者、心理学工作者等专业人员的培训班，建立一种进行性教育的固定安排。

下面再介绍国外关于性教育在理论上的一些探讨。美国约翰斯霍普金斯大学莫尼（J. Money）教授和荷兰乌得勒支大学医学性学主任马沙夫（H. Musaph）主编的大型专门著作《性学手册》的第22章，是德意志联邦共和国穆勒（R. Miiller）博士撰写的《性教育》，指出对于人类的“性”，有两种对立的看法，影响到性教育。一种看法以心理分析学派为代表，认为“性”是天性的、自然的、自动发展的；另一种看法则认为“性”是社会的，性行为乃是一种主要是后天学得的行为。实际上，人的“性”，既是生物的，又是社会的，要兼顾这两个方面来进行性教育。在性教育所要达成的目标上，有人主要从“个体”考虑，有人则强调从“社会群体”考虑。例如综合达拉斯（D. M. Dallas）在《学校和社会的性教育》和罗查斯（R. S. Rogers）编《性教育》两书中的讨论，一个人若符合以下标准，便可认为在“性”方面是有教育的：①具有良好的性知识；②对于性没有由于恐惧和无知所造成的不当态度；③性行为是符合人道的；④在性的方面能做到“自我实现”；⑤能负责地做出在关性方面的决定；⑥能较好地获得有关性方面的信息交流。显然，这些标准主要是从个体考虑的。然而，还必须从社会方面加以考虑，必须受到社会的道德规范和法律规范的制约。穆勒博士强调，在选择和决定性教育的内容的时候，应该对儿童、少年、青年中所存在的有关情况进行调查了解，并联系到社会矛盾进行考虑，以促进性教育的针对性和效果。

总之，国际上近年来的普遍看法是，性教育是一件很重要而复杂

的事情，需要父母、教师、社会各个方面的协同努力才能做好。

第三讲 性、性别和性角色

人们常把“性教育”，理解为对青少年进行有关性器官的发育和解剖生理卫生知识的教育，其实，这种看法是很不全面的。事实上，这仅仅是性教育内容的生物学方面，同样重要的（甚至更为重要的），还有性教育内容的心理学方面和社会学方面。

近年来，对男、女的“性差别”的科学研究颇为注重，取得了一系列成果，甚至建立了一些专门的学科分支，例如“性差心理学”（The psychology of sex differences）、“性别学”（Genderology）等。大体说来，可把男、女的性差别归为3个不同的方面：男、女在生物学上的差别，简称之为“性”（Sex）；男、女在心理学的差别，简称之为“性别”（Gender）；男、女在社会学上的差别，简称之为“性角色”（Sex role）。从性教育的顺序来说，似乎可以认为首先是性社会学方面的，即确定一个新生婴儿将要取得的性角色是“男”还是“女”（给取一个男孩的名字或女孩的名字，穿男孩或女孩的衣着等等）；然后加上性心理学方面的，即培养一个婴幼儿形成一种男性或女性的姿势、步态、情感等等；然后再加上性生物学方面的，使少年儿童对青春发育、性器官的解剖生理卫生有所了解等等。为了能更好地理解性教育的内容和方法，这里我们介绍有关性、性别、性角色和“性别同一性”（性自认）的基本知识。

一、性

男、女两性在生物学上的差别，是多层次的。最根本的男性个体和女性个体的生物学差别，是在遗传学上的，即“性染色体”和“性染色质”不同。正常男性是XY 型，女性是XX 型。或者说带“性染色体Y”的精子和卵子（都是带性染色体X的）结合，形成的后代是男性（XY）；带“性染色体X”和精子和卵子结合，形成的后代是女性“XX”。其次的差别，是在性腺上的，男性为睾丸，女性为卵巢，它们决定着男、女其他生殖器上和第二性征的差异；再次的差别，是在化学上的，更确切一点说，是性激素（性甾体）上的。“性激素”是“雌激素”、“雄激素”和“孕激素”三类物质的总称。遗传上的和性腺上的性差别，是通过性激素的作用，来实现其对性发育和性生殖的决定性影响的。男性体内雄激素多，女性体内雌激素多，尤其是雌激素“睾丸酮”的存在与否、量的多少，作用能否发挥对性器官和第二性征的发育更为关键。（以上欲知其详请参阅阮芳赋《性激素的发现》科学出版社1893年第二版）再次的差别，是生殖道和外生殖器上的差别，在男性为输精管、精囊、前列腺、阴茎、阴囊等；在女性为输卵管、子宫、阴道、阴蒂、小阴唇、大阴唇等。再次的差别，是第二性征（副性征）的差别，男性体格高大，须髯丛生，喉结突出，声音低沉；女性曲线柔美，乳房发达，脂肪丰富，声音高调，等等。

以上4个方面，都属于生物学上的（遗传学、内分泌学、解剖学和生理学）差异。

二、性别

男、女两性在心理学上的差别，是多样的。历来认为男、女心理学上的差别很多。例如，我国较早讨论性别差异心理学的著作杨鄂聊《女子心理学》（商务印书馆1920年初版）一书中，介绍了美国学者提出的男女身体和精神的异点208项，其中女人不同于男人但与儿童相似的心理特点便有“想象作用盛，推理作用劣，抽象作用拙”等16项；近年，马可比（E. E. Maccoby）和杰克林（C. N. Jacklin）合编《性差心理

学》（美国斯坦福大学出版社，1974）一书评述了历来认为男、女存在着差别的心理特点在50种以上。然而，他们根据许多人从1966到1973年的大量客观研究指出，可以清晰地显示出男、女确实存在的心理差异只有4项：①女孩的语言表达能力较好；②男孩的视觉、平衡觉能力较强；③男孩的数学能力较强；④男孩更为好斗。还有6个方面是可能存在着性差的（但还不足以肯定）：①女孩的触觉更敏感；②男孩更主动，特别在交友结伴方面；③女孩更容易表露和述说害怕、焦虑等行为和体验；④男性更富于竞争性；⑤男性更喜欢支配；⑥女性更倾向于顺从。

总的说来，现在逐渐地不那么认为男、女在心理上有那么多、那么大的差异，而日益认识到男、女在心理上的共同性。当然，心理学上的性差，确实是存在的，在教育、职业和社会生活上，是应该有所注意的。

三、性角色

男、女两性在社会学上的差别，是多变的。因民族的不同、文化的不同、时代的不同、社会的不同而不同。“角色”（role）是社会心理学上和社会学上的一个常用的、重要的、专门的术语，指在社会结构中具有特定的权利和义务的位置。例如家庭是一种“社会结构”，它有一些特定的位置（“丈夫”、“妻子”、“父亲”、“母亲”、“儿子”、“女儿”等），每一个位置都有它特定的权利和义务，都是“角色”。家庭中各种角色的组成、权利和义务，因民族、文化、时代、社会的不同而不同。就我国来说，《中华人民共和国婚姻法》便对各种构成家庭的“角色”作出了明确的规范。一种角色（如“医生”角色）是由很多人来承担的；一个人则承担着多种角色。例如，一位“医生”，是“男人”，是“中国公民”，是他父母的“儿子”，是他妻子的“丈夫”，是他孩子的“父亲”，是某医学院的“副教授”，某个学会的“常务理事”，某个杂志的“副主编”，这里就已经有了9种角色了。“男人”角色和“女人”角色都是“性角色”，指一个人在社会生活中的有关方面因性别的差异而出现的差别。例如，在社会分工中，有些活动通常由男人承担，有些活动则通常由女人承担。比如在很多国家中，家务、护士、保育员、保姆等工作，通常多由女人承担。为了进一步了解“性角色”概念，还要介绍一下“性成见”和“性歧视”的概念。

四、性成见和性歧视

“性成见”（Sex stereotype），可以被认为是传统上的、广泛被接受的男性如何如何，女性如何如何的固定看法，例如，把男性说成是有抱负的、有独立精神的、富于竞争的、强有力的，等等；而把女性描绘成感情丰富的、依赖的、温柔的、软弱的，等等。

“性成见”可以分为两类，一类是“性特质成见”，主要指人们认定男、女在解剖生理学和心理学上的某些差异；另一类是“性角色成见”，主要指男、女在社会上从事的角色活动方面的差异。人们常常用“性特质成见”（如女性是温柔的、细腻的……）来解释“性角色成见”（如认为女性做护士是很适宜的），又用“性角色成见”来解释“性角色”（护士几乎都由女性担任）。

“性成见”发展成“男优女劣”、“重男轻女”、男女同工不同酬、高社会地位的职业和职务不能由女性担任等等贬低、排斥和压迫女性的现象，是属于“性歧视”（Sexism）。自母系社会崩溃以后，“性歧视”通常都是对女性的歧视。

如何更好地确立男、女的“性角色”，消除某些消极的“性成见”，克服“性歧视”，都是性教育中的重要内容。从初生伊始便进行良好的性角色教育，乃是预防“性别同一性障碍”的一个关键。

五、性别同一性

一个人在生物学上的“性”，与其在心理学上的“性别”、社会学上的“性角色”，并不总是一致的。一个人把自己看成是男人还是女人，便叫做“性别同一性”（Gender identity），或译“性别自认”。多数人的性别同一性和其生物学上的性是一致的，有一些人却并不一致。最典型并且最严重的不一致是“异性癖”，具有这种“性别同一性障碍”的人，在遗传学上、性腺上和其他性征上，是完全正常的男人或正常的女人，却强烈地认为自己是异性（即男人认为自己是女人并按女人生活，女人认为自己是男人并按男人生活），直到一定要做“性别改换手术”（男性切去阴茎、阴囊并做人工阴道；女性做人造阴茎）才行，否则宁愿自杀。现在，世界上已经进行了这种手术的人数以万计。另一种更为广泛的性别同一性方面的问题，是同性恋。对于性别同一性及其障碍的认识是近30年以内的新进展。良好的性教育，是预防各种性别同一性障碍出现的重要途径。

第四讲　性的德育、智育、体育和美育

谈起“性教育”，不少人以为就是进行有关性器官的解剖生理知识的讲解。其实，这只是一个方面，属于“性的智育”。全面地看，就像普通教育有德、智、体、美几个方面一样，性教育也可分为德、智、体、美几个方面。

首先是性的德育。对于一个刚生下来的婴孩，父母和周围的人，已经开始把他们当成男孩或女孩来养育了。随着孩子一天天长大，父母在衣饰的选择上，在言谈之间，已经自觉或不自觉地给儿童以影

响，使之具有一个符合社会规范的男孩或女孩的社会心理特征，这便是属于德育的范围了。性德育，简而言之，就是培养一个人使之符合社会文化所要求的做一个男人、做一个女人所要遵从的行为规范和道德标准。诸如青少年如何正当地结交和对待异性朋友，如何适当地选择恋人并发展和保持高尚的爱情，如何正确地处理好婚前的性接触，如何搞好婚后的夫妻关系，等等，都是逐次要进行的性的德育。

性的智育，简而言之，就是关于性器官、性发育、性行为、性卫生、性生殖等的知识教育。通常见到的《性和知识》等小册子，讲的大部分是属于这方面的内容。

性的体育，乃是旨在使男性、女性在身体上得到最健康的发展的教育和训练。例如教育女孩不要束胸，不要羞于乳房的发达而强行扼抑它；为男孩、女孩、男青年、女青年选择适合于其体型健美发展的体操及其他运动项目；教育男、女如何养成各种良好的卫生习惯（包括性器官和性生活的卫生），从而保证身体的健康、预防疾病（包括生殖器官的疾病和性功能障碍）的发生发展，等等，都属于性的体育。

性的德育、智育和体育，以后讲到各年龄阶段的性教育时，还将具体论述，所以只是在上面加以极为简单的讨论。性的美育，在后面各讲不再过多述及，所以本讲重点讲解，说得详细一些。

性的美育，一言以蔽之，就是塑造美的男人、美的女人。俗语说的“美女”、“美男子”，往往侧重在形体面貌上。然而，“美”不仅仅是外在的，更重要的方面是内在的，古希腊哲学家柏拉图指出：“应该学会把心灵的美看得比形体的美更珍贵。”法国伟大的作家雨果也说：“假如没有内在的美，任何外貌的美都是不完备的。”德国著名的思想家、戏剧家和文艺批评家莱辛说得更直截了当：“美丽的灵魂可以赋予一个并不好看的身躯以美感，正如丑恶的灵魂会在

一个非常漂亮的躯体上打下某种特殊的不由得人厌恶的烙印一样。”当然，这并不意味着外在的形体美不必要。俄国伟大的文学家契诃夫说得好：“人的一切，面貌、衣裳、心灵和思想都应该是美好的。”但是，本讲所要讨论不是人类一般的美，而是与男女之别联系在一起的性的美育。固然，存在着男人、女人共同的美，例如，无论男人还是女人，都希望不要有形体的畸形和伤残，都应该讲究文明礼貌，都应该诚实，等等。问题在于：要不要强调男性与女性不同的体型美、面容美、肤发美、衣饰美、仪态美、性格美……一句话，要不要强调“男性美”和“女性美”；假如要的话，又什么是男性美？什么是女性美？把这些问题搞清楚了，才能谈得上性的美育。

这个问题看来简单，实际上很复杂，近年来搞得相当混乱。有一派人主张，不要有性别差异，男女的体型、发式、服装、性格都要于一致，提倡“亦男亦女”或“不男不女”，还出现了一个专门的术语，叫“一性化”（或译“单性化”，Unisex），那些留长发的男人，至少在发式上便在实践着“一性化”。我国事实上在相当长的一段时间里，在服装方面曾出现明显的“一性化”倾向。例如，服装以蓝色为主，等等。美国未来学家白德史特加预言：“21世纪人类美的标准将超于实际及功用化，为了节省空间，不论男女，矮小而瘦削的身材将成分标准的身材，男女的体形将越来越相似”，鼓吹的也是“一性化”。事实上，当前既存在着“男性的女性化”倾向，也存在着“女性的男性化”倾向。例如，生物遗传学家梅德韦杰夫1980年说过：“毫无办法，世界开始软化了，变得更加女性化了。从人们的面部表情、衣服款式、说话腔调、论战方式以及色感来看，总的印象是女性气派。……两性间的差异应当保持绝对的平衡，否则我们就会陷入男女不分的状态。”另一方面，人们又发现“女子太男性化”。例如，1984年10月16日合众国际社报导美国《魅力》杂志的一项调查表明，美国妇

女变得越来越男性化，她们更多地到酒吧间在喝酒了，她们像男人一样地喜欢赛车，她们更多地像男人一样用头进行自卫，大打出手。

从原则上来说，这两大对立的主张都是片面的地方，也都有合理的地方。既不能取消男女的差异，也不能将男女的差异绝对化。

男、女在体型上，某些心理和心理特点上的差异，是与生俱来的，客观存在的，抹杀不了的。甚至，在社会上的某些差别，也是不可改变的，例如，没有什么办法可以让一个男人去怀孕、去授乳，也就是说“孕妇”、“乳母”以至“母亲”的社会角色，只能由女性来承担（即使经“改换性别手术”做成了“女性”的男性“异性癖”者办不到）。未来的社会是“多样化”的社会，难道“男性美”和“女性美”这一千古以来人类天生的差别，反倒要硬行消除吗？难道两性的差异，不是人类生活欢乐和幸福的一个重要的来源吗？难道身穿西装的翩翩男士和身穿柔裙的婷婷女士两相映衬，不是使世界更丰富多彩吗？因此，父母不应惧怕而应引导男孩、女孩在符合其性别特征上的美化，例如教给女孩女青年关于发式、关于美容、关于服装选择、关于待人接物的女性风度等方面的知识。

但是，把男、女的差异人为地夸大、绝对化，也是不对的。一个典型的例证是在我国古代，让女孩缠足，成为“三寸金莲”，变得和大手大脚的男子汉大有差别，引以为美。虽然现在已经没有人这样做了，但这种陋习从反面证明了：性别美的观念，也是随时代而变化的，并且应该顺其自然。特别是在心理质量方面和社会角色方面，过去往往过分突出了男女差异，以至演变成“男优女劣”、“男尊女卑”的性别歧视。现在，注意到男女的一致性（它的极端表现就是上面说的“一性化”倾向），不能不认为是一种进步。事实上很难把男女的社会心理差异绝对化。举例来说，1984年11月在湖南出刊的一张地方小报上，一篇题为《造就男子汉气概》的文章说：“何谓男子汉气

概？勇敢、坚毅、顽强、有胆有识、博大深沉、一往无前，有个性，通情达理，举止文雅，给人一种男子深沉的美。”这种说法不无道理，也符合流行的观念。然而，仔细一想就会发现问题。难道女性就一定要“婆婆妈妈”、“絮絮叨叨”、“软弱”、“小心眼”吗？难道女性就不要勇敢、坚毅、顽强、有胆有识、有个性、举止文雅吗？难道她这样，就是“男性化”吗？当然不是。人们赞美女性的温柔，难道男性又一定要粗暴吗？近年来，出现了一种新的动向，主张一个人不论是男人或女人，要兼而有男性好的心理质量和女性好的心理质量，并且用一个新词“Androgyny”来描述，可译为“男女兼性”。例如，一人“兼性女人”将是敏感的、温柔的、坦率的、优雅的，同时又是坚强的、有力的和富于逻辑的。这种将男、女优点集于一身的“兼性”男人、女人，也许更能符合和适应现代社会的要求，并可免除“性成见”加之于男性和女性的有时是很沉重的负担。例如，按照“性成见”男性总要表现得无时无刻不强而有力，无时无刻不去强行抑制其感情体验的表露。女性则总要处处表现出被动、依赖、顺从而不能完全展示她的愿望和才能。因此，父母在对于子女的教育中，不要太拘泥于传统的“性成见”，应该进而培养其子女在社会心理质量上的更全面的美好发展。至于到底女性的性格美和男性的性格美，如何异中有同、同中有异，如何才恰到好处，则还是一个值得引起注意而进一步探索的课题。

第五讲　儿童的性教育

人们常常以为所谓性教育，主要是给青春发育前后的青少年进行的性知识教育。这是一种很大的误解。固然，青春期前后是进行性教育的重要年龄阶段，但是，性教育的更关键的时期，却是在生后最初的几年，是在婴幼儿时期。正像美国“性信息和性教育理事会”主席玛丽·考尔德伦博士所指出的，“尤其是5岁以前”，乃是性教育“特别紧要而有效的时期”。

性教育应该从什么时候开始？应该从一生下来就开始（即从0岁开始）！这并不是因为近年宣传“早期教育”的重要，便“赶时髦”，也照样“套”上去。事实上，性教育从0岁开始，较之一般的早期教育从0岁开始，更为重要。因为，婴幼儿时期种下的错误的性观念，有可能毁掉一个人此后一生的正常性生活。

刚生下来的婴儿，听不懂话，怎么能进行性教育呢？“教育”并不只是“照本宣科”讲大道理，甚至也不一定要通过语言。对于婴幼儿来说，各种“非语言的”和“语言的”（虽然可能并不确切地懂得）“潜移默化”，是接受教育的极为重要的途径。

性教育的最初内容，乃是形成婴儿正确而恰当的“性别同一性”（“性自认”）和“性别角色”。你给孩子取名字，你给孩子买衣服，你给孩子买玩具，你给孩子选择游戏方式，都具有很强的性教育意义。你也许会给一个女孩买一个满头秀发、着色彩华丽服饰的女娃娃，给一个男孩买一套玩具火车或喷气式飞机，无形之中，你就把社会“性别角色”的观念灌输给小孩了：女性的最重要的社会功能之一是养育孩子、做妈妈；逻辑性的职责却是从事很需要体力的社会职业，例如开火车、驾驶飞机。假如你把一切都搞乱了，你给一个男孩取了一个女孩的名字，穿的、玩的都是女孩类的东西，甚至教的都是些女孩儿的歌谣和话语，那么，这个男孩大了就可能“女子味”十足，甚至可能导致心理病态，不能很好地适应社会生活。

婴幼儿性教育第二个重要内容，就是防止形成“性抑制”（“性压抑”）。由于多年来的一些非科学的旧观念的影响，这方面的误教很常见，问题很大。一般的情况是，父母看到幼儿玩弄、抚摸外生殖

器，就会急忙责骂，加以阻止："不许动"，或用手强行拉开，甚至给一顿打；或者虽不打骂，却说，"脏，脏，不要摸这脏地方"，等等。这样做都是不对的。这就会给孩子从小形成一种错误的观念：生殖器是脏的，见不得人的，摸不得的。因而凡与生殖器有关的活动是要抑制的，否则便要受到惩罚。有害的"性心理"便这样形成了。有的孩子这种"性抑制"心理很强烈，很顽固，一生都无法改变，女孩长大以后，可能因此而出现性冷淡、无性高潮等性机能障碍，男孩则可能在成年以后出现阳痿、早泄等性机能障碍，不仅不能体验到婚姻生活在性方面的欢乐，反而成为一种严重的精神和肉体困扰，甚至导致婚姻的破裂或其他不幸事故的发生。由于问题出现在幼年，非常牢固，不是专门的医生，也未必能意识到问题的原因，即使意识到了，也不容易消除。所以，一定要防患于未然。现代性科学认为，儿童也有某种性的冲动，是正常的，不必大惊小怪，严加斥责。应该听其自然，不予理睬。假如做不到这一点，一定要加以干预，也不能采取如上的一些旧的、错误的、有害的方式方法，而要巧妙地用玩具、用讲故事或其他可以吸引幼儿兴趣的方法，使幼儿不知不觉地转移到别的事情上去最基本的原则是：切不可使孩子觉得生殖器是脏的、见不得人的、动不得的、丑恶的、令人厌恶的、要受惩罚的、神秘的、可怕的。切不可使这些有害的观念进入到儿童幼稚的心灵之中！

与此有关的是，不要怕幼儿见到同性或异性（特别是异性）的裸体，不要阻止幼儿和异性的小朋友一起结伴玩耍。正确的态度倒是恰恰相反，要让幼儿看到自己的、父母的、他人的裸体，使孩子对人体的裸体不以为耻、不以为怪。假如孩子在洗澡时或在其他见到裸体的情形，问到外生殖器"这是什么？""那是什么？"，就应该将它们的科学名称告诉孩子，一点也不要有什么惊讶、隐瞒，应该像说"这叫鼻子"、"这叫耳朵"一样自然。要鼓励幼儿，既和同性的小朋友一起玩，也和异性的小朋友玩。特别是在幼儿园中，不要形成一起玩就加以嘲笑。对于裸体的自然态度、对于与异性接触的自然态度，都是有益于形成一个人健康的性心理的，都是有助于减少在年成后出现这种、那种性问题的。

幼儿性教育第三方面的重要内容乃是，正确解答幼儿提出的有关性的各种问题。这时友一个最常见的问题“妈妈，我是怎样来的？”（或“妈妈，我是怎样生的？”之类）为例，说明如何给予正确的性教育。大约在4岁左右，孩子便可能提出这个问题，古今中外的父母（特别是母亲），亿万次地碰到他们的孩子提出这个问题。历来的做法，大都是错误的，有害的。一类做法是“骗”，说“是拾来的”、“是ＸＸＸ送来的”、“是小天使从天上下来的”，等等；第二类做法是一打了事，“你问这种傻问题，揍你！”，耳光代替回答；第三类做法是嘲笑，“真害羞”，“讨厌，问这种羞死人的问题”，“真不听话，看你尽想些什么怪问题”，等等。这些错误做法有一系列恶果：第一，可能使孩子减少对父母的信任和尊重，他们或许会发觉父母竟然会欺骗自己；第二，孩子会牢记在心，有关性问题，不能说实话，要闭口不言，或说假话，这对所来孩子大了，能否和父母就性与婚姻进行有益的讨论，影响很大；第三，孩子会对性产生一种神秘感，反而刺激他们对这方面的问题的兴趣；第四，给孩子一种印象，世界上有一些事情是不能探索的，从而损害了他们的求知欲，使他们在知识追求上有不必要的心理负担；第五，既然在父母、师长那里得不到满意的回答，就会秘密地问别的人，也许恰好就是一些“坏朋友”，得到一些淫秽的、荒诞的、似是而非的说法，为害终生。

正确的做法是：决不回避，决不说谎话。你的回答可以是简略的，但必须是真实的，自然的。也必定要简略，说多了孩子听不懂。但是不要说假话。至于真话怎么说法，有两大类方案，一类是从植

物、动物说起，最后才说到人的性与生殖；二类是直截了当地讲人的性与生殖。这两种办法都是可以的，要看父母的知识水平和喜好加以选择，也要看发问的孩子的年龄和理解力而定。下面是一种具体的回答，可供参考：

“你不是看见过鸡蛋吗，由鸡蛋可以孵出小鸡来。”

“妈妈肚子里那很小很小的蛋，就叫做卵子。”

“爸爸身体里也会产生一种生儿育女的小而又小的东西，叫做精子。”

“爸爸的精子和妈妈的卵子结合，就变成一个受精卵。受精卵也很小很小，比头发丝还要细小呢，但它会长大，一变二，二变四，四变八，八变十六，在妈妈肚子里经边10个月就变成一个孩子，到时候，妈妈的肚子收缩，孩子就从妈妈身下的一个通道里生出来了。”

“好孩子，你就是这样来的，这里面还有很复杂的过程，等你长大了，上学校念书，你就会知道得更多，现在你还小，只能把大概的情形告诉你，快快长大，好好学习，就能知道更多的事情了。”

类似这样的回答，没有欺骗，全是真话，也没有涉及什么不必要让幼儿知道的内容并且鼓励了孩子的求知欲，一些细节便很自然地放到未来去，而不至于在孩子的“打破砂锅问到底”面前为难。

通常对幼儿的性问题，应是“有问必答”，不必主动去问、主动去讲。这和对待青少年是有所不同的。对幼儿的性教育，关键在于不要在不知不觉中养成以性为不洁、为可耻、为禁忌、为堕落、为下流的错误观念。至于具体的性知识的讲解，那是下一阶段在青春期行将开始的年龄的任务。

第六讲　少年的性教育

“少年”并没有一个一致公认的年龄范围。为了叙述上和实用上的方便，笔者把0–6岁划为儿童，7–17岁划为少年，18–25岁划为青年。这次谈7–17岁少男、少女的性教育，大体上和“青春发育期”的年龄范围相当。“青春发育期”或简称为“青春期”，乃是从性不成熟、不能生育的童年期，转变为性成熟、有生育能力的成年期的过渡时期。女孩始于8岁，男孩始于10岁。青春期性教育的重要标志，在女孩是月经的出现（“初潮”），约在13–14岁；在男孩是遗精的出现，约在15–16岁。青春期出现的主要变化，这些变化的先后顺序和大体出现在什么年龄，如表所示：

人体青春发育的时间表

年龄（岁）	男　性	女　性
8–9		子宫开始发育
9–10		骨盆开始发育，阴毛出现
10–11	睾丸、阴茎开始增大	乳房开始发育，阴毛出现
11–12	前列腺开始活动	阴道黏膜出现变化，乳头、乳晕突出，内、外生殖器发达
12–13	阴毛出现	乳头色素沉着，乳房显著增大并成熟
13–14	睾丸、阴茎急速增大	初潮（开始为不排卵的月经，不能受孕），腋毛出现
14–15	腋毛出现，变声	月经变为规律的、有排卵的周期，有可能受孕
15–16	精子生成	变声，脸上长痤疮
16–18	开始长胡子，脸上长痤疮	骨骺闭合，停止长高
22	骨骺后闭合，停止长高	

需要指出的是，由于营养、生活条件、现代文明等各种因素的影响，在世界范围内出现了青春发育提前的现象。例如，女孩初潮的年龄，在挪威，19世纪40年代平均为17岁，到20世纪50年代则为13-14岁；在日本，1909年平均初潮年龄为14-10岁，1967年则已提前到12-11岁。德国、瑞典、芬兰、丹麦、英国、美国等国家的资料都证明了这种初潮提前的现象。这就意味着，对少年进行关于青春发育的性教育也应该适当提前，正像我国著名儿少卫生学专家叶恭绍教授所指出的：“从我国青少年生理发育的情况来看，身高已经比过去发育得早了，性教育也有了提前，性卫生知识的教育自然也应该随之提前。以女孩为例，现在有的在10岁左右就来了月经（1979年和1980年北京市女学生月经初潮年龄最小8岁——引者注）。因此，提前给孩子讲讲性卫生知识，无论对生理保健和心理健康的发展都会有好处。”《父母必读》，1983年第4期。

也就是说，根据孩子的具体情况，女孩大约早在7岁、晚在12岁左右（男孩约比女孩推迟2年），便可逐步地进行有关青春发育的卫生知识教育，内容包括：

1. 青春发育中出现的各种变化及出现的大体时间。预先教给这些知识，可以使孩子有心理准备，不致茫然失措、担心害怕；同时，也有利于早期发现青春发育的异常情况（过分提前或过分错后以至不发育等等），从而及时采取必要的防治措施。

2. 月经初潮和遗精对于事先一无所知的孩子，是很使人惊奇、害怕的显著变化，因此需要向孩子着重预先说明，这是正常生理现象，不是疾病，是身体发育正常、长大成熟的标志。特别对于女孩，必须预先告诉她们，流出经血，应当如何处置，如何讲究卫生，防止出现各种意想不到的问题。应该清醒地认识到，除非通过某种途径得到了有关的常识，一个孩子是不可能“先天”地、“本能”地知道怎样对

待遗精或处置月经的。

3. 在身体发育过程中应该避免的一些不良做法。例如，应该告诉女孩不要以乳房的发育耸起为“羞耻”，不要束胸；应该告诉孩子“痤疮”的出现，也是青春发育中的正常生理现象，应注意皮肤清洁、不用雪花膏和油脂类化妆品，避免挤压，防止继发感染。

以上知识，假如家长、教师也有所不知的话。可参阅有关书籍。例如《中国医学百科全书，儿童少年卫生学》（叶恭绍主编，上海科学技术出版社，1984年第一版）等。

4. 手淫问题是青少年中的一个值得着重注意的内容。将另行专门讲述，这里从略。

以上是生理方面的。下面再谈谈少年性教育的心理和社会方面。第一，随着对异性发育的进程，少年对两性关系已有朦胧的意识，开始对异性发生兴趣，但又在与异性接触中有羞怯的心理，特别是在一些“男女授受不亲”之类封建意识较浓的环境中，男、女少年之间的正常接触更是难以实现。正确的做法是，鼓励男、女少年相互尊重、平等相待、友好相处，既要防止“早恋”现象，又不要遏止少年男女的正常交往。少年男、女之间的正常交往，是破除性的神秘感、建立健全的性观念的重要基础，也是防止邪恶者使人堕落的重要保证，也许正是那些从不与异性为伍的孩子，倒可能被偶然遭遇到的、并不合适的某个异性所俘虏、所败坏。正常的交往是良好选择的前提和基础。当然，并不是说在少年时期就存在着配偶选择的问题，而是说，从童年、少年就在男女友好相处、正常交往环境中成长起来，就会使他们在未来能更好地鉴别和选择异性朋友的配偶。第二，少年时代是性角色进一步形成的又一个关键时期。应该按照社会规范、家庭期望和本人的倾向，使男、女少年的性角色更鲜明地发展起来，使他们成长得更富有个性和魅力。同时，要注意防止某些性别同一性障碍

的出现。在性角色期望方面，应该注意到可能存在着“代际差异”（Generation gap，或译为“代沟”），父母、祖父母或教师、亲友的看法，可能和少年男女不同，甚至截然对立。出现这种情况时，要慎重处理。有时是做父母长辈的应该改变自己的陈旧看法，接受新潮流，有时是做子女的应该尊重长辈所坚持的正确观点，放弃自己不适当的做法。做长辈的应该平心静气、循循善诱，不能以势压人。压而不服，反而造成少年人格成长方面出现冲突和偏差。并且也应该注意到家庭和学校的期望要尽可能一致，以免少年难以适从。

第七讲　青年的性教育

这里把18–35岁列为青年，因此，这个年龄阶段的性教育内容是极为多样、丰富而各具特色的。恋爱、择偶、结婚、性生活，一桩桩与“性”有关的人生大事，大多数不发生在或开端于这个时期。失恋、婚配不当、性生活不和谐以致性机能障碍、避孕失败意外怀孕、过早的甚至婚前的怀孕、不注意孕期卫生以致娩出劣质婴儿、不育症的苦恼等等憾事，也在这个时期时出现。因此，青年的性教育是很值得研究和注重的。

也可以说，青年的性教育，有两大方面。一方面是提高他们的正确择偶的能力，提高他们的性道德水平，提高他们性生活的满意程度，提高他们实现计划生育和优生的自觉性和有关的知识、技能水平；另一方面是防止他们出现有关性的种种混乱和不幸，不致因为性问题而危害自身、危害他人以致危害社会。

青年是年龄范围跨度很大，其中要分出几个不同的阶段，每个阶段性教育的内容都有所不同。例如，可以依次地分为：恋爱之前的，恋爱之中的，结婚之前的，新婚蜜月期的，女性怀孕前的、女性怀孕

期中的，产后的，等等。每一个阶段的性教育，都是同是要针对男女双方的，即便如“女性孕期中的”种种注意事项，也是男方应该知道并且有责任促成其贯彻实现的。双方配合、共同努力，是有关“性”的一切事项得以完美的关键。“性”，在本质上便是两方的。

完整地叙述青年的性教育的全部内容，例如讲怎样选择对象，怎样判断自己或对方是否陷入了恋爱之中，怎样选择结婚的日子，新婚之夜应该怎样度过，等等，是超出这篇短文篇幅之所限的。这样，只能选择一些在青年的性教育中特别要注意的问题或特别有争论的问题加以讨论。从恋爱到结婚到生育的种种具体知识，需要从各种有关的书刊中去寻求。

在少年时代，仅仅是讲发育的过程，其中也包括性器官的发育过程；在青年时代，就需要比较系统地讲男女性生殖器官的构造、功能和卫生。不仅要破除对生殖器官的神秘感，而且要给青年提供有关的科学知识。

青年时代，男子钟情，女子怀春，就会自然地出现交异性朋友、谈恋爱的现象。一方面，应该鼓励男女青年的社交活动，一方面又要引导他们不要过早地恋爱，尤其是不要在恋爱过程中发生不适当的性接触。国外的调查表明，近20年来，青少年中发生性行为以致十几岁的女孩子妊娠的现象大为增加。例如，美国金赛教授在40年代进行的调查，到15岁女孩只有3%经历过性生活，1972年康特纳尔等的调查则上升到14%，1976年康特纳尔等再次进行的美国全国范围内的调查表明55%未婚的青年女性已经有性生活。当然，我国这方面的情况和美国有很大的不同，但是，青少年性行为和未婚女性青少年妊娠的发生率也确有上升，值得引起关注。应该加强性道德教育，充分说明婚前性行为的种种可能的恶果，充分说明十几岁、二十几岁的青少年未婚怀孕的严重危害，其中包括严重危害母婴的身体健康、严重影响学习和就

业的机会，严重影响人格的成长，严重影响未来的婚姻和家庭生活，等等。应该采取措施来预防未婚青少年妊娠的发生。

一个有争议的问题是，应不应该给未婚的青少年讲授避孕的知识？假如说应该，就会被误认为是赞同以至鼓励未婚青少年的性行为；假如说不应该，那么，现实的问题却在于，正是那些不懂得避孕的未婚青少年怀了孕。而相对地说来，当然是“未婚青少年妊娠”的后果更比“未婚青少年发生性行为（但未妊娠）”严重得多。毫无疑问，最上策是加强教育与引导，防止青少年发生性行为。但是，假如在没有做到这一点的情况下，似乎又应该按照“两害相权取其轻”的原则，宁愿让他们懂得并实施避孕。美国的情况是：“近10年来，努力开展预防青少年妊娠的工作已经取得了令人满意的效果。菲尔丁总结这些有效的预防措施的基本原则，包括在学校里进行早期性教育，免费（政府供给）提供避孕药品和计划生育指导，对预防青少年妊娠持现实主义的态度等。”（见吴阶平编译《性医学》第78–79页）当然，美国的这些“有效预防措施”只能称之为不得已的下策。我们应该致力于积极的引导和教育，使青少年中的性行为减少到最低限度。

对于已经结婚的青年夫妇，需要注意的一个问题是要给以必要的知识，使他们的性生活能正常地进行，不致出现男方或女方这种或那种性功能障碍。应该告诉新婚夫妇，一开始性生活并不总是很满意的。一种常见的情况是，女性在性生活中达不到高潮。据德国一家“性和夫妻生活咨询中心”的主任施纳贝尔博士提供的材料，女子在第一次性交后1年之内体验到性高潮的只有19%，另有15%在2年之内，11%在3年之内，14%在4–5年之内，11%在6–9年之内，9%在10年以后，有11%直到接受调查之日从未体验过高潮，另有10%的人未给予回答。这就说明初婚年月，性生活中有所不满意，是不足为奇的，不要对此作出强烈的反应。过分紧张、互相抱怨，反倒可能真的导致本来

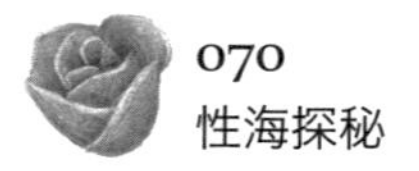

并不存在的阳痿、早泄、阴冷等性功能障碍。

对于已婚青年，自然毫无疑问要帮助他们正确选择和使用避孕方法，根据主客观条件和“最佳生育年龄”的知识安排好生育计划。在打算怀孕之前的一年（最少半年）之前，就要学习一些优生知识，并加以贯彻执行，例如在打算怀孕之前半年左右就应该不抽烟、不喝酒（男女双方），以免对下一代造成损害。（关于具体的优生知识可参看阮芳赋《优生新知》，人民卫生出版社1981年第一版1983年第二次印刷，或阮芳赋《优生漫谈》，科学普及出版社1984年第一版）。

第八讲　手淫问题

“手淫的危害”像“魔鬼”，折磨着成千成万的青少年。手淫是没有害的，就像魔鬼根本不存在一样。然而，魔鬼的可怕，从古就盛传，至今在某些地方也不衰。手淫亦然。

在西方，早在《圣经》中，就把手淫看成是要被上帝杀掉的严重罪恶了。出自《创世记》第38章说：俄南（Onan）“把精液遗在地上”，其所为“使主不悦，主就把他杀掉”。因此，手淫一词西文又作Onanism。在中国，大概就源于古代那些“御而不泄”、“还精补脑”、“采补术”的说教以及“一滴精、十滴血”之类的迷信了。

18世纪，在英国伦敦出版了一本匿名著作《手淫：自渎的滔天罪恶及其全部可怕的后果》，传遍欧洲，手淫之害便广为人知。1767年，法国著名医学家蒂索（A.p.Tissot）著《论手淫所引起的种种障碍》，这是第一位医学权威出来列举手淫可引起的各种精神和身体的疾病。到18世纪末，整个欧洲和美洲都广泛接受一种信念：精神病是手淫所引起的，至少也可以说，手淫是精神病的一种来源。19世纪的医学家们照样把一个精神分裂症的患者看成是严重手淫恶习者。甚至20世纪初最杰出

的性学家霭理斯、弗洛伊德、克拉夫特·埃宾等人，也认为有神经症体质的人，手淫是会引起神经症的。

著名法国医学家夏科及其学派，在20世纪初年，首先出来否认手淫可以引起神经病的旧说。对手淫的客观研究，逐渐使得手淫无害论确立起来。最有决定性的证据来自当代最权威的性医学家玛斯特斯和约翰逊博士，他俩以先进的实验仪器，描记了实际性交和手淫所引起的身体诸种变化，结果毫无差异。没有什么根据可以支持既然性交是正常的，却把手淫说成是有害的传统说法。可以用布尔诺博士著《心理学》（1974年）教科书第九章“性行为”中“手淫是有害吗？”一节的结论来代表国际上广泛接受的新观念：“在心理学家、精神病学家、医生以及其他从事精神卫生和身体保健的人员中，得到广泛赞同的意见是：手淫既不是不正常的，也不是对身体有害的行为。”

虽然直到今天，我国的医学普及书刊中，关于手淫恶习的种种危害的描写还俯拾皆是，但是，实际上，关于手淫无害的论述早就在一些知识更新了的性教育读物中传播过。例如；

德国布式克、雅各布生合著，保罗夫妇英译，董秋斯汉译的《科学的性知识》（三联书店，1949年出版）中说：“现时医生们负责对大家解释，大多数人以手淫为开始正式性交的前奏。手淫损伤神经系统的说法是没有根据的。手淫可以加脊髓以永久的伤害的意见，也是绝对荒谬的。”（第51页）。

美国艾迪著《性与青年》（上海，青年协会书局翻译出版，1930年）中说：“如果手淫的事，一旦发生了恶果，那必是恐吓与畏惧的结果，因此手淫本身，绝不致于发生不好的影响。罗比医师说：‘手淫的本身，不致引起疾病，唯独因手淫的习惯，而发生的恐惧心，方能造成恶病。’”（第62页）

甚至杰出的性学家之一的霭理斯对手淫问题持“中庸之道”，也

在他的名著《性心理》（冯明章译，重庆，文摘出版社1944年出版，请注意原著是1933年撰就的）中写道："90%以上的男人在一生之中总曾有一个时期手淫的……我们可以一笔勾销前一世纪手淫可怕的一切说法，但必须指出，即使对于健康的人，过度手淫，依然会产生虽然轻微但有害的结果的。……我们必须永远记得，手淫虽可能有害，在没有正常的性生活时，它也可能是有利的。……恐惧的心理本身为害也不浅。"（第100–107页）

诚然，我们可以举出许许多多例子，说明手淫使青少年精神萎靡、人格障碍、学习退步、疾病丛生，以致悔不欲生，企图自杀。甚至最近还接到一位大学生的来信，他对手淫的恐惧已经达到害怕听到"手淫没有害处"的地步。他写道："我是一个手淫患者，现在身体不好，我感到自己太不幸了，有时几乎想自尽。……决心戒掉这种恶习……但是自从看到一篇文章上说手淫没有害处，我陷入了痛苦、恐惧，整天处在烦恼之中。我手淫已经有5年的历史了，它给我带来了难以想象的不幸；身体坏，家庭关系不好，学习不好。如果我在这句话的指导下，那我不能戒掉手淫了，那我的人生之路怎么走法？我今年才20岁啊！我希望说手淫有害，因为我已经尝够害处了。"（1985年3月25日）

是的，害处是很明显的。但是，害处的真正原因不是手淫本身，而是从幼童、从少年时代起就反复接受而顽固确认的：手淫是犯罪，是不可饶恕的恶习，是种种严重疾病的罪魁祸首，一句话，是对手淫的自责、犯罪感和恐惧心理。伴随着手淫而来的悔恨和恐惧心理，足以造成人们所见到的一切手淫危害的出现，直到真的自杀身亡（确有这种例子）。正像美国著名精神病学家阿瑞提教授主编的《美国精神病学手册》（1974年）中所写的："手淫是标准的性行为的一种。之所以成为问题，仅仅是因为在手淫的时候伴有一种犯罪的感觉和内心的

焦虑，因而造成了种种后果。”

手淫极端可怕、其害无穷的伪宣传，不仅是使成千成万青少年陷于绝境的真实原因，而且，也是手淫变得难以节制的心理原因。总是有人愿意偷吃禁果的，越害怕，越遭禁，越是有吸引力。正像日本大学关忠文教授编著的《青年心理学》（王永丽等译，黑龙江人民出版社，1982年）一书中，所引英国教育家尼耳的一句话所说的：“手淫的主要原因就在于禁止手淫。”

例如，按照事物的本来面目，把手淫算成正常性行为的一种，不仅不会出现那么多可怕的恶果，也不会使手淫发展到过度而真的危害身体的程度，因为存在着一种自然的、生理的节制。

手淫有害论的危害，不仅表现在手淫者本身，还有更为广泛的恶劣影响。例如，父母由于受到手淫有害论的影响，就会对婴儿偶尔出现的触摸生殖区的行为大加苛责、横蛮制止，从而使婴儿从小便养成一种严重的“性抑制”，有可能终身难以消除，至少也可以造成一种对于生殖器接触的严重抵抗感，这都是可能影响婚后性生活的美满程度的。

当然，说手淫无害，并不等于说手淫是必需的，更不等于说要手淫无度。不愿意手淫，愿意戒除手淫，也都是好的。所强调的只是：不要对手淫有犯罪感和恐惧心理罢了。

第九讲　性教育在家庭、在学校、在社会中

性教育是家庭、学校和社会共同的责任。这3个方面是各有重点、不能或缺、互相补充的。

从呱呱坠地到长大成人，整个地都有家庭的责任。对于婴儿正确而不断加强的“性角色”的培养，首先是在家庭中实行的。对于青

少年正常的、良好的异性交往的引导，也有父母的责任。青春发育期的知识和卫生，也是父母应该过问的。通常是母亲对女儿讲解月经的来潮和卫生等常识，父亲则对儿子讲解遗精等常识。当然，这都是要在适当的年龄、适当的机会、自然而然地进行的。父母和未成年的孩子朝夕相处，孩子也最听父母的话，父母在性教育中的重要作用和责任，是无可代替的，也是无可推卸的。要培养一种家庭气氛，可以自然地、没有神秘感地讨论性和男女的结伴与性交，这样，就能积极地防止出现一些意外的问题，例如，就不致让孩子暗暗地向一些不三不四的人偷问、偷听一些不正确的、甚至猥秽的谈话。

当然，家庭中的性教育，也有不足的地方，例如，总是不够系统、不够科学化。这就要学校中的性教育来补充、来提高。历来有两种对立的意见，一种意见主张开设专门的性教育课程；一种意见认为单独开设一门课来讲性教育是不必要的，或者说是不适当的，很多课程都有这个任务，例如生理卫生课、生物学课、人口学课都有性教育的内容，而政治课、语文课、历史课等等也都有性教育的内容，主要是性道德教育、性角色的培育等等。看来，这两种意见都各有道理，并非不能共存的。在一门课程集中讲些性知识，未尝不可；有关课程都从自己的角度注意性教育，也很必要。至于讲性知识（特别是性器官的构造和功能等具体知识）时，是男、女生分开讲，还是男、女生合在一起讲，历来也是两种意见，有的主张合起来，这样有利于打破性神秘观念；有的主张分开来，这相似乎讲起来更方便，也有利于发问和讨论，要以提高接受的效果。看来，这两种做法都是可行的，可以根据情况选择分讲或合讲，或有分、有合地讲。自然，讲授性知识，一定要严肃认真，既不要神秘化，也不能庸俗化。学校除了是给予较系统的、科学的性知识的场所，同时也是良好的性心理和性角色的培养场所。在校学生，白天大部分时间都在学校，也是少年男、

女，青年男、女频繁接触的地方，因此，对于养成尊重异性的质量、对于男女社交的正常化、对于良好的性角色行为的熏陶，等等，学校、教师都有很大的引导和教育的责任。学校的性教育，除普遍地进行之外，还要根据发现的情况，例如早恋的出现、偷着淫秽书画、手抄本等，进行个别的教育。

一个应该注意的问题是，在性教育上，家庭和学校应该行径一致，愈是年龄幼小的孩子，愈是不能给他们互相矛盾的教育，例如一方主张男女孩不能一起玩，另一方主张男女应该一起玩，小孩就很难适从。因此，有必要学校教师和家长开一些联席会，就一些较重要的性教育内容，取得比较统一的认识。

性教育仅仅靠学校和家庭，还是不够的，还要靠社会，出了家门、出了校门，就是社会。而且，就在家庭之内、学校之内，也充满了来自社会的影响。广播、电视、报纸、书刊、宣传品……都是深入到每一所学校、每一个家庭的。因此，家庭、学校和社会三者要保持一致、共同努力，才能使性教育工作真正做好。社会的面广得很，公共汽车上的谈话、街上的行人的衣着态度、广告牌上的所绘所述……都可能给少年男女，青年男女以影响，儿童、少年和青年的模仿能力很强，是容易接受来自各种各样的社会影响的。就性教育来说，在社会各部门、各机构之中，特别要强调的是医疗卫生部门、广播影视部门和编辑出版部门。医疗卫生部门在科学的性教育中，具有关键性的作用，这是不言而喻的。可以供不同年龄、不同文化程度的对象看的性教育书刊和广播、电影、电视节目，是要靠广播电视部门和编辑出版部门来制作、发行的。当然，编着这些文字读物和视听材料，是需要医学家、教育家、心理学家、社会学家、文学家、艺术家等有关专业工作者共同合作去完成的。应该把性教育看成是影响每一个家庭的幸福、影响一代代青少年的心身健康成长、影响社会幸福、影响民族未来、影响全社会文化风貌的大事，这样就能集众家之所长，尽社会之所及去做好这方面的工作了。

就性教育的内容和目标来说，无论社会、学校还是家庭，大概都是可以概括为：消除性神秘和性迷信、消除有害的性禁忌、消除性愚昧和性恐惧，普及性科学，建设现代的性文明。

在我们国家、我们民族、我们社会，还存在着一些什么性迷信、有害的性禁忌和性愚昧现象呢？这是值得进行调查研究的。例如，以月经血为污秽之物便是一种性迷信。有害的性禁忌，自古以来，也很不少。儒家经典《礼记》中，就写了一系列性禁忌，例如“男、女不亲授”、“不杂坐”、“不同施枷”（男、女的衣服不能挂在同一衣架上）、“不同巾栉”、“叔嫂不通问”、“男女非有行媒，不相知名，非受币不交不亲”（不经过媒人，男、女不能相互知道名字，不受聘礼男、女不能交往）等等。这些封建传统的性禁忌，直到今天还不能不说或大或小地残存着，它的表现就是对于男、女正常社交的种种限制、担忧以致恐惧等等。至于各种各类的性愚昧无知，就更不胜枚举了。遗精本来是男性青春发育成熟的一种正常标志，有的孩子却对此一无所知，恐惧万分。

在性领域中的一些错误的、落后的观念，消失得特别缓慢。或许作为教育者的家长、教师和社会人物，本身就有着需要克服的性迷信、性禁忌和性愚昧。这就使性教育成为一个很艰巨的任务。但是，家庭、学校和社会，只要协同起来，是一定可以克服种种问题，把性教育工作做好，使人高尚，使人欢乐，使人幸福的性文明。

第十讲　周氏三兄弟与性教育

这篇文章说的“周氏三兄弟”，指的是鲁迅（周树人，1881-1936

年）和他的二弟周作人（1885-1967年）、三弟周建人（1888-1984年）。在中国现代性教育史上，这3位都有不可磨灭的贡献，至今，仍值得我们回忆和学习。

鲁迅原是学医的，很重视性的教育。他早年在浙江初级师范学堂教授生理学时，就冲破当时的封建礼教向青年学生讲述生殖系统的解剖生理知识，这是直到今天还有很多教师回避不敢讲的。鲁迅认为给学生讲生殖知识有好处，不过要规规矩矩地讲，不要嬉皮笑脸地讲，这是今天的性教育者也需要严格遵照的一条规则。据鲁迅夫人许广平（1898-1968年）在《鲁迅先生与海婴》（1939年）一文中的记述，鲁迅和海婴幼时的谈话便包含有很科学、又很有分寸的性教育内容。例如海婴问："爸爸，你是谁养出来的呢？"鲁迅答："是我的爸爸、妈妈养出来的。"当海婴一直问下去"爸爸妈妈的爸爸妈妈，一直从前，最早的时候，人是哪里来的？"鲁迅便告诉他是从"子"——单细胞来的，但是海婴还要问"没有子的时候，所有的东西都从什么地方来的？"鲁迅便说："等你大一点读书了，先生会告诉你的。"许广平还写道："对于孩子的性教育，他是极平凡的，就是绝对没有神秘性。赤裸的身体，在洗浴的时候，是并不禁止走进走出的。实体的观察、实物的研究，遇有疑问，随时解答，见惯了双亲，也就对于一切人体都了解没有什么惊奇了。他时常谈到中国留学生跑到日本的男女共浴场所，往往不敢跑出水面，给日本女人见笑的故事，作为没有习惯训练所致的资料。所以有些外国社会，不惜在野外男女赤裸，共同跳舞的练习，也正是足以针对中国一些士大夫阶级的绅士们，满口道学，而偶尔见到异性极普通的用物，也会涉遐想的变态心理的亟须矫正，于从孩子时代来开始了。"（许广平著《欣慰的纪念》，人民文学出版社，1951年）。

鲁迅的二弟周作人则在他的散文中多次谈到性教育的看法。他在

《重来》（1923年）一文中说：“古人之重礼教，或者还有别的理由，但最大的是由于性意识之过强与克制力之过薄……道学家的品行多不不纯洁的，也是极好的例证。现代青年一毫都没有性教育，其陷入旧道学家的窠臼本也不足怪，但不能不说是中国的不幸罢了。”在《上海气》（1926年）一文中又说：“上海气之可厌，在关于性的问题上最明了地可以看出。他的手病不在猥亵而在其严正——关于性的迷信及其所谓道德都是传统的，所以一切新的性知识道德无不是他们嘲笑之的——上海气的精神是‘崇信圣道，维持礼教’的，他们实在是反穿皮马褂的道学家。”（《周作人早期散文选》，上海文艺出版社，1984年）周作人还在他的回忆录中直率地承认“性的心理，这于我的益处很大”。周作人还认为“可以从性心理养成一点好的精神”。例如，他一再宣说霭理斯的意见，“以为性欲的事情有些无论怎么奇异以至可厌恶，都无责难或干涉的必要，除了两种情形以外，一是关系医学，一是关系法律的。这就是说，假如这异常的行为要损害自己的健康，那么他需要医药或精神治疗的处置。其次，假如这要损及对方的健康或权利，那么法律就应加以干涉。这种意见，我觉得极有道理，既不保守也不急进”。（《周作人回忆录》，湖南人民出版社，1982年）周作人甚至自己也曾在文章中介绍科学的性知识，例如，20年代，他在《晨报副刊》上发表的一篇文章中，批评了当时名噪一时的性学著作家、北京大学教授张竞生博士鼓吹的“神交法”，指出张竞生所倡导的就是古已有之的“御女而不泄精”的说法，其害处不可忽视，“使性器官长久兴奋而不能得究竟的满足，其结果养成种种疾病，有许多炎症悉自此起，而性神经衰弱尤其是其主要的结果。”

当然，大量论述性教育、传播性知识的是鲁迅的三弟周建人。周建人是一位生物学家、教育学家，也是上世纪20年代起，在中国提倡性教育的先驱者之一。1922年，桑格夫人的《家庭性教育实施法》由上

海商务印书馆出版，该书的序言便是周建人撰写的。在序中，周建人指出了我国性教育的缺乏，说“关于生殖一方面的事情，向来没有教法，如果小孩向父母发小孩怎样来的疑问，大人不是加以呵责，便是随口支吾，使小孩莫明其妙，眩惑不定。”1927年，周建人译著《性与人生》由上海开明书店出版，译介了美、德、英等国学者关于性和性爱的一些有影响的论文。1928年，周建人著《性教育》一书，列为商务印书馆出版的“师范小业书”中的一种。在“编者说明”中，周建人指出：“性教育的范围是很广大的，从用什么方法去解答小孩的‘自身从哪里来的’的问题起，到淫书淫画在社会上究竟有什么损害的讨论，都属于性教育这一名称范围之内的。”该书共8章：性教育的重要，性教育的历史，性教育的问题，性教育中应该说明的几项重要事实，性的由来，性的生理，性的伦理，性教育的实施。同年，开明书店出版了周建人译的《性与遗传》。20年代，周建人也曾撰文批评张竞生博士的某些言论。周建人正确地指出：“现在讲到灌输性知识这个问题，浑而言之，目的是在谋青年的心身健全，拆开来说，凡一切对于性的偏见、秽亵念等等都在应当纠正之列的。”

上世纪20年代，周建人还在《妇女杂志》上发表了一篇很精辟的文章——《性教育与家庭关系的重要》。文中概述了性教育的必要和障碍、内容和方法，并提出“应该分别为男女青少年编写些性教育的书籍”。1981年，《父母必读》杂志将这篇文章重新发表，对推动当前我国的性教育起到了积极的作用。当时已93岁高龄的周建人，还对该文作了稍许修改，并写了后记。在后记中，对当前的性教育表达了一种很切实、很有指导性的意见，仅引如下作为这篇短文的结束：“时间虽然过了60年，社会也经历了两个时代。但对性教育的问题在我国一方面还蒙上一种封建神秘的色彩，另一方面由于西方生活方式通过各种管道的侵蚀，许多男女青少年没有正当的性的教育而染上恶习。如果不进行正当的教育，无论于青年个人的生长发育和道德质量，还是于国家民族的前途都是极大妨害的。这种教育需要通过父母和教师循其自然地进行。教育的方法就是要用科学知识来战胜愚昧，使儿童和青少年对性的本能既不视为神秘和秽亵，又不养成恶劣的习惯。使他们养成高尚的思想品德和科学的卫生习惯。”

罗素论性与性教育

罗素（Bertrand Russell，1872–1970年），杰出的英国数学家、哲学家，在数理逻辑方面有重大贡献；同时，他又是一位“著作等身”的学者和散文作家，他以非文学作品而获得1950年度诺贝尔文学奖，这是屈指可数的殊荣。他还是一位在世界范围内卓有影响的社会运动家，例如，1955年他动员许多著名科学家，包括爱因斯坦和约里奥·居里，签署了一个为争取和平和合作的宣言，1958年担任了核裁军运动的主席。

在性道德和性教育方面，罗素也是一位发表过重要见解，并且在整个世界造成过重要影响的著名人物，被尊为性教育的先驱者之一。现代的性教育工作者，对罗素有着一种深切的感激，因为罗素曾以大无畏的勇气为“性的权利”而斗争，为对性问题的合理解决而斗争。

罗素在其著作《论教育：特别是幼儿教育》（1926年）、《婚姻与道德》（1929年）、《我们的性道德》（1936年）等书中，对性教育和性问题勇敢地发表了许多创见。正如英国著名哲学家，牛津大学教授艾耶尔在他所撰写的罗素传记《贝特兰·罗素》一书中，对此所作出的评述：“这些书在当时被认为具有冲击性的作用……使社会风

气发生了变化……是以令人钦佩的精神写作的，而且它们所表述的道德观是合理的与人道主义的。”当然，像其他一些性教育的先驱者所遭遇到的一样，罗素这些合理的、人道主义的性道德观和性教育观，曾经受到一些宗教狂分子的猛烈攻击。例如，1940年美国纽约市学院邀请罗素作哲学教授，一位圣公会主教发动，并由一些天主教会所附和的、一场美国历史上罕见的诬蔑和恐吓运动指向罗素和纽约市学院，妄称罗素是“反宗教、反道德的宣传家”，把罗素的著作说成是“好色的、贪欲的、纵欲的、色情狂的、不虔诚的、思想狭隘的、虚假的、使人失去道德感的”。许多大学校长和著名学者站出来支持罗素，例如，爱因斯坦评论说：“伟大人物都会遭受庸人的剧烈反对。当一个人并不轻率地顺从沿袭的偏见，而是诚实地、无所畏惧地运用他的聪明才智时，庸人是不能理解的。”然而，庸人们在教会和法官的支持下，终于阻止了对罗素的任命。这就是成为了美国美名上的“疤痕”（约翰·杜威教授语）的“贝特兰·罗素事件”。虽然，罗素应哈佛大学之请，转而去哈佛大学任教，在纽约的这段经历，总是一个阴影，影响到此后罗素停留在美国的岁月。

既然罗素的性道德观点和性教育观点，是如此的受到学术界和进步的思想界的赞颂；同时，又是如此地受到宗教界和庸俗的保守分子的顽强诋毁。这就更值得我们加以研讨了。这篇文字，仅仅对罗素有关性教育的一些论述，略加介绍。

首先，要引述的是罗素对于“性”问题现状的深刻揭露。例如，1936年（他年已64岁），在《我们的性道德》一书中，他劈头写道：“许多人，也许大多数人，对性的看法，仍然比对人生其他要素的看法不合理，杀戮、瘟疫、精神错乱、黄金和宝石——事实上成为热切希望和恐惧对象的这一切事物——过去是被人们透过一层魔法或神话般的云雾去看待的；而现在，除个别情况外，理智的阳光已把云雾驱散。剩下最黑暗的乌云笼罩在性的领域内，这也许是很自然的，因为‘性’关系到大多数人一生中最易动感情的那部分生活。”看来，直到现在，罗素写这段话的50年之后，笼罩在性领域的乌云仍很浓重。性教育的任务，就是要在这个领域中，尽可能地多带进科学与文明的阳光。

罗素猛烈地抨击宗教和迷信对性教育的阻碍作用。他写道：“基督教徒对待性知识的态度，也是危及人类幸福的。正统的基督教徒企图人为地迫使青年接受对性的无知，这是非常有害于青年身心健康的……在基督教社会里，由于性知识在青年男女中讳莫如深，因此，几乎每个成年人多少都有些神经不正常。”（《为什么我不是基督教徒》，1927年）。罗素又道：“迷信带给教育的另一恶果，是缺乏有关性知识的教育。”（《我的信仰》，1925年）。“认为性是邪恶的这种看法，把愉快的恋爱变成不可能的事，使男子鄙视与他交往的妇女，还常常对她发泄残忍的冲动。我相信在我们社会中，没有任何一种别的邪恶，像传统的性态度这样成为人类不幸的强大源泉，因为它不但直接造成一连串罪恶，而且还压抑仁慈和人类的感情。”（《新的一代》，1930年）。罗素讽刺道：“基督教最大的胜利，在使男女们结婚之前得不到一点性的经验。这种情形是很不幸的。人类的性行为并不是本能的，……大多数男子都不晓是结婚后有向妻子求爱的必要；受过优良教育的女子，更不知道冷淡自持的态度，对于婚姻的快乐有什么害处。只要有较好的性教育，这许多缺陷都是可以纠正的。”（《婚姻与道德》，1929年）。“现在的性教育（指不正确的所谓“性教育”——引者注），恐吓是常用的方法，这种教育的结果，使大多数儿童在极早的时候，对于性的事情，发生罪恶和恐怖的联想。这种罪恶恐怖和性的联想，深入人心，差不多成为无意识的了。……在儿童意识到性器官的时候，成人便加以责骂。其结果，当性意识产生的时候，便联想到责骂的体验。这样一来，使他们将来健全快乐的性生活，完全被破坏。”（《婚姻与道德》）他正确地强调指出：“对儿童谈话时，没有任何正当的理由隐瞒事实。关于性知识完全像关于鱼类的习性，或儿童感兴趣的其他事物一样，他们的疑问应当得到解答，求知欲应该得到满足。没有理由欺骗儿童。就像在传统家庭中必然会发生的那样，一旦他们发现父母撒谎，他们就会失去对父母的信任，觉得自己对父母撒谎也是理所当然的。不但从理论上，而且从实践经验上来讲，我都深信在性问题上，彻底开放是防止儿童过度地、猥亵的、不健康地去想性问题的最好办法，也是形成开明的性道德必不可少的前奏。”（《我们的性道德》）

罗素指出，神秘化反而更加坏事。他写道：“因性的神秘，反而增强了青年对性的好奇心。性的好奇心和其他好奇心一样，满足后，即可消除。所以，为了阻止青年沉浸在性的方面，最好的办法是告诉他们所想要知道的事情。”（《婚姻与道德》）

罗素正面强调性教育的必要，并且对儿童和青少年的性教育提出了不少实际的建议。他写道：“一切无知都是令人遗憾的，但是对性这样的事无知，则是严重的危险。”（《我们的性道德》）。“主要的生理事实应在青春期以前，当学生们并不激动的时候，简明而自然地教给他们。应当在他们青春期间进行非迷信的性道德教育。……应当教导男女青年互相尊重对方的自由……应当教导他们懂得，把小生命带到世界上来是件极其严肃的事情，只有孩子的健康、良好的环境和父母的照料都有了可靠前途的时候，才能这样做。也应当教给他们节育的方法，以便保证他们想有孩子的时候才会生育。最后，还应当教他们懂得性病的危害以及防治性病的方法。在这些方面实施性教育，可能增加的人类幸福将是不可估量的。”（《我的信仰》，1925年）

当然，罗素也一再强调在很早期便开始进行性教育的重要性。例如，他在《论教育：特别是幼儿教育》）一书中指出："一个小孩从幼年时开始就应被允许去看没有穿衣服的父母、兄弟和姐妹。"他在《婚姻与道德》中作了更详细的论述："对于裸体的禁忌，是树立正确性态度的障碍。在当然要裸体的时候，让孩子相互看到裸体以及父母的裸体是有益的。若是父母不愿意让儿童看到他们裸体，儿童便必然会产生神秘的感觉，有这种感觉他们就会变得淫秽和猥亵。避免猥亵的办法只有一个，那就是避免神秘。"罗素的这一主张，虽然被宗教狂们诬为"进行裸体主义的聚会"，但却是正确的。其他一些著名的性教育先驱者，例如桑格夫人、霭理斯都持有同样的主张。

考尔德伦博士论性与性教育

近二三十年来，对性教育的强调，乃是一种很明显的国际趋势。在这个具有深远影响的世界潮流的形成之中，1964年"美国性信息和性教育理事会"的成立，是有很大的开创和推动作用的。这个非盈利组织的成员，来自医学、精神病学、人类学、社会学、教育学和宗教界等不同的专业领域，其目的在"确立人的'性'作为健康的一个重要部分……通过坦率而开放的探讨以使'性'保持尊严，……给有关的专业人员和社会一种引导，使人们能负责地行使其性能力，使得'性'成为人们生活中的一种创造的力量和欢乐的源泉。"为此，这个组织出版了一系列的书籍和小册子，出版了季刊SIECUS Report，并对小区和学校提供咨询服务，对一项全国范围的性教育计划进行支持，在美国和全世界作出了积极的贡献。

考尔德伦（Mary Calderone）医学博士，就是这个理事会的发起和奠基人，从成立当时便担任主席之职，持续多年，直到3年前才退休。现在，她虽然年逾80高龄，仍很健壮，还担任纽约大学的兼职教授，继续活跃地为发展性学和性教育而卓有成效地工作着。

考尔德伦博士著述颇多，主编有《计划生育和避孕实践手册》，发行过数版，还为一些书撰写性教育专章，在专业刊物和国际会议发表关于性教育的研究论文，是一位具有世界声誉的当代性教育专家和领导人。

在第二届国际性学大会（1976年10月28日到31日在加拿大蒙特利尔召开），考尔德伦博士指出，关于“性”，要反复进行教育以求广泛理解的要点如下：

1. 我们生来便是有性的差别和性的欲求的，并且持续终生，直到死亡。

2. 在我们每个人的一生中，“性”有着主要的意义。

3. “性”本身在道德上是中性的（无所谓“好”、“坏”），但是，我们如何培养在一生中能很好地运用“性”，却是具有极重大的道德意义的。

4. 对于性教育来说，可能特别紧要而有效果的时期，是14岁以前，尤其是5岁以前，由父母或其监护人施行。

5. 这一期间所接受的有关“性”的培养和教育，无疑 地将决定少年儿童此后一生的“性”态度和行为。

6. 这种影响，无论好、坏，都会扩展到一个人的“性别同一性”（Gender identity，又译“性自认”）、“性别角色行为”、“动情反应”和“性对象选择 ”。

7. 为了预防“性”、“性别”和“性角色”方面各种异常的出现，社会有关机构（教育机构、卫生机构、宗教机构）应该尽到责

任，努力去说服、教育和帮助父母执行他们作为“最初的性教育者”无可代替的职责。

考尔德伦博士上述论说，是很全面、很深刻的，也很符合现代性学的新认识。关于性教育如何在幼儿和青少年教育机构中，对不同年龄组具体实施，考尔德伦博士在《性经验》一书的第十七章“性教育”中列出要点如下：

1. 5–9岁：性教育的内容可以揉到卫生课、科学常识课、社会知识课和语文课里面去中。可以通过喜爱的动物来学习身体各部位包括生殖器官的适当科学名词术语。也可以通过讲故事来讲解婴儿的诞生等常识。特别要在社会常识等课程中，讲述世界上不同地方的家庭中“性角色”的不同情况，例如讲述美国家庭中性别角色的变动。关于良好的人际关系，可以通过教室中和家庭中的日常生活以及同龄伙伴的接触来培养。

2. 10–12岁：在青春期身体上和情绪上的种种变化出现之前，就要讲述生长发育的速率和正常范围，激素在青春发育始动中的作用，生殖系统和生殖过程的基本知识，对于月经、遗精和手淫的健全的知识和态度，遗传和环境在身体特点和人格形成方面的作用；还要持续进行关于如何理解和控制情绪的教育，及解释当前关于什么是男性角色行为、什么是女性角色行为的种种说法。

3. 13–15岁：这一阶段教育的焦点是“自我同一性”（Self-identity），包括一系列课题，例如：“我是谁？”、“我是什么样的人？”等等。内容涉有人格的本质、对于情绪的理解、和他人如何融洽相处、男孩与女孩的关系、男人和女人在态度上的差别、约会异性朋友、家庭冲突、人生价值观念的建立；进一步了解男性和女性的生殖过程、避孕知识、性病的预防等知识。

4. 16–18岁：在这一年龄阶段，不少年轻人和异性朋友约会，

有一些可能会有性行为。这一阶段的性教育，内容既要切合青年的现实情况和需要，又要为他们的未来目标做好准备。常要讨论的题目有：男孩和女孩的关系问题、性道德上对男女要求不同的所谓“双重标准”问题、配偶选择和求婚、计划生育和避孕措施的选择、生活方式的选择、同性恋问题、婚前性行为问题、人工流产问题、色情品（Pornography）问题、做父母的问题、性道德问题等。

5. 大学阶段：大学阶段的性教育课程，内容更深、更广，因在何种系科（健康教育系、心理学系、社会学系、人类学系等）开设而有所不同。在多数情况下，乃是高中阶段（16–18岁）性教育内容的加深和系统化。大学中还可举办一些非正式课程的性教育，例如性教育讲习班、扩大的讨论会、学生信息服务等等形式。

6. 特殊人群的性教育问题：已有一些机构致力于身体有残疾、精神有障碍、失明者、聋哑者的性教育。老年人的性教育，也需要加以注意。目前的看法是：应该尽量使以上特定人群中的人们，有尽可能满意的性生活。

1985年美国出版的《今日性医学》（Sexual Medicine Today，Vol.9，No.1，1985年1月）刊登了一篇专访，请考尔德伦博士谈人类性发育，以及这种关于人类性发育的新知识对于性教育的重要意义。考尔德伦博士首先指出：对“性”的无知，乃是许多严重的医学问题和社会问题的原因。她说：大自然让每一个人生下来之后的头一个12年没有生殖能力，这就给了人类足够的时间去学习怎样更好地去运用我们的“性”。考尔德伦博士引用澳大利亚社会学家罗讷尔德等人的一项国际性的比较研究，这一研究证明加拿大和美国的儿童，在性知识方面，比不上英国、澳大利亚和瑞典的儿童，常常表现出无知。瑞典儿童在性知识方面是最领先的，瑞典十几岁的女孩子妊娠的发生率，便比美国低得多。考尔德伦博士强调指出，弗洛伊德关于5–12岁儿童性发

育潜伏消失的说法乃是不正确的。

1982年左右，考尔德伦博士得到一位高级超声波技术专家阿莱拍摄的一张胎儿超声波摄像图，清晰地显示出男性胎儿在子宫内便会规律地出现阴茎勃起，这就证明了一个重要的新概念：人类的性反应系统从还在子宫内就开始了功能活动而持续一生。这也支持了考尔德伦博士多年来坚持的一种观点：儿童是从出生起便有性反应的。所有的器官系统，除了生殖系统之外，都是从胎儿还在子宫内的时期便开始其功能活动，性反应也是这样。性反应系统和生殖系统有联系，但不是同一的，而是分开来的两种系统。否定新生儿、婴儿和儿童的"性"功能，便会给早期的性教育带来错误。婴儿通过性感和其他的愉快体验，认识到自己是一个整体，并且感受到活着的愉快。考尔德伦博士还引用哈佛大学著名儿科权威布拉则尔顿（B. Brazelton）博士的发现：新生婴儿从出生后头几周到几个月，便会通过把两腿挤压在一起，而体验一种愉快的感觉，男孩、女孩都一样。考尔德伦博士认为我们的文化大大歪曲了这种"性"的自然发展。当父母看到他们的婴孩快活地触摸生殖器时，便惊慌失措，很是害怕，并立即去加以阻止。这种干涉常常会产生不良的后果，影响到未来很长的时间。考尔德伦博士以及许多专家都认为，父母应该懂得儿童的"性"乃是自然的生理现象，不会受伤害，就像学说话、学走路一样，任其正常地发展，并且加以正确的培养和教育。不但许多父母，也包括许多医师，至今还不懂得，甚至还害怕这种新的科学的观点。其实，按照这一新认识行事，效果便会好得多。这也可以说是关于性和性教育的理论和实践的一项重要的新发展。

美国的性学教育
——性学人才培养过程

“性学教育”指的是培养专业性学（Human Sexuality）人才的高等教育，而不是指针对公众的“性教育”（Sex Education，现倾向于用更广泛的一个名称Sexuality Education）。“性学”，我在这里没有用“Sexology”，也没有用与Sexology大体同义的“Sexual science”或“Science of sex”，而用了含义更广的“Human Sexuality”。这是因为，近30年来，美国大学或学院广泛开设了名为Human Sexuality的课程，这门课程若是要翻译成中文，恐怕还是译成“性学”最为简明。直接用Sexdcgy作为课程名称的是很少的，仅见于某些专门的性学院（后述）。那些在大学或学院中教授Human Sexuality的教师，许多也并不具有Sexdogist（性学家）的头衔，甚至他们和性学界并无关系，他们也许是“健康教育”专家，也许是心理学家，也许是其他自然科学或人文科学的专家。所以，本文指的“性学教育”是指那些培养出性治疗师、性教育工作者、性咨询专家、性研究工作者，Human Sexuality课程的教师等专业人才的大专以上的高等专业教育。

很多性学工作者（本文用来兼指以上提到的性治疗师、性教育工作者、性咨询专家、性研究工作者、性学教师等），是从心理学系培养出来的。在获得心理学的硕士、博士学位之后，再接受专门的性学训练，一般并不太长，例如总共10次，1次1个小时。也有的是在实习中在指导教师的监督下，通过实践来实习。只有少数大学设有性学系（Department of sexology），其中较著名的如加拿大说法语的魁北克大

学性学系，颁发学士学位，美国的明尼苏达大学、纽约大学、宾夕法尼亚大学等设有研究生水平的性学专业。归属并不一定，纽约大学是归属于健康教育系之下，宾夕法尼亚大学（在费城）则是归在教育学研究生院之下。这两个地方均有性学哲学博士的学位（PH. D. in Human Sexuality）也有一些性学工作者是接受的精神病学教育，即由精神病医师兼任的。就像国内一样，妇产科医生、泌尿科医生，都可能兼作性学领域的工作。但这只是性学工作者的成分问题（即来源问题），并非性学教育本身。

谈到性学教育本身，在美国，在全世界，都不能不重点介绍设在旧金山的“高级性学研究院”（The Institute for Advanced study of Human Sexuality，简称IASHS）。这是世界上第一个，至今仍是唯一的一个以性学教育为唯一宗旨的专业研究院，过去，它也是第一个并且是唯一的一个可以授予政府核定的博士学位的高等教育机构。现在，有了可喜的发展，著名的纽约大学，宾夕法尼亚大学也都有了性学博士学位。IASHS成立于1976年6月8日。1976年10月1日开学，一年之后，经过加州教育部的检查审定，准予授“性学硕士”、“性学教育博士”、“性学博士”和“性学哲学博士”四种高级学位。创始人Ted Mc Ilvenna（现仍任院长）和Laird Sutton（现仍任教育传播部主任教授），原是基督徒卫理公会牧师，都有神学方面的高级学位，他们受美国卫理公会等5个大的基督教全国组织的委托，参与调查研究人类青春期和青年期的发展。他们主持的旧金山地区的研究，集中在同性恋方面。经过一系列的研究，包括在伦敦举行的一个国际会议，在著名的金赛性学研究所举行的包括美国国家精神卫生研究院等参与的会议，觉得对人类的“性”（Sexuality）的全面研究极为重要，乃于1967年决定建立“美国全国‘性’论坛”（National Sex Forum简称NSF），于1968年正式展开活动。到1975年，NSF终于和教会脱离关系，独立出来。NSF的

一个最著名的创举，便是开发出一种为时8天的旨在改变“性态度”的课程，即SAR（Sexual Attitude Restructuring，性态度重建），至今仍然是每一个IASHS的学生的必修课。始终参加以上调查研究和NSF创建的Ted McIlvenna，Laird Sutton，MargueriteRubenstein，Loretta Horoian和Phyllis Lyon，后来成为IASHS的主要教授，Sutton教授是性教育电影、录像的优秀制作家，Rubenstein教授是美国双性恋运动的倡导者，Haroian教授是少年儿童“性”专家（现已故），Lgon教授是女同性恋者的著名活动家和作家（现已退休）。IASHS建立后，参加教授阵营的还有著名性研究家、金赛教授的主要合作者、金赛报告的第二作者Wardell B・Pomeroy教授（长期担任该院学术院长，现已退休），以及著名性学史研究家Erwin Haeberle教授等。国内读者应该对Erwin Haeberle教授比较熟悉，他曾于1989年到上海支协助中国两万例“性文明”调查，并担任了刘达临教授主编的《中国当代性文化》的顾问。持和IASHS招收来自美国各州、世界各国有志于性学高级研究的学生。截至1992年，已有87位博士生完成了他们博士论文并获得了博士学位。在IASHS，攻读硕士学位需完成36个学分加上硕士论文，博士学位需完成60学分加博士论文。按照1993-1994年的现行入学手册所载，IASHS的必修课程计有：Wardell B. Pomeroy讲座系列（每学期一周，邀请美国全国各地著名学者、活动家、性学工作者前来讲授）；性学概论；高等性学；SAR；性传播疾病；应用技术讲习班；个人性生活的丰富与教育。选修课程计有：性教育学；性学史；研究设计；性史；面谈与编码记录技术；性人类学；性治疗的概念与方法；职业助人者的历史和理论；性治疗技术；临床性学；小群体组织方法；性乐教育；性解剖和生理学；性学的妇科学基础；人体：历史、现状及其性功能；性身体治疗学（按摩术）；身体治疗的高级技术；角色扮演和心理戏剧技术；影视评论；文献保管；传媒制作技术；青少年性学；性与老年；疾病和

残疾；男同性恋、女同性恋和双性恋；性与社会；性与宗教和法律；性、宗教与权力；性法学；性与宗教；治疗工作者的性伦理学；金赛报告分析；性变式；双性与雌雄兼性；儿童的性；儿童性虐待；性自认；性罪犯；女性性学史；女性群体实践；性咨询和性治疗中的女性主义观；男同性恋动情品；美国的同性恋运动史；现代文学中的性；动情品史；动情品学与性文化。IASHS的教学很有特色。强调自学为主、实践为主、自身参与和实人实事的教学方法。例如，有关虐待与被虐待，异装与变性，卖淫与色情品等题目并不是由教授来论述，而是由虐待者、被虐待者、异装者、变性者、卖淫者、色情影像制作者及色情影像演员等到课堂“现身说法”，与学员共同讨论，气氛都很热烈与融洽，得到的是第一手的知识与情况；又如讲授如何改善一个人对其自身体相的感受，使能热爱自身的形象时，每一个学生就要在课堂上面对3个大镜子和一群同学，展示与评价自身的身体，从而能得到亲身的经验，有些同学经过这种“当众暴露”的训练，十分兴奋，感到学到了从所未有的新东西，使自身对自身的评价有所改进，十分有益。在IASHS学习的学生，不仅是学到了知识，拿到了学位，而且改变了或改进了自己的性观点与性态度，增进了如何提高自身和他人性生活品质的实践能力，可以向公众提供有成效的专业服务……性，是一个很复杂、牵涉面很深很广的问题。所以，“性学教育”也就有其复杂的一面，不仅是一种知识与技能的教育，还包括很多社会方面、法律方面、道德方面、大众传播方面的内容，并且，这些方面往往有着互相尖锐对立的意见与做法，因此，对性学教育的组织者和教育者来说，是很需要能掌握好尺度与分寸的。不同国家、不同文化、不同时期，也应有不同的做法，本文对于IASHS作了较多的介绍，只是因为它至今仍然是美国，也是全世界唯一的性学高级学位专门学院，并不意味着它的观点和做法都值得仿效。这是笔者需要特别加以申明的。

中国性教育面临的三个问题

在20世纪80年代的中国，科学的性教育仍然面临种种障碍，这是很值得研究的。

（一）

1985年4月，上海市轻工业局团委的一位同志写道："长期来在做青年工作中深深感触到，由于我国缺乏科学的性教育，青年中存在着性神秘，致使不少青年不懂科学知识，或是犯错误，或是入歧途；又由于对性的研究长期被视为禁区，造成大部分教育工作者对此不甚了解，面对普遍早熟的青少年一代，无从引导、无可对答、无法奉告，构成了当今青年教育中的'软档'。前个时期，我们曾对基层'青工轮训班'进行调查了解，发现在讲授婚恋道德教育这一课时，98%以上教师对性知识拒绝讲授或有意避开。"

1985年1月，一位教师，看到刚在某刊物刊了的一篇文章讲到"性教育的关键时刻是在儿童和少年时期"，便斥为"一篇令人气愤的文章"，断言"对于儿童进行'性教育'是完全不合适的"，深夜立即向教育部、全国妇联上书9页之多，要求"高度关心这个对儿童教育有严重不良影响的问题"，声称"要慎之再慎啊！为了社会主义精神文明，为了下一代，为了中华民族，我要求你们听听一位母亲的呼声，听听一个心理学教师的呼声吧！"

中山医学院《家庭医生》编辑部在1984年8月举办了第一期"青年

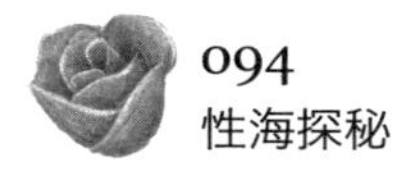

性生理知识学习班”。这是一个勇敢的创举，值得推广。然而参加这期学习班的部分学员却发出一份公开信，说：“我们认为你们讲课内容太浅了。因为这些内容，我们花几角钱买本书来就可了解了。你们的思想是否保守了一点？性学是一门科学，学员舍得花几块钱和宝贵的时间为接受老师的教育指导，你们的思想解放一点又何妨呢？当大家提出一些书本上没的性生理或性生活问题时，你们显得有点闪烁其词，怕‘过线’了，这是不必要的。”

这3个例子，很典型地反映出性教育作为一个问题，在我国的现状。它们反映出我国性教育面临的3个主要问题：

1. 长期封建思想的顽固影响；
2. 科学的性教育和色情的“诲淫”的混淆；
3. 性教育的现代化和知识更新的迫切性。

以下逐一加以论述。

（二）

中国封建社会的漫长，在世界历史潮流是很为突出的。自汉武帝罢黜百家以后，儒家学说作为正统思想，统治中国2000余年，它的经典是封建统治阶级的最高教条，是中国封建文化的主体。曾经有人认为儒家关于性或性欲的思想本来是健全的，因为，正像主张性教育的今人们所经常引用的，《孟子》说过：“食色，性也”，《礼记》写过：“饮食男女、人之大欲存焉。”这两句话一向被人用来支持对性的开明态度，确实是有历史功绩的。然而，实际上它们并不是儒家思想的代表。[1]“食色，性也”出自《孟子》一书的《告子·上》篇，

1　总的说来，原始儒家（孔子、孟子等）对“性”（Sex）还是积极而正面的；后来宋代的程颐等“新儒家”，才是反性的。

并不是孟子的话，恰恰相反，是孟子要驳倒的论敌告子的话，而孟子的学生屋庐子认为礼重于食色的观点，才是孟子的观点。至于孟子所主张的礼，当然是“男女授受不亲，礼也”（《孟子·离娄》）那一套了。“饮食男女，人之大欲存焉”倒是《礼记·礼运》篇中正面论述“人情”之“喜怒哀惧爱恶欲”七者的，以“死亡贫苦，人之大恶存焉”相对而言。但是，更要紧的还是礼，他接着说：“故欲恶者，心之大端民。人藏其心，不可测度也，美恶皆在其心不见其色也，欲一以穷之，舍礼何以哉。”至于有关男女两性的礼是些什么呢？《礼记》中倒写得很清楚、很具体：“七年，男女不同席，不共食”（《内则》篇），7岁的孩子男女就不能坐在一起，吃在一起了！男女“不相授器。其相授，则女受以篚（方的竹器——引者注下同），其无篚，则皆坐奠之而后取之”（《内则》篇），“男女不亲坐，不同椸枷（男、女的衣服不能挂在同一衣架上），不同巾栉，不亲授。叔嫂不通问，诸母不漱裳（不能让叔母、庶母等洗濯内衣）。姑姊妹女子，已嫁而返，兄弟弗与同席而坐，弗与同器而食。男女非有行媒，不相知名。非受币，不交不亲（假如没有行过聘礼，男女是不能交往的）。”（《曲礼上》篇）当然还不止这些，总之是禁锢得很厉害就是了。之所以要引那么多原文，就在于让人们看到两千多年来正统的“男女之别”原来是这样严重，怪不得至今男女社会公开还要去提倡，并且还要冲破那么多的阻力；至于公开地去讲授什么性知识，当然就更是不敢想，即使敢想了不敢做，即使在私下敢讲也不敢登上大雅之堂去当众讲了！

至于这种“性交是常事，却以为不净”的“旧见解”，这一套礼教的效果如何呢？正像1919年鲁迅以孝道为例所说的：“实在从古以来，并无良效，无非使坏人增长些虚伪，好人无端的多受些人我都无益的痛苦罢了。”周作人（1885–1967年）1923年在《重来》一文中说得更彻底："古人之重礼教，或者还有别的理由，但最大的是由于性意识之过强与克制力之过薄，这只要考虑野蛮民族的实例可以明白。道学家的品行多是不洁的，也是极好的例证。现代青年一毫都没有性教育，其陷入旧道学家窠臼本也不足怪，但不能不说是中国的不幸罢了。因为极端的禁欲主义即是变态的放纵，而拥护传统道德也就同时保守其中的不道德。"

因此，要很好地开展性教育，必须和封建礼教作斗争；科学的性教育恰恰是揭穿封建礼教骗人、吃人本质的有力武器，同时也是防止变态的放纵和性机能的障碍的有力武器。

（三）

性的禁锢，到了宋代更为加强。理学的奠基者程颐（1033–1107年），高唱"去人欲，存天理"，提出"饿死事极小，失节事极大"的残酷谬论。经过朱熹（1130–1200年）的发展，理学一直成为后来封建统治者的理论工具，在明清两代被提到儒学正宗的地位。然而，发人深省的是，恰恰是在这种禁欲主义的礼教的重压下，盛于明、继于清的赤裸裸的专门描写性交的色情小说却蔚为大观，《金瓶梅词话》、《玉娇李》等接踵而出，"不但在量的方面多，即在质的方面，亦足推为世界各民族性欲文学的翘楚……直可称独步古今中外"。当然，这些色情小说的出现，是和"明自成化（1465年起）后，朝野竞谭'房术'，恬不为耻，方士献房中术而骤贵，为世人所欣慕"的社会背景相一致的。这些性欲小说，大肆描绘病态的色情狂，鼓次"采补术"的荒谬观念，加剧了中国社会上不健全的性观念的流行。茅盾曾经非常精辟地剖析了这些"淫秽小说"产生的原因，他说："中国之所以会发生那样的性欲小说，其原因亦不外乎：①禁欲

主义的反动；②性教育的不发达。后者尤为根本原因。历来好房术的帝皇推波助澜所造成的恶风气，如明末，亦无非是性教育不讲究的社会内的必然现象罢了。”也就是说，科学的性教育，正是抵制色情文学诲淫的最好武器。

然而，不幸的是，人们常把性教育和诲淫混淆起来。正像吴晗在1933年所指出的，由于《金瓶梅》“敢于对性生活作无忌惮的大胆的叙述，便使社会上一般假道学先生感到逼胁而予以摈斥”。“像《金瓶梅》似的诲淫”，便成了假道学们反对男女的社交和恋爱的大棒，也成了假道学们反对性教育的大棒。例如，鲁迅先生曾尖锐地指出：“我看了很觉得不以为然的是胡梦华君对于汪静之君《惠的风》的批评，……胡君因为《惠的风》里有一句‘一步一回头瞟我意中人’，便科以《金瓶梅》一样的罪……我以为中国之所谓道德家的神经，自古以来，未免过敏而又过敏了，看见一句‘意中人’，便即想到《金瓶梅》，看见一个‘瞟’字，便穿凿到别的事情上去。然而一切青年的心，却未必都如此不净；倘竟如此不净，则即使‘授受不亲’，后来也就会‘瞟’，以至于瞟以上的等等事，那时即便是一部《礼记》，也即等于《金瓶梅》了，又何有于《惠的风》了？”那些把性教育视为诲淫的人，是很值得仔细领会一下茅盾和鲁迅上面这两段话的。

同时，立志于真正的性教育（而不是“挂羊头卖狗肉”）的人们，一定要记住一个历史教训。那些以色情描写冒充“性教育”或在“性教育”文中掺以色情描写的败类，实在是破坏性教育的蠹虫。要和他们划清界限并揭穿他们。严肃正派的文风和严谨科学的内容是使性教育健康开展的必备前提。

（四）

科学是在不断发展，性科学亦然。有一些人对性教育是关心的，甚至于也在进行着他们理解中的“性教育”，但是，由于他们没有努力去掌握性科学的现代知识却好心反而办了坏事，或者障碍了科学的性教育，或者增加了荒谬的性迷信。

例如，前面提到的那位心理学教师，自以为懂得“心理学规律”，却认为“对儿童进行‘性教育’是可笑的，也是可恶的，是完全不合适的”、“必然会引起性反射活动提前，必将引导孩子发展低级趣味，势必使儿童的语言向更坏的方向发展”。原来这位心理学教师以为向0岁、1岁、2岁……的儿童进行性教育，就是要去讲生殖器的构造和机能，要去讲如何性爱，如何性交！这种不必要的担忧完全是出于对现代性教育内容的不了解。现代科学意义上的性教育，并不仅只是指性器官的解剖生理知识教育，而是包括心理、社会、生物3方面的内容，并且首先要进行的恰恰是社会心理的性教育，或者说“性角色”的教育。给刚生下来的孩子起一个什么名字（男性味的，还是女性味的，是不是适合新生儿的生理性别）、穿什么衣服、给这婴儿唱什么儿歌、讲什么故事，当婴儿偶尔出现触摸生殖器时，应不应该粗暴责骂以致动手去打，这些就是对婴儿、对儿童进行性教育的最重要的内容，也是整个一生中性教育的最为关键的内容，做好了，就使孩子一生能有健全的性别心理，能完美地履行其性角色，不致陷入“性别同一性障碍”（“异性癖”即“易性癖”或“变性癖”等的总称）、不致形成植根于婴幼儿时期的、难以消除的“性抑制”等性机能障碍。因此，对于现代的科学的性教育来说，不强调对儿童进行性教育才恰恰是“可笑的，也是可悲的，是完全不适合的”。

再如，就在近年出版并大量发行的医学普及书刊中，还经常可以读到如下的话：“手淫是一种坏习惯。一个经常犯手淫的人，身体一定要受影响，更容易发生不正常的遗精现象，因而出现头昏、眼花、腰酸、背痛、失眠、记忆力减退等神经衰弱现象，而且还会影响婚后正常的性生活，发生早泄、阳痿等病。所以，手淫的害处很大，必须戒绝。”（抄自1976年出版的一本讲生理知识的书）这些令人生畏的论断，有什么根据呢？要说的，倒也有。早在《圣经》之中就谴责不生育的射精乃是罪恶，要被上帝处死的，包括法国著名医师蒂索（S. Tissots）在内的18、19世纪的医学家，也纷纷鼓吹手淫害莫大焉，甚至认为手淫乃是精神病的原因。然而，现代性学和医学的客观研究证明，这都是无稽之谈。现在的看法是：“在心理学家、精神病学家、医师以及其他从事精神卫生和身体保健的人员中，得到相当广泛赞同的意见乃是：手淫既不是不正常的行为，也不是对身体有害的行为。”而且“手淫是标准的性行为的一种，之所以成为问题，仅仅是因为在手淫的时候伴有一种犯罪的感觉和内心焦虑因而引起种种后果”。这种犯罪感和内心的焦虑是怎样来的呢？显然就来自于那些手淫是极为有害的恶习的夸大说教。确实，可以见到成千上万的青年，因为手淫而陷入严重的恐惧以至绝望之中，他们感到“身心极度的虚弱”、“多疑多虑，不愿和朋友交往”、“学习退步”，甚至有人因之而想自杀。然而，这并非手淫的直接后果，却是对手淫的恐惧和自责的直接后果。那些不科学的“性教育者”，恰恰倒会使青少年陷入性愚昧、性恐惧的深渊之中。

教育者必先受教育。只有向广大父母、幼儿园、小学和中学以至大学教师、各级医务人员以及社会有关各界，普及现代性科学的基本知识，才能使我国的性教育，特别是对儿童、少年和青年的科学的性教育，健康地开展起来，并收到积极的效果，以增进下一代以至整个社会的幸福。

知性篇：
麻辣“性学大餐”

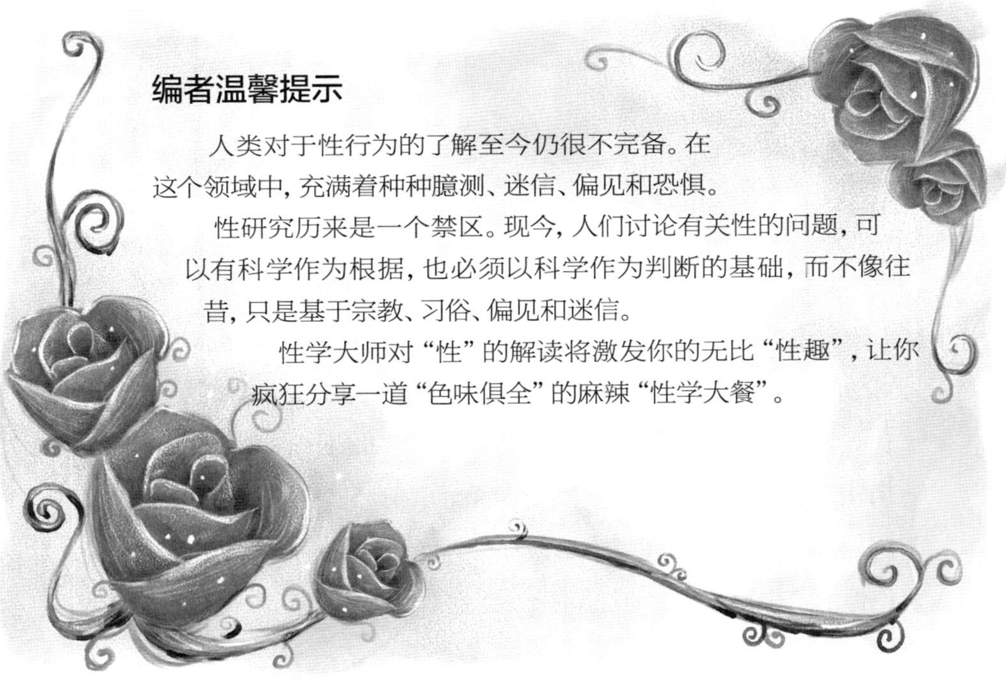

编者温馨提示

人类对于性行为的了解至今仍很不完备。在这个领域中，充满着种种臆测、迷信、偏见和恐惧。

性研究历来是一个禁区。现今，人们讨论有关性的问题，可以有科学作为根据，也必须以科学作为判断的基础，而不像往昔，只是基于宗教、习俗、偏见和迷信。

性学大师对“性”的解读将激发你的无比“性趣”，让你疯狂分享一道“色味俱全”的麻辣“性学大餐”。

性研究与社会的方方面面

一、开拓者

现今，人们讨论有关性的问题，可以有科学作为根据，也必须以科学作为判断的基础，而不像往昔只是基于宗教、习俗、偏见和迷信。性研究之成为科学，是一些勇敢的先驱者奋力开拓的结果。在两性社会的研究中，不免要提到这些开拓者们的工作，以为论据。所以，先将这些性科学的奠基者作一简单的介绍，以利于进一步的论述。

克拉夫特·埃宾（Richard von Krafft- Ebing，1840–1902年），德国出生的奥地利精神病学家，1886年出版其所著《性心理病》（Psychopathia sexualis）一书，被认为是性学的奠基性著作。该书第一次把性的疾患单挑出来详细讨论，并指出“性倒错”并不是犯罪而是疾病。

布洛赫（I. Bloch，1872–1922年），德国皮肤性病学家，博学多才，私人藏书8万多卷，率先把民族学和人类学的方法引入性障碍的研究。1906年首先创用“性学”（Sexualwissenchaft，英译Sexology，汉译“性学”、“性科学”、“性欲学”等）这一学科名称。1907年著《我们时代的性生活》，1912年他开始主编《性学手册大全》，实际了出

版了3卷：《妓女》（2卷，布洛赫著，1912年，1915年）；《同性恋》（赫尔菲尔德著，1914年）。1912年开始主编《性学手册大全》，被尊为实际上的“性学之父”。

霭理斯（H. Ellis，1859–1939年），英国医师和作家，在性压制最甚、清教徒之风盛行的维多利亚女王时代，勇敢地探索“性”禁区，从1896年到1928年先后出版了他的巨著《性心理学研究》七大卷，成为“性心理学”的奠基者。他也是收集“性史”（有关性生活的系统的个案数据）的开创者。

弗洛伊德（S. Freud，1856–1939年），维也纳精神病学家，1903年出版了他的《性学三论》。对“性欲”的强调是弗洛伊德精神分析学说的核心内容。他的学说在西方风行一时，促进了人们对“性”较为开明的态度，也使社会更趋于认可对“性”公开的、客观的研究。

金赛（A. Kinsey，1894–1956年），美国生物学家，虽然他原是一位昆虫生态学家，却是“性社会学”研究的重要奠基人。他创造了一套特殊的面对调查和记录的方法，详尽地研究了美国不同肤色、不同年龄、不同教育程度、不同职业、不同地区共17000男女性生活的各方面。

玛斯特斯（W. Masters，1915年–）和约翰逊（V. Johnson，1925年–），一位是美国妇产科医师，一位是心理学家，先是合作者，后结为夫妻。他们从1954年起，在华盛顿大学医学院，开创了对性行为的直接观察和实验研究。1966年出版《人类性反应》专著，概括了382个女人和321个男人性反应过程中各个时期的种种身体变化；1970年出版《人类性机能失调》专著，开创了“性治疗”的新阶段，至今方兴未艾。

性研究的开拓者，除了上述几位大师外，还有几位，他们在发展现代性科学中的贡献也是不可磨灭的。

赫希菲尔德（M. Hirschfeld，1868–1935年），德国医学家，著有《怎样解释男人或女人爱同性的人》（1896年）、《爱的自然律》（1912年）、《同性恋》（1914年）和《性病理学》（3卷）等著作。他不认为同性恋是一种病，而认为同性恋不过是一种自然变异。1908年主编世界上第一份“性学杂志”；1913年与布洛赫等建立了世界上第一个“性学学会”；1919年建立世界上第一个“性学研究所”，希特勒上台后，被迫关闭。

迪金森（R. L. Dickinson，1861–1950年），美国最早的一位性研究者，医师兼画家，曾描绘了许多女性和男性生殖器官正常和异常的图像，1933年出版《人类性解剖学》，至今仍为权威名著。他还采取面对面交谈的方式，收集了总数达1200份性生活的个案资料，合著有《一千对婚姻》（1932年）。

瑞克（W. Reich，1897–1957年），最初在维也纳学医，追随弗洛伊德。虽然他以后在威尼斯、柏林和美国的经历极为复杂，今天人们却重新认为他是性学方面的重要作家。他着重于性与政治的论述，主要著作有《性高潮的功能》（1927）、《性革命》（1936年）。

维尔第（T. H. van de Velde，1873–1937年），荷兰妇产科专家，他的名著《理想的婚姻——生理学和技术》，初版于1926年，同时用德文和荷兰文写成，后译成多种文字。英文版有几种版本，重印很多次，销售量以百万计，至今仍有新版发行，被认为是“教导现代人如何过好性生活”的很有影响的良好读物。

摩尔（A.MOLL，1862–1939年），德国医学家，在布雷斯劳大学学医，曾在柏林、维地纳、伦敦、巴黎等地，和魏尔肖、克拉夫特·埃宾、杰克森、巴彬斯基、比内、夏科等许多名医共事过。1891年写了第一本有关同性恋的专著，1897年著书论性欲的本质，1909年发表了第一本关于儿童性生活详细研究的著作，1912年编了第一本《性学手

册》。创建“柏林心理学和性格学学会”，1903年任主席。1913年，在布洛赫、赫希菲尔德等人于柏林建立了第一个性学研究组织“医学性学和优生学学会”之后几个月，摩尔建立了“国际性研究学会”,并在1926年组织了在柏林召开的第一次“纯科学的”、“国际的性研究大会”，摩尔组织第二次（也是最后一次）性研究国际会议于1930年在伦敦召开。

福勒尔（A.H.Forel，1848–1931年），瑞士苏黎世一家说德语的医院院长，对于性学做过不少普及和教育工作。1928年在哥本哈根召开的“国际性学大会”之后，建立了“性改革国际联盟”，福勒尔与赫希菲尔德、霭理斯3人共任主席（赫希菲尔德是“性改革国际大会”的主要发起者，1921年在柏林召开首次会议，其后的会议于1929年在伦敦举行，1932年在布尔诺举行）。

二、发扬者

性研究的开拓者固然劳苦功高，但是，还必须有人去做普及推广的工作，还必须后继者不断发展，作出新的贡献，我们可以称他们为发扬者。所谓“发挥光大”，要光大，自然不能仅限于少数几个人。确实，性研究领域中人才济济，这里略举几位，以供参考。

阿尔伯特·艾利斯（Albert Ellis），纽约的心理学家和心理治疗家。1961年，他和阿伯本奈尔（A. Abarbanel）主编了两卷本《性行为百科全书》，1967年增订第二版，99位专家撰稿，性研究领域中的权威人士几乎都在其中，内容广泛，很有影响。他还著有《无罪的性》（1965年）、《爱的艺术和科学》（1969年）、《探究性的满足》（1965年）等。

莫尼（J. Money），美国约翰斯霍普金斯大学精神病学和小儿科学教授，对“性别角色”和“性别同一性”（Gender identity，又译“性自认”）的认识作出了独创的贡献（加利福尼亚大学精神病学教授斯多勒尔R. Stroller，从精神分析角度研究“阴阳人”，独自地作出了同样的贡献），这是现代性学的一个重大新进展。1980年，莫尼提出要建立一门新的学科“性别学”。1978年，莫尼和默沙夫（H. Musaph）联合主编《性学手册》五大卷，对于现代性学的推广和发展，起了很好的作用。

亨特（M. Hunt）于1974年出版了他写的《70年代的性行为》，基于从24个美国城市的电话簿上随机选出的，1044位女性和982位男性的调查资料。虽然这一研究在方法上和广度上不及金赛，但还是可以看出金赛之后30年来，美国人在性行为方面的改变。

海特（S. Hite）的《海特报告》是近年的畅销书，类似《金赛报告》，也有两册。《海特德报告——全国范围的女性研究》1976年出版，包括3019位妇女性生活的详细问卷；《男性的海特报告》1981年出版，包括7239位男人的问卷。

贝尔（A. Bell）和温伯格（M. Weinberg）于1978年出版了他们的《同性恋：在男人和女人中间的多样性研究》，包括979位男、女同性恋者的4小时面对面交谈的统计分析，另有477位异性恋者作为对照，是对当今同性恋实况的一种广泛研究。

卡普兰（H. Kaplan），纽约医院的性治疗家，她的《新的性治疗》（1974年）、《插图本性治疗手册》（1975年）等著作，发展了玛斯特斯和约翰逊所开创的现代性治疗的理论和实际。

三、反对者

很少有什么研究领域像性研究那样，受到来自社会某些方面的激烈反对。禁区森严，年深日久，开拓者们要极大的勇气，甚至作出某种牺牲，才能在艰难中推展。

第一本性科学著作《性心理病——临床法医学研究》是给医学和律师看的，克拉夫特·埃宾对书中的一些关键性的描述特地用拉丁文写成，甚至到1891年第5版印行时，仍受到“精神科学杂志”的恶意攻击。霭理斯的著作在英国遭禁，被指斥为淫秽、无耻、下流，并且受到控告，扬言要将霭理斯逮捕法办。他的大部分著作后来只得在国外出版。希特勒上台之后，赫希菲尔德的“性学研究所”被迫关闭，警察搜查，捣毁所内收藏，书籍被焚烧。赫氏本人流亡国外，浪迹美国、日本、中国、印度尼西亚、菲律宾、锡兰、印度、埃及、巴勒斯坦、法国等地。瑞克在纳粹德国，也遭同样厄运，他的著作当众烧毁，本人则亡命丹麦、瑞典、挪威，直到1939年定居美国。金赛的名著《男人的性行为》，1948年出版时，《纽约时报》竟拒绝接受这本书的广告。50年代，玛斯特斯和约翰逊打算把关于人类性反应的实验研究，在美国妇产科医师的会议上提出报告，竟遭到拒绝。大部分医师不支持他的研究，并要他尽早停止这项工作，因此，一直拖延到1962年，才在美国心理学会的年会上得以公之于世。

这些是就著作而言的，说到进行研究的工作过程，就更为困难，可说是障碍重重。金赛在他的《男人的性行为》一书中，曾作少许描写，译在下面，以见一斑：“有一个城市的医学会，控告我们是在进行医学实验但并无执照；有两三个城市警察干预；在一个农村地区，司法人员对我们进行侦查，并试图让印第安纳大学的负责人下令停止我们的研究工作，或阻碍我们研究报告的出版，或想使大学将研究工作的主持者解雇，或想对研究结果的报告进行审查。有一个城市，一个以一位医师为主席的学校委员会，竟然解雇了一位高中教师，仅仅因为这位教师同意为我们的研究提供个案资料，事实上这一访谈还是在学校外面进行的。”

金赛是一位生物学教授，所以会遭到学界的刁难。有的心理学

家说性行为只有心理学家才能作研究；有的社会学家则说，性行为是社会行为，心理学家和生物学家都无权研究；某些心理分析专家则声称性行为只有心理分析专家进行研究才是合适的；一些实验科学家则说，研究动物的性行为是很好的，对于人类的性行为则不可进行客观的研究。真是指斥四起，开拓非易。

四、支持者

性研究充满荆棘的探索之路，假如没有相当的社会支持，是不可能成功的。就像对于性研究的阻碍和刁难随处可见一样，合作和赞助也是不断涌现的。也可以说，性研究的成果，不仅是性研究者辛劳努力的结果，也是有识之士以各种方式慷慨支持的结果。

在金赛的《男人的性行为》一书中，我们也可以读到长达几页的名单，列举了曾经对此研究给予合作和支持的机构。特别值得注意的是，这本书的序言是洛克菲勒基金会医学科学部主任格里格（A. Gregg）博士撰写的。正是洛克菲勒基金会的经济支持，才使这项破天荒的大规模调查研究得以成功。布洛（V. L. Bullough）博士在“性研究杂志”1985年5月一期中，发表的一篇长文“洛克菲勒与性研究”指出：“洛克菲勒基金会是40多年（从第一次世界大战开战前到第二次世界大战结束后）美国性研究的主要支持者。”最初的一项，乃是约翰·洛克菲勒（1839–1937年）资助美国社会卫生学会（1913年成立）对于妓女的研究和预防性病的研究。20年代，小约翰·洛克菲勒（1874–1960年）支持建立了国家研究理事会医学科学部性问题研究委员会。从1921年到1954年，这个委员会接受洛克菲勒基金会的资助共计300多万美元，支持了几百项性研究课题，其中包括了金赛的研究。金赛从1941年开始拿一年1600美元资助，逐年增多，自1947年后，便每年拿4万美元资助了。直到1945年，拉斯克（D. Rusk，后曾任国务卿）出

任洛克菲勒基金会主席，由于社会学家霍布斯（A. H. Hobbs）极力攻击金赛的研究，并且受到一些要人的支持，于是停止了对金赛研究的资助。至今，金赛及其同事们收集到的许多资料，无法整理出版。从这一支持的停止，可见洛克菲勒基金会多年来对性研究的支持，发生了多么重大的作用。

玛斯特斯和约翰逊的研究，开始于1954年，在华盛顿大学医学院妇产科学系，这个大学的不少部门支持了这项研究，使之得以完成。从1964年开始，这项研究则是在圣路易斯的“生殖生物学研究基金会”的赞助下进行。

值得提出的是，50年代末在性领域从事研究的心理学家、医师、社会学家、心理治疗专家、婚姻咨询专家、律师、社会工作者等联合组织了“性的科学研究学会”，并出版了“性研究杂志”，对于发表在该杂志的优秀论文的作者，予以奖励和资助。这是性研究者自身以社会的方式支持性研究的一种很好的方式。

五、受益者

从性研究的科学业绩中得到好处的人，是不可胜数的。性学研究及其成果的出版于传播使人们从对性生活的无知、焦虑和恐惧中解脱出来，并使许许多多人受益匪浅。

当金赛的《男人的性行为》（1948年）和《女人的性行为》（1953年）出版后，无数原先以为他们的性生活是邪恶、反常的人，从罪恶感的重压中释放出来。他们发现，他们的性生活和其他正常人相比起来，简直平淡而乏味，根本没有什么异常之处。性生活——这个一向被严密封闭的秘密领域——一旦被打开，人们才知道，其原先所担心的、害怕的东西，实在是莫须有的。因此，虽然金赛的著作是用极为专门的术语写成，充满统计图表，没有一张“黄色”插图，却成为畅销书，一销便是几十万册。

玛斯特斯和约翰逊的《人类性反应》（1966年）出版后，30多万册精装硬皮本，印行不久就销售一空。许多人仅仅由于阅读了这本书，他们的性忧虑就解除了。玛斯特斯和约翰逊以其极为客观的生理研究和权威的专家判断告诉人们，男子阴茎的大小粗细，对于男、女双方的性满足感是无关的；所谓“阴道高潮”和“阴蒂高潮”在生理反应上是相同的，并无高下之分；手淫所引起的性生理反应和性交所引起的性生理反应是相同的，并无正常、异常之别。这样，人们就从对阴茎短小的焦虑，对“阴蒂高潮”的鄙视（弗洛伊德曾经极力贬低“阴蒂高潮”，因而一些难以获得“阴道高潮”的妇女便感到性机能有障碍的压力），对手淫的恐惧和犯罪感，便顿然消释，大受裨益。

当然，有重大社会意义的是，性研究所开辟出的新的“性治疗”使人数众多的“性机能障碍”患者得到了治愈的希望，总的治愈率在80%以上。例如，本森（R.G.Benson）教授主编的《现代妇产科的诊断和治疗》（第三版，1978年）中，介绍玛斯特斯和约翰逊治疗早泄186例，失败的只有4例，治愈率高达98%。而且新的“性治疗”是一种直接治疗，不必像心理分析治疗那样耗费漫长的时间和金钱。性机能障碍的治疗成功，不仅解除了个体的痛苦，而且增加了个体及其配偶的欢乐，有利于家庭及社会的巩固和稳定。

影响更为深远的是，性研究的成果推动了性伦理学、性社会学、性政治学等学科的研究，将可改变人们关于性的一些陈旧落伍的旧观念、旧习惯、旧态度；并发生积极的作用，从而形成一种更符合人类理想的“性文明”，使人们的家庭生活和社会生活更加美满幸福。

六、性学史上的21件大事

性，使地球和人类充满生机和欢快。从史前时代到今天，在性领

域有着许多重要的发现和发明。下面是诺比尔（P. Nobile）所归纳的20项最重大的事件（按年代先后为序，当然，这只是一家之见，不同的人可能会有不同的侧重点。第20项已被著者所更换，并增加了第21项。）：

1. 人类直立，采用面对面的性交姿势，有利于女性性高潮的获得，是超越于猩猩、猴子之上的。

2. 失去“动情周期”（Estrus），不像动物只在“热期”（交配期）才能性交，扩展了人类性生活。

3. 色情画，在史前时期的山洞便已出现。

4. 妓女，现在记载出现在纪元前1750年左右。

5. 原来很自由的同性性行为，在13世纪，遭到基督教神学家托马斯·阿奎那的严厉谴责。

6. 阴茎套（Condom）的使用（1564年）。

7. 在原始的显微镜下观察到人类的精子（Antunie Van Leeuwenhoek，1677年）。

8. 输精管结扎术在17世纪被采用。

9. 子宫帽（Diaphragm）的发明（Dr. Wilhelm Mensiga，19世纪70年代）。

10. 弗洛伊德（S. Freud）性学三论的发表（1905年）。

11. 《理想的婚姻》一书的出版（荷兰妇产科学家，TH. H. Van De Velde，1926）。

12. 《Ulysses裁决》（1933年），法官John Woolsey认定James Joyce的名作《尤利西斯》不是淫秽的。

13. 青霉素（Penicillin）发现（1928年）和实际应用（20世纪40年代），有效在对抗严重的性病“梅毒”等。

14. 《金赛报告》（1948–1953年）的出版，美国印第安纳大学金赛教授等从1938年起对18000美国人的性生活的客观调查，创造了性研究的一个顶峰。

15. 第一例变性手术的成功施行，1952年，丹麦医生 C. Hamburger等进行手术，使一位26岁的女郎转变成男人（George Jorgensen）。

16. 避孕丸（The Pill）的使用，1960年代开始。

17. 《人类性反应》（1966年）的出版，这是性研究的一个新时代（实验研究）的标志，W. Masters 和V. Johnson成为当代性研究的大师。

18. 色情电影《深喉》（Deep Throat，1972年）的上映，轰动一时，开现代色情文化的先河。

19. 同性恋不再看成是疾病（1973年，美国精神科医师协会）。

20. 莫尼（John Money）教授与默沙夫（H.MUSAPH）主编的大部头的《性学手册》，第1卷（1402页），在1978年出版，后来出到第7卷。第8卷是“性法学”，也已编成，由莫尼和克里瓦克斯卡主编，笔者也应邀撰写了一章。后因默沙夫的逝世以及和出版商的谈判未达成协议，便将书名改为《性法学手册》，作为单独的书，在1994年于美国出版。

21. 第二次世界大战后首次恢复召开的世界性学大会，1968年6月在布拉格举行，有19个国家300多位科学家参加；20世纪最后一次世界性学大会（第14届）于1999年8月22–27日在香港召开。亚洲性学联合会的奠基人、香港大学教授吴敏伦医师主持筹办了这个首次在华人地区举行的世界性学大会，有来自世界各地的500多位性学家与会。大会通过了《世界性学大会性权宣言》这一划时代的重要文件。

性态度的形成

“性态度”指的是一个人以主观及客观的态度对“性”所具有看法和做法。例如，认为自己是男人还是女人（“性认同”），自己喜欢同性还是喜欢异性（“性指向”），自己是否愿意有婚前性行为、婚外性行为（“性道德观念”）等，便是以主观的态度对于“性”的看法和做法。假如你是一位异性恋的女性，并且拒绝任何婚外的性行为，但你对其他的“同性变者”、“婚外性行为者”是否可容忍；你对社会上存在的诸如妓女、色情电影等等“性”商业是否可容忍。这些都是以客观态度对“性”的看法和做法（例如，你不但思想上不能接受“同性恋”和“色情品”；而且你投身于某个反同性恋的组织，并参加有组织的反色情品行动，这就不但是看法，而且是做法了）。所以，性态度是一个涉及广泛内涵的个人态度问题；对每个人来说，也是一个涉及终生的极为重要的问题。例如，你若生为女性，但由于某种原因，形成了一种自认为是一个男人的强烈观念，你就会大受困扰，以至不得不以很大的代价去做变性手术；并在生活中冒很大的风险。也许终生，也许是在相当长的一段时间，这个有关自身的性认同的问题，就成了你最大的人生问题；也许你会说这是10万人中才有一个会遇到的少数问题，不足为凭。那么我们另换一个例子，假如你出身于一个有严格教养的家庭，不幸你的父母使你从小形成了一种严重的“性压抑”态度，因而，你很可能在择偶方面会遇到麻烦，更可能会在性生活上感到苦恼；甚至终生“阴冷”，从无“性高潮”的愉快体验；也可能导致夫妻关系紧张，以离婚而告终，这就不是很少见，而

是百里有一，甚至十里有一、有二的常见问题。

性态度是怎么形成的？或许可从先天的因素和后天的因素两方面来了解。至今，还不很清楚，一些人有同性恋、异性癖（自认为异性），究竟是否有先天的生物学因素（例如是否“性中枢”有某种特点），若有，又在多大程度上会起作用。我们所要强调指出的，当然是后天的因素在性态度形成中的极大作用。人自出生之后便开始了“社会化”的过程，性态度的形成就是这个社会化过程的一个重要组成部分。从大的方面来说，性态度形成的后天因素来自家庭、学校和社会3个并存而互相影响的方面。家庭方面，父亲和母亲的影响是最重要的；学校方面则越是初级的教育越是关键，青春发育期间的学校教育也很重要；社会方面，最重要的是来自宗教、同辈团体（Peer group）以及大众传播的影响。

性态度的周期演变

人们注意到70年代末到80年代，对于“性”的态度逐渐变得保守起来。Simon & Schuster出版公司的主编柯达（M. Korda），在妇女杂志“自我”（Self）第9期（1986年9月号）发表“在性方面悄悄滑回去”的文章中，提出：对于性的态度，是周期性地演变的。纵观历史，性“自由”的时期和性压抑的时期是反复交替地出现的。

性就是性，从古以来便如此，人类亦如动物，生来就是有性欲的。有一位法国人说，“性革命”仅仅意味着接受了“女人在上面”这种性交姿势。然而，即使就是这一点来看，也没有什么新鲜之处，女人在上面乃是一种很古老的方式，很多古代的文化中，女人在上面

也是一种常爱采用的方式。性并未改变，也不存在什么真正的性革命，只不过是人们对性的态度、意见和感受有所改变而已。而且，这种改变乃是周期性的交替着。

在18世纪的英国和美国，人们对性的态度是比较自由和放纵的；这是男人和女人对于17世纪的清教徒主义的一种反动。

到了19世纪，在维多利亚女王时代，情形又倒转过来，性变成了不可谈论的题目；女人的服装就像沉重的家具似的压在身上，不能有一点裸露的地方。

然而，就是在那个年代，男人和女人的色情生活，并没有任何阻滞，只不过是转入地下，暗中活跃而已。

进入到20世纪，在第一次世界大战结束之后，性的自由和放纵又再度重现，被视为“第一次性革命”。随着各种避孕器具、口服避孕丸的出现和发展；随着人工堕胎的技术发展，对于受孕恐惧解除了，人们对性的态度更加放纵。在60年代和70年代，出现了“第二次性革命”——实际上只不过是对于避孕丸的出现而导致的广泛反映而已。

现在，对于AIDS的恐惧，对于各种性传染疾病的恐惧，使得人们对于性的态度变得保守退缩起来。“性革命”是成功的，使得“性”不再神秘化，使得“性”的快乐能自由表达出来。这种成功，又导致了它的反动；反对者大为增加，对性教育、对色情品、对人工堕胎的反对日益明显，社会正拧紧螺丝，准备着下一个自由的时期重新到来。

可以预见，科学一旦征服了AIDS，一旦性传染的疾病能很好地防止，性的自由又将重现。

“兼性”的理想

长时间以来，社会上形成了一种“性成见”（Sex stereotypes），诸如男性刚强、女性温柔；男性几乎永远要隐藏感情，要能承受横逆，纵感悲伤，亦不可轻易流泪。女性则常表露情绪，遇有不快，就会哭哭啼啼。这种性成见，并非全适合于人性的。从消极方面来看，哭泣可以缓解情绪上的紧张，有益于身心健康。男性总要压抑自己的情绪，有时不免危害健康；相反的，一个动辄哭闹的女人，也使人讨厌，而且影响人际关系。再从积极方面来看，男性刚强固然好，女性就一定要软弱吗？在充满紧张与冲突的现代社会生活中，坚强不也应是女性具备的一项必要质量吗？女性温柔固然好，男性就一定要表现得粗犷吗？在家庭生活中、在社会生活中，一个温柔的男人，不也是很受欢迎的吗？所以，近年来，人们出现一种“男女兼性”（Androgyny）的理想：一个兼有男性优点和女性优点的人，可能更符合现代社会的需要。有人曾列举典型的男性质量，且对两性都是理想的质量如下：独立的、主动的、开朗的、雄心勃勃的、自信的、善于经营事业的、理智的、长于领导能力的、体格健壮的、有探险精神的、对性生活感兴趣的、勇敢的；典型的女性质量，且对两性都是理想的质量则为：体谅人的、仁慈的、天真的、热情的、亲切的、整洁的、机智得体的、富于想象力的、善于理解的、乐于助人的、坦露情绪的、甘于奉献的。

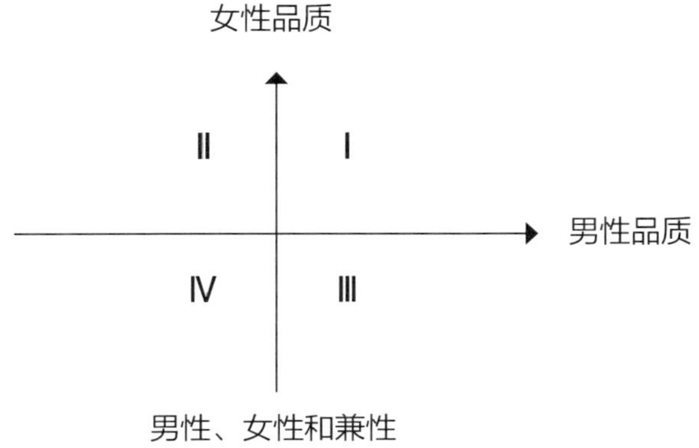

男性、女性和兼性

假如用一个简单的图形来表示，则可如上之图形。

每一个人（不管生而为男性还是女性）都可能是女性质量强的、男性质量强的、两种性别品质都强的、两种性别都弱的。我们所说的“兼性男人”、“兼性女人”就是指两种性别的理想质量都具备于一身的男人或女人，他们并非乏味的“中性”人（两种性别质量都弱的），而是有更强的适应能力和成就的现代型（或未来型）男人或女人。

性角色与家庭生活

家庭是由“性角色”组成的。丈夫、儿子是男性，妻子、女儿是女性，这是一般的情况。也有特殊的情况，即单性的家庭，这里暂且不论。在两性家庭之中，儿子和女儿，从“性角色”方面来看，主要是“性态度”的培养和形成问题，待长成之后，他们又变成丈夫和妻子的角色。因此，家庭中的性角色问题，主要是丈夫和妻子的男、女

性角色问题。

在中国传统文化中，对于家庭中的性角色，有很明确的规定。例如，早在《易经》中就讲得很清楚："女正位乎内，男正位乎外"，乃形成"女主内，男主外"的传统"性角色"差异。"主内"的女性角色，履行些什么义务呢？宋元时代的话本"快嘴李翠莲记"（收集在《清平山堂话本》中），那个很有特色的、善编顺口溜的青年女子李翠莲作了一番归纳，她道："纺得纱，绩得苎，能裁、能补、能刺绣；做得粗，整得细，三茶、六饭一时备；推得磨、捣得碓，受得辛苦吃得累。烧卖、匾食有何难，三汤、两割我也会。到晚来，能仔细，大门关了小门闭；刷净锅儿掩橱柜，前后收拾自用意。铺了床，伸开被，点上灯，请婆睡，叫声安置进房内。"把一个家庭中的女性（妻子）角色，描绘得淋漓尽致，加上"如鱼似水，胜蜜糖甜。五男二女，七子团圆。二个女婿，答礼通贤；五房媳妇，孝顺无边。孙男孙女，代代相传"，还要完成生儿育女、传宗接代的使命。

这幅家庭性角色的画面，今天已有很大改变。不少妇女已经走出家门，进入大学，进入社会行业，也主起"外"来。然而，主"内"的任务，常常还要落到妇女的肩上，因此造成女性角色的紧张，损害女性的心身健康和职业成就。似乎要有一种平行的改变，就是男人也要治"内"，也要做些家务事。"内"、"外"都要双方共同承担，在经济上、体力上、心情上和夫妇关系上就会好得多。当然，社会观念也要有所改变，不能再认为男人做些家务事就是不光彩、"没出息"、"女人气"。假如仅仅单方面（女性）角色行为有改变，另一方面（男性）没有出现相应的改变，就会或迟或早、或大或小地出现角色冲突，危害家庭生活的和谐。

和李翠莲的角色期望大为不同的另一点是，恐怕现在没有哪个妇女还希望生"五男二女"共7胎的。生两个（一男一女）或一个孩子，

甚至不生孩子，已经成为越来越普遍的生育期望。显然，这是在人口激增的当代，必须做出的一种正确的选择。

性角色与社会生活

正是性角色，使得社会生活丰富多彩。几乎在社会生活的每一个角落、每一个层面，我们都会碰到性角色差异。你能设想，假如没有男、女角色，一切的电影、戏剧、舞蹈，以至一切的服装业、美容业、色情业都将受到影响，这社会会成为什么样子吗？假如没有男、女的差异和互相的吸引，这世界会变得多么乏味？请想一想，每个男人，每个女人（尤其是女人），每天要花费多少精力、心思和金钱，以表明自己是个有吸引力的角色？

正是性角色，使得社会生活充满活力。1941年，中国健康会给《少女性生活》一书所作的介绍，劈头写道：“性是生命的源泉。性是生命最伟大的支配力量。它会给社会上加了不可思议的力量。给一切艺术创造，添上无穷的兴味。它会建立美丽的家庭，延续着万世不灭的种族。”可说是对性角色在社会生活中的作用力，作了尽情地颂赞。性、性角色与爱情密不可分，表现出对人类生活的巨大影响。1912年因血管缝合、血管与器官的移植而获诺贝尔奖金的医学家卡累尔（A. Carrel，1873–1944年）写道：“伟大的诗人、艺术家、圣者和征服者，都是性能力的强者，没有一个阉割了的人成为伟大的哲学家、伟大的科学家，甚或突出的罪犯。”

同时，性角色也使得社会问题产生。男人与女人的对立与冲突，也许从来就没有停止过。近几千年来，虽然个别情形偶有女人压

制男人的；但大体上说，总是男人压制女人。所以，才有风起云涌的妇女解放运动。然而，男人身上的束缚又何尝不多？所以，人们也呼吁男性解放运动。人们提出一个解决方案是使社会“一性化”（Unisex），也就是“无性化”，社会角色不再在男、女的差异上加以区分。生物学的性驱力仍然继续成为个人生活中的重要因素，但“性别认同”将不再成为社会生活中的一个决定因素。有人认为“兼性”（Androgyny），也是如此，旨在使“男性”（Masculinity）和“女性”（Feminity）成为无意义的。社会将不再从婴儿降生起便根据其“性”来加以有区别的养育，因为无论在受教育、找工作或社会生活上，都不再有“男”、“女”之分，一视同仁，真正平等。

我们还不知道这种“无性”或“一性”或“兼性”的社会是否真的可以实现，也不知道这种社会是否使人觉得单调乏味。也许更理想的社会，是既消除男、女性角色方面不利的“性成见”，同时又保持男、女性角色差别方面有吸引力的成分。

性的跨文化观

性行为并没有什么全世界广泛一致的标准。例如，人们对不同文化中性行为的方式进比较的观察，就会发现：原来人类对性行为的态度和做法，是随文化的不同而有着巨大的差别。

人们知道在太平洋中部的波里尼西亚诸岛中，是以性自由著称的；但是，雅普岛（Yap Island）的人却认为性交会导致身体衰弱，并会降低对疾病的抵抗力，因而对性行为抱着一种非常否定的态度，以致差不多濒临灭绝的境地。新几内亚的马努斯人（The Manus of New

Guinea）认为性交是一种堕落行为，邻近的丹尼部落（Dani tribe）的人，要在结婚之后才允许发生性行为，而每生下一个小孩之后要禁止性交5年之久。这和提倡和鼓励婚前性交的民族真是迥然不同；和印度尼西亚的阿洛勒斯（Alorese of Indonisia）母亲用手淫的方法来使婴儿安静下来的常规做法，简直是天渊之别。

在庐那皮多因斯（Rwala Bedouins），同性恋是要处死的，这是一种多么严重的禁止措施；相反地，在澳洲东北方面的美拉尼西亚（Melanesia）的一些社会中，同性恋行为被认为是比手淫更成熟的性行为方式，而在青年男性之间广泛进行；更有甚者，至少已经知道有两种文化是偏好同性恋的：在新几内亚有两个社会中，不是赞赏异性恋，而是推崇同性恋，例如在马林达尼姆（Marindanim）社会中，同性恋是如此强烈地流行，因而不得不从别的部落拐带儿童，以补充其人口的不足。

甚至很多世纪以来，几乎在全世界极其广泛禁止的血亲相奸（Incest，乱伦，主要指父母与其子女以及兄弟姐妹之间的性行为），也并不都真是那么一致地禁止。有一些社会是允许乱伦的。即使在美国这样的禁止乱伦的社会，据《打破禁忌：家庭中的性》（B.& H. Justice合著，1979年，纽约）一书所载的数字，约5%的人口，约10%的家庭中，存在着乱伦；亨特（M. Hunter）1974年的调查，比例还要高，在2026个案例中，占15%的人有乱伦。本文并不拟评论何种做法是对的，何种做法是错的。这种评论需要专门的研究，多方面的探讨。这里提到对同性恋、血亲相奸的容忍，也提到认为性交本身便是应该摒除（甚至在夫妇之间）的做法。诸如此类，都不是我们所持的看法。之所以列举这种种不同，意思只在说明：你所熟悉或你所坚持的对性的看法与态度，绝不是唯一的。有了这个基础，才可以进而讨论优劣与选择。

性的跨时代观

性行为在整个人类历史上，并没有什么广泛一致的标准。假如人们对不同时代中性行为的状况进行比较的观察，就会发现，原来人类对性行为的态度和做法，是多么的随时代的不同而有着巨大的差别。

不但对性行为如此，就是对与性略有关系的事情亦是如此。例如，近年来，美国的一些社会学教科书，引用着同一张照片，即1922年芝加哥的女警察以所穿的游泳衣有伤风化而将4位女游泳者逮捕。其实，那4位女士不但穿了袜子、凉鞋，而且其游泳衣将胸、腹、臀部全部遮蔽，裤腿长度远超过今日的短裙，从今日的眼光来看，根本就称不上是什么泳装。有的教科书同时配了一幅现今流行的“比基尼”两截式泳装，相形之下，那4位1922年因暴露过多“有伤风化”而被捕的摩登女郎，即以现今东方的一般女性看，也会讥讽她们“封建保守”得可笑——才不过几十年的光景，变化何其大也！

著名的《金赛报告》指出，出生在1900年以前的白人妇女，到20岁的时候，92%还是处女，只有8%有婚前性交；而在1910到1929年出生的妇女，到20岁的时候，还有78%是处女，只有22%有婚前性交；可是，到了70年代，根据另一个著名的亨特（Hunt）报告，在那个年龄，只有25%还是处女，75%已有婚前性交。显而易见，女性对婚前性行为的态度起了很大的变化。

美国作家曼彻斯特（W. Manchester）在《光荣与梦想》一书中，描写1970年的性革命年代写道：“对性的好奇似乎是永远不会满足的。‘行为失检’这个词汇用于性关系方面的意义几乎从语言中消失了，

因为几乎不再有人在性活动方面是很检点的了。”然而，也只不过十几年，在1984年4月9日一期的《时代杂志》（Time Magazine）登载列奥（J. Leo）的文章“性革命已成过去”，人们对性重新回到传统的保守态度。

变化不会停止，它仍将继续。每一个年代都不是终点，每一个人都不是标准。年老的一代，不是标准；年轻的一代，也不是标准。就像时间的流逝是不可避免的一样，人们对于性态度的变迁也是不可避免的。众多的因素与此有关。生殖器疱疹（Genital herpes）、艾滋病（AIDS）的流行，即使不是影响人们对性的态度转向保守的决定因素，也是促使这种转变的重要因素。假如生殖器疱疹、艾滋病一旦能很好地被控制，事情又会变成何种模样呢？

中国古典性文学研究述略

中国古典“性文学”至少包括“性小说”和“性诗歌”，假如把有关性的杂文和笔记，也包括在内，范围就更广了。本文不是要列举中国古典文学作品中与性有关的篇章，这会是非常庞大的。本文所要概述的是学术界对中国古典性文学的一些研究情况。

本文把中国古典文学中有相当的篇幅描写性行为的小说称为“性小说”，也就是中国现代文学大师之一的茅盾，在1927年所说的“性欲小说”。那个年代，英文的Sex在中国常译成“性欲”，后来才通行日本先用的译为单音汉字“性”。所以“性小说”不是一个新概念，就是早已有之的“性欲小说”。

茅盾（1896–1981年）是对中国的古典“性小说”进行认真研究的

一位先驱，1927年，他的著名论文“中国文学内的性欲描写”（《小说月报》第17卷号外《中国文学研究》）〔下〕），1927年6月出版）中说：“《飞燕外传》可称为后世性欲小说的泉源。”

另一位中国现代文学大师鲁迅（1881–1936年），也是对中国的古典性小说进行认真研究的一位先驱，同是在1927年，鲁迅将日本的手抄孤本唐代张文成的《游仙窟》引回国内出版，虽为韵文，但长达1．4万字左右，实际上是以华丽的文字记一次嫖妓的全过程，其中有些露骨的性描写。

1928年，著名文学教授谭正璧的《诗歌中的性欲描写》一书在上海出版，可说是研究“性诗歌”的先驱。他的计划要大得多，他在《诗歌中的性欲描写》一书的结论中预告：“想搜罗一切文学作品中的性欲描写，做一番综合研究，成一部《性欲文学研究》。”用现代词语来说，就是谭正璧教授想写一部巨著《性文学研究》，不过，这一目标后来并未实现。

可见，在上世纪20年代晚期，中国是有一种研究历来的性小说、性诗歌的学术气氛。今天在这方面的工作，也可说是继承这些文学大家的遗愿吧。

正如茅盾所说：“现在所传的性欲小说——淫书，大都是明以后的作品。”而“宋以前性欲小说大都以历史人物（帝王）为中心，必托附史乘，尚不敢直接描写日常人生，直至《金瓶梅》出世，方开了一条新路。”（茅盾，1927年）。

本文称之为“性小说”的，在别的作者笔下，有些别的名称，例如“色情小说”、“艳情小说”、“香艳小说”、“淫秽小说”、“性爱小说”、“狎亵小说”等。显然这些叫法，不但语感的褒贬大有差别，而且定义起来内涵、外延实际上并不等同，不可以将它们作为同义词来使用。

崔胜洪“论中国古代性小说中的性观念”（崔胜洪，1993年）一文中，把“性小说”定义为“全书中心和描写的重点都在于性的作品”，只包括《痴婆子传》、《肉蒲团》等，而不包括“家喻户晓”的《金瓶梅》等。这一说法在逻辑上是严格的。就是有点让人觉得“若有所失”：《金瓶梅》固然不是完全的性小说，但讨论性小说，少了《金瓶梅》，总有点“煞风景”。

也许是预见于此，我在1991年出版的用英文写的专著《中国性事》的第六章中，从“性描写”的量出发，将中国古典小说“划分”为4种：

1. 完全的性小说：全书主要是或全部是描写性行为，如《肉蒲团》等；

2. 部分的性小说：有相当明显的且相当量（以字数不少于1000字为标准）的性行为描写，如《金瓶梅》等；

3. 偶有的性小说：只散见小量但很露骨的性描写，如《一百二十回水浒》等；

4. 非性小说：没有露骨的性描写，如《三国演义》等。（FANG FU RUAN，1991年）。

所以我说的“中国古典性小说”，基于这一划分，就包括了“完全的性小说”和“部分的性小说”，这样一来，既使“性小说”的概念明确，又可不把《金瓶梅》这样重要的作品，排除在“性小说”之外了。

那么，中国的古典性小说到底从何开始？现存有多少？

明代以来的性小说，早期的如《痴婆子传》、《如意君传》等，还都是文言的，《金瓶梅》不但不是以帝王为中心，也不是文言文。因此，它在用口语、白话写普通人的市井生活两方面都是开先河的。

历经明清以来统治者多次的禁毁，现存的明清性小说到底还有多少？

著名中国小说书目版本学专家孙楷弟，在他的《中国通俗小说书目》（1933年初版，1982年重印本），列举了“猥亵小说”42种，其中现存的33种，有的是他从未见到过的。也说明“性小说”的研究不易。为收集更多的“性小说”，我也曾参考其他一些小说书目和文学史、小说史的专著（胡适，1928年；鲁迅，1924年；王易，1930年；孙楷弟，1932年；阿英，1935年；孔令境，1936年；郑振铎，1938年；王利器，1979年；柳存仁，1982年；谭正璧等，1984年；侯忠义，1990年；安平秋、章培恒1990年；陈平原，1993年；郭英德等，1995年；杨义，1995年）。

我也曾经亲自去“访书”过。1985年上半年，凭着特殊的关系，有幸在“北京图书馆柏林寺分馆”借阅并摘录了全部我想看的“性书”的同时，也阅读了所有该馆收藏的那时还是禁止阅读的明清“性小说”。当时，在该馆我看到并做了笔记的有25种。它们是（按当时阅读的顺序，此处，略去一般的版本描述）：

1. 《金瓶梅词话》，2函21册，据1933年“古佚小说刊行会”印本影印。未删节本。
2. 《肉蒲团》，1函6册
3. 《灯草和尚传》，1函4册
4. 《绿野仙踪》，2函10册
5. 《品花宝鉴》，2函20册
6. 《野叟曝言》，4函20册
7. 《浓情快史》，1函4册
8. 《巫山艳史》，1函2册
9. 《妖狐艳史》手抄本，1函2册
10. 《桃花艳史》，1册

11. 《宜春香质》手抄本，1函4册

12. 《隋炀帝艳史》，1函10册

13. 《续金瓶梅》，紫阳道人编，2函12册

14，《隔帘花影》

15. 《贪欢报》（《欢喜冤家》），1函8册

16. 《五美缘》（《再生缘》），1函5册

17. 《碧玉楼》

18. 《桃花庵》弹词，1函4册

19. 《金兰筏》，1函4册

20. 《清风闸》

21. 《禅真逸史》，2函20册

22. 《禅真后史》，2函16册

23. 《金虏海陵王荒淫》，2册

24. 《女仙外史》，4函24册

25. 《风流十书》，1函6册（包括8卷：《钟情丽集》、《双双传》、《三妙传》、《天缘奇迂》、《娇红传》、《三奇传》、《融春集》、《五金鱼传》）

26. 《醒世姻缘传》，4函32册

当然，以上有不少是“部分性小说”，性描写只占全书的一小部分。

1985年底，我到美国后继续寻找中国古典性小说。我去过斯坦福大学、哥伦比亚大学、柏克莱加州大学、洛杉矶加州大学、德州理工大学等中文图书较多的地方。只是偶有收获，如见到了《僧尼孽海》，不过是英文译本。直到1987–1988年间，从台北邮购到“丹青”出版的“中国古艳稀品丛刊”22册44种书（1986年），就多见到。

27. 《僧尼孽海》

28. 《痴婆子传》

29. 《绣榻野史》

30. 《浪史》

31. 《东游记》

32. 《株林野史》

33. 《春灯迷史》

34. 《闹花丛》

35. 《昭阳趣史》

36. 《绣戈袍全传》

37. 《如意君传》

后来又见到“天一”出版的“明清善本小说丛刊艳情小说专集”25种37册（1985年）。所收和“丹青”的大同小异。一个大的差别是，这辑中收有两本著名的同性恋小说：11B.《宜春香质》刻本。

38. 《弁而钗》

最近10多年来，性小说的出版在海峡两岸有很大的发展，可以见到的书多了，也容易从市场上购得。“双笛丛书”收中国历代禁毁小说共117部，其上编是明代的43种，下编74部是清代的。

特别要提出的是，台湾百科出的“思无邪汇宝”，全套45册，印了从俄国发现的一部清代巨著《姑妄言》，占了10册之多（第36–45册，我所购到的是34册一套，25–34册是《姑妄言》）。还值得指出的是，该套书中收入了《素娥篇》（在第24册内），这是明代出的一种描绘性生活的“诗画配”。本来只在美国印第安纳大学的“金赛性学研究所”有一孤本。我在1987年应邀访问该所时，曾有幸目睹原印本。

此外，“联经中国古艳稀品丛刊第一辑，第二辑”；远方出版社“明清艳情禁毁小说精粹”，“四库禁毁书丛刊”，“历代民间艳情小说孤本”系列，“历代禁毁小说精粹”，“历代民间艳情词话珍本”，“宋话本”系列，“素政堂天花阁藏本”系列和“中国古代艳情秘籍”；延边出版社“明清艳情禁毁小说精粹”；内蒙古出版社“镜月斋藏本”系列；时代出版社“古代禁毁小说精粹明清艳情卷”系列等相继出版，多种原先不曾见到的小说再现。

到底中国现存的古典性小说有多少种？在孙楷弟的年代，不过三四十种。“思无邪汇宝”的主编陈庆浩所说之数在50种。可能是标准严格了些。1993年出版的张国星主编《中国古代小说中的性描写》，附有斯欣“涉及性描写的古代通俗小说书目”共列出88种，张国星主编又附“补目” 列出24种，共是112种。他们用“涉及性描写的”的用语，就是想把我说的“部分的性小说”（局部有性描写的）包括到书目中去。张国星在“页边注”中还说：“这类作品人所未见未闻者谅多，据悉上海文学所胡从经同志便掌握从日本新发现的一批”。（斯欣，1993年；张国星，1993年）。加之，上述已出版的各种丛书中，累现增益，所以我认为目前可以找到的“涉及性描写的古代小说”大约在150–200种之间，达到孙楷弟先生列举数（42种）的4–5倍之多。这是一个有丰富资料的研究领域。在包括才发现并出版不久的《姑妄言》这种百万字的巨著在内，明清性小说一下子超过100种地出现在人们面前，可以预见，未来更多的，更有积极社会影响的研究著作，一定是会接二连三地问世的。

《姑妄言》

《姑妄言》于清朝雍正八年（1730年）创作完成，作者曹去晶。这部百万言的长篇，有两种手抄本，一为二十四回本，一为六十回本，但当时均未出版，即使在文人圈子里看到《姑妄言》的也绝少。因此，在雍正以后的清代著录中，至今尚未发现有关曹去晶和《姑妄言》的记载。

六十回本的《姑妄言》，残存第四十、四十一回和四十二回的两页，相当于二十四回本的第十八回，且略作删节。1941年，上海优生学会曾以非卖品的形式限量印刷，论者因不知作品的产生年代，竟误以为“明抄本残篇”。

二十四回本的《姑妄言》则流入了俄罗斯。俄罗斯的天文学家斯卡奇洛夫（K·I·Skachkov，1821–1883年），于道光二十八年至咸丰九年（1849–1859年）出使北京，他在

北京期间发现了二十四回本《姑妄言》手抄本，予以收购。1867年曾寄存圣彼得堡皇家公共图书馆，后归藏俄罗斯国立图书馆。1966年，俄国汉学家李福清发现了该书并于《亚非民族》杂志发表《中国文学各种目录补遗》一文首度加以著录。

1974年，莫斯科东方文学出版社出版A·I·Melnalknis编的《斯卡奇洛夫所藏中国手抄本与地图书录》，比较详细地著录了《姑妄言》。他俩的文章和著录，因当时中国正进行“文化大革命”，不为国人所知。海外汉学家也未注意。

苏联解体后，李福清去台湾讲学，披露了《姑妄言》在俄罗斯的有关信息。法籍华裔汉学家陈庆浩与台湾王秋桂教授策划，由法国国家科学研究中心、中国台湾大英百科股份有限公司，于1997年1月在《思无邪汇宝》第36－45册中出版了《姑妄言》，执行编辑为台湾学者陈益源。

1999年1月，中国文联出版公司出版了《姑妄言》洁本。

至是，《姑妄言》方为国内外专家、学者所周知，且进入了文学爱好者手中。

陈庆浩在《出版说明》中对该书的内容作了详细介绍，因该书淫秽描写很多，陈庆浩也把它定性为“艳情小说”，说《姑妄言》是性描写的“集大成之作”。谓“所写者有一女多男、一男多女，及男女混交、乱伦、男女同性恋和人兽杂交，如人狗交、人驴交、人猴交等。写采战法则有采阴补阳，采阳补阴，因采人反被人采而致死，仙狐求人阳精反失丹。写春宫图册、春药如揭被香、金枪不倒紫金丹、如意丹等。缅铃、白绫带子及角先生等淫具亦时常出现。古代艳情小说中之种种套数，种种工具，均出现在此小说中。”

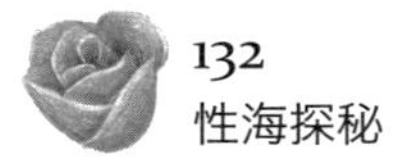

俄国汉学家李福清则在《姑妄言》第十册之末发表了《〈姑妄言〉小说抄本的发现》，介绍了该书流入俄罗斯及其发现的经过。

陈益源在《〈姑妄言〉素材来源初考》中则对该书作了另一种评价："全书情节新奇有趣，笔端恣纵不羁，既展露出鲜明的政治观点，亦不乏进步的文学表现。若谓作者是位元说部奇才，作品是部小说奇书，丝毫也不为过，曹去晶与《姑妄言》的研究一定也会随着小说的重现而繁荣起来。"

经陈益源考证，《姑妄言》中的杜小英、高烈女、汪时珍故事取材自江阴陈鼎（1650年–？）的《留溪外传》；《姑妄言》中侯捷云贵之旅乃杂抄自陈鼎的《滇游记》和《黔游记》与松江华亭许缵曾（1627–1700年）的《滇行纪程》（附《续抄》）和《东还纪程》（附《续抄》）；《姑妄言》中的人物童自宏所著《峒溪备录》实为陆次云（曾任江阴知县）的《峒溪纤志》。陈益源谓，"《姑妄言》素材来源众多，清初康熙年间各种史传、游记资料之外，明清大量小说（如《水浒传》、《三国演义》、《西游记》、《金瓶梅》、《封神演义》、《肉蒲团》、《锋剑春秋》等等）和戏曲、笑话、民歌、善书种种俗文学作品，都曾影响到它的写作。"

陈益源还在《〈姑妄言〉里的荤笑话》中，考证了《姑妄言》荤笑话的数量与来源，论述了《姑妄言》对荤笑话的运用与价值，他在最后说："叙述合理巧妙且完整有趣，是《姑妄言》正文中可以独立出来的三十五则荤笑话的共通点，它们口语化和故事性强的特色，也为其他古代书面笑话所不及，而在曹去晶的灵活运用底下，对于小说人物的塑造

与故事情节的铺展，发挥了不少的妙用，既反映了古代市井生活的若干俗趣，也展现出作者化丑为美的艺术手法。”

台湾青年学者翁文信的论文“《姑妄言》与明清性小说中的性意识”则对《姑妄言》中的性意识问题着重做了研究。

韩国学者崔溶澈在“曹去晶的《姑妄言》：新发掘的清代艳情小说”中说：曹去晶署名“三韩曹去晶”，“作者是三韩人，是否与韩国有关，笔者期待着对《姑妄言》的进一步研究。”又说，曹雪芹的家门出于辽东，生于南京；曹去晶亦久居南京，“或许他们生前互相认识，他们之间似乎有缘分”。这都是令人感兴趣的、值得研究的问题。

美国华裔学者黄卫总在《“情”“欲”之间：清代艳情小说初探》中认为，《姑妄言》与一般艳情小说“有所不同”，“在这样一个淫欲横流的沙漠里，作者却精心刻画出了一块小小的‘真情’绿洲。这就是瞽妓钱贵和穷书生钟情的故事。”“小说作者处处强调他们关系中情的重要意义”，“作者有意要将这样一个所谓的‘烈情’世界与书中的‘淫欲’世界相对比”。他强调，“对这一部重要的百万言小说作比较全面评价还须作更深入的研究。”

可以预期，中国内地对《姑妄言》的研究，随着该书在内地出版，也将形成新热点。（网上文摘，陈辽，《文汇读书周刊》）

当然，中国古代性小说和涉性文集，也是中国文化的宝贵遗产。其中也有种种世界第一的贡献。例如，详细描写同性恋的小说《宜春香质》和《弁而钗》，赞美同性恋的小说《品花宝鉴》，加上收

在《香艳丛书》中的从正史和笔记收集的同性恋专辑《断袖篇》，构成了世界上最早最系统的同性恋文献，是独步全球的。意大利汉学家“魏瞩安”（他自己取的中文名），曾把《断袖篇》全部译成意大利文出版，后来他到美国名校柏克莱加州大学念博士，他的博士论文便是对《宜春香质》和《弁而钗》的研究。他用的《宜春香质》是“天一”的影印《宜春香质》刻本，内中有缺页，我有一个根据北京图书馆收藏的明代手抄本的手抄本，便为他“如获至宝”般地借去作补正。

我在1985年于“北京图书馆柏林寺分馆”匆匆读过25种明清性小说时，便有一个明确的印象：在西方“性革命”、“性解放”年代，风行一时的各种性关系，性行为，例如“女性上位”的性交体位，相互口交的“69”式，“伴侣交换”，等等，没有一种不是可以在明清性小说中看到的。这就说明，性生活作为人的基本欲望之一，东西方的差别并不像人们以为的那么大，相同还是多于相异。

又如，10多年前，上上下下，以至连医务界也跟着说：“中国没有同性恋”，“这种现象即便偶尔见到，也是西方腐败文化传入的坏影响，”如此等等，是多么不符合历史和现实的实际情况，又多么不能使外部世界相信。

在上世纪20年代开始的中国古代的性文学研究，虽然不是很发达，但这些年来，无论在中国内地、香港、还是台湾，都有一些学者在进行研究。

中国内地1988年在古城扬州举办第三次全国《金瓶梅》学术讨论会，并在1993年出版了文集《中国古代小说中的性描写》（张国星主编，天津：百花文艺出版社）。可以说是难得一见的中国古代性小说的研究论文的集成。其中包括了王利器、林辰、傅憎享等著名古典小说研究家的著述。林辰先生在1979–1989年间专门从事明末清初小说的

编辑出版工作，主持编辑出版“明末清初小说选刊”数十种，由沈阳春风文艺出版社出版。他研读了大量中国古代小说，总结出中国古代小说中性描写的17个方面。台湾出版的《思无邪汇宝》和《姑妄言》印得很精美的彩色DM中，有一特框说《姑妄言》“揭露中国人性文化的洋洋大观”列有17个方面，实际上就是引用林辰先生对中国古代小说中性描写的17个方面这一概括（林辰，1993年）。

香港一位署名为“唯性史观斋主”的性书作家，在1960年代在《新生晚报》连载了许多写中国古代性学的文章，在1964年结集出版了8种（11册）书，《历代名女人性生活》3册、《古代采补术搜奇》1册、《媚药杂谈》1册、《中国性艺术》1册、《历史性文献》3册、《中国同性恋秘史》2册，涉及许多资料，其中也有不少关于中国古代性文学的。

台湾殷登国先生对中国古代性文学也多有研究，著述颇丰。近年的陈庆浩、王秋桂、陈益源、黄克武，都是功力很深的中国古代性文学研究专家。以中国古代性文学为专注或相关研究对象的硕博士论文作者则有王靖芬（1994年），周淑屏（1997年），周庆坛（1983年），林玉麟（2003年），林慧芳（2004年），胡衍南（2001年），翁文信（1997年），刘素里（1995年），刘慎元（2002年），刘静怡（2002年），蔡祝青（2000年），萧涵诊（2004年），黄文焜（2004年）等位，可说是台湾的中国古代性文学研究的后起之秀。在通俗著作中，写到中国古代性文学的有王溢嘉（1989年）、曾阳晴（1994年）等。

中国古代的性小说，有一些早有英文译本，例如《金瓶梅》、《肉蒲团》、《僧尼孽海》等。也有一些对中国古代的性小说的研究，例如Keith McMahon（马克梦）的著作，有的还译成了中文，例如，2001年北京的人民文学出版社出版的王维东、杨彩霞译《吝啬鬼、泼妇、一夫多妻者：18世纪的中国小说中的性与男女关系》（McMahon，1995年），在中国内地的图书市场上颇受注目，也说明对中国古典性小说的研究是大有可为的。其实，马克梦这本书所涉及的性小说，还是很有限的，所采取的研究角度，也是很有限的。

对于性小说（以明清性小说为代表）的研究，可以从不同的专业角度，也就是从不同的学科领域来进行。例如从文学角度，从文学批评的角度，从美学的角度，从历史学的角度，从社会学的角度，从文化学的角度，从性别研究的角度，等等。当然也可以从性学的角度来加以研究。所有这些不同角度的研究，固然有或多或少的联系，但它们是各自独立的研究，是不可相互取代的，也不会是重叠的。不同领域的专家，对于同样的150–200本小说，以不同的专业知识加以研究，并得出符合给专业要求的结论。

即便从性学的角度来系统和深入地研究明清性小说，也可以且必须分出不同的角度和层次来。例如，下列题目中都是可以并需要进行的具体研究题目：

1. 明清性小说中的性行为方式的研究

“性行为方式”指性行为的动作，回答“做什么”的问题。又可分出不同深度的研究：

（1）明清性小说中的性行为方式的描述和描述统计学研究

（2）明清性小说中的性行为方式研究的性学意义

（3）明清性小说中的性行为方式研究的比较文化意义（回答不同文化对性行为方式的认可与不认可，等等。从而从性行为方式的研究来揭示性行为方式在不同民族文化和宗教中的特定含义。

这个题目已由树德科大性学所黄文焜的硕士论文所初步完成。

2. 明清性小说中的性生活方式的研究

“性生活方式”指性行为的目标，回答“和谁做”的问题。（“肛交”本身只是一种性行为方式，但可以是和异性做（又可以分为和自己的妻子做，和别人的妻子做，和妓女做，和动物做，也可以和同性做，甚至也可以和自己做（自行向肛门插入人工阴茎等），所以“肛交”这一种性行为方式，可以出现在异性恋，同性恋，性自娱；婚内性，婚外性，商业性性生活（嫖妓），人兽交等多种“性生活方式”中。

性行为方式焦点是“动作”，而性生活方式的焦点是“关系”（和谁发生性行为），即“对象”（和什么对象发生性行为）。

又可分出不同深度的研究：

明清性小说中的性生活方式的描述和描述统计学研究

（1）明清性小说中的性生活方式研究的性学意义

（2）明清性小说中的性生活方式研究的比较文化意义（回答不同文化对性生活方式的认可与不认可，等等。从而从性生活方式的研究来揭示性生活方式在不同民族文化和宗教中的特定含义。）

3. 明清性小说的性医学研究

4. 明清性小说的性药学研究

5. 明清性小说的性技巧研究

6. 明清性小说的性工具研究

7. 明清性小说的性观念研究

8. 明清性小说的性教育研究

9. 明清性小说的性艺术研究

10. 明清性小说的性哲学研究

11. 明清性小说的性社会学研究，等等。

可以预期，随着重现的中国古代性小说不断增加和对中国古代性小说的研究日益增注，未来一定会有更多、更有价值的研究论文和专著问世。

金赛研究所的中文收藏

讲到现代性学，不可能不提到金赛（Kinsey）博士的研究。这位印第安纳大学（Indiana Univer-sity）的生物学教授，调查美国男人和女人性行为的著名报告，是一个划时代的伟大贡献。金赛教授近世后，以他的名字命名的研究所仍是当今世上性学研究的重镇，在这研究所内的特设图书馆，有世界上最丰富的性学收藏。

这个研究所现在的全名是“金赛性与性别暨生殖研究所”（The Kinsey Institute For Research In Sex, Gender, And Reproduction），现任所长是Dr. June Machuver Reinisch教授，所址在Bloomington的印第安纳大学

Morrison楼。这里简要介绍其中的中文收藏（即不包括用英文、法文、德文等文字出版的有关中国的收藏）。

1. 珍藏孤本《素娥篇》（明刻本，约出版于1610年，一函4册），由文、诗、图三者相配，共有423种性交姿势的珍贵中国性学文物。每种姿势有4个字的名称，再行文解释，题一诗歌，本以整页的逼真图画。在《Chinese Erotic Art》（1969年，瑞士）一书中复印了其中的“日月合璧”、“倒插芙蓉”等6幅图。

2. 珍藏限印非卖品：著名荷兰汉学家高罗佩（Robert Van Gulik）1951年在东京自《秘戏图考》共50套分赠世界主要图书馆，金赛研究所得藏一套。一函3大册，第一册题《秘戏图考》为高氏的研究论文，英文；第二册为《秘书十种》；第三册为《花营锦阵》。二、三册均为翻印的中文出版物，前者包括《洞玄子》，《素女妙论》等中国古代性学著作。后者为明朝年间出版的春宫图册（诗画配）。

3. 珍藏明清彩色春宫画册原作共约20册，作者不一，风格各异，姿势繁多，如此数量的原作收藏，诚为难得。

4. 中国古典色情小说《株林野史》等。

5. 中国古典名著《新刻金瓶梅词话》（1933年3月古佚小说刊行会影印）、《西厢记》、《板桥杂记》，《浮生六记》等。

6. 中国古典性学名著《双梅景闇丛书第一卷》，内有“素女经”等。

7. 上世纪20年代和30年代上海、天津等地出版的色情作品，例如：《性谈》、《性考》（第七集）等。

8. 今人的研究著作，例如香港唯性史观斋主著的《欲经钢铿》（共5册）等。

从“万有文库”到“海峡两岸”的科普合作

——兼论“性学万有文库”的出版

王云五和《万有文库》

王云五（1888–1979年），字岫庐，广东中山人，生于上海。他早年刻苦自学，主修英文。18岁开始步入教育界，19岁时在中国公学任英文教员，学生中有胡适、杨杏佛等。1912年中华民国成立，他被孙中山聘为临时大总统府秘书。曾任《民主报》主编。后又在教育部任职。1916年任苏、粤、赣三省禁烟特派员。一年后辞职，在上海专门从事编译工作。1921年9月，经胡适推荐进入商务印书馆。1922年正式接替高梦旦就任编译所所长。

王云五接任编译所长后，首先出版了百科小丛书，其后又出版了国学、师范、自然科学、医学、体育、农学、商学、史地等小丛书。1929年开始出版的《万有文库》就是在此基础上汇编而成的。《万有文库》是他策划和主持出版的一套由多种丛书组成的综合性大丛书，共出版两集，第一集1010种，2000册；第二集700种，也是2000册。该丛书开创了我国图书出版平民化的新纪元，在中国影响很大，许多内地城市和学校，都以《万有文库》第一集成立了一个小型图书馆。

王云五任编译所长后，又兼任东方图书馆馆长。他在高梦旦等人多年探索的基础上，研究出了四角号码检字法，1928年商务据此出版了《四角号码学生字典》。他还运用杜威的十进分类法，创立了中外图书统一分类法，东方图书馆的几十万册图书就是按此分类法进行分类的。可以这样说，他为中国现代目录学的分类奠定了基础。

1930年，王云五担任了商务印书馆总经理之职。上任之初，他曾专门赴欧美和日本考察。回国后，他大胆改革，提出一系列整顿计划，主张实行科学管理。不久，“一·二八”事变爆发。商务总厂及编译所、东方图书馆均被日寇炸毁，被迫停业。在巨大的灾难面前，商务以“为国难而牺牲，为文化而奋斗”为口号，进行了一系列的复兴活动。王云五作为当时商务的主持人，起到了重要的作用。复业后，商务不仅重印旧版，更致力于新书的出版，很快实现了“日出一书”的目标。

此后，王云五又主持编印了多套丛书，其中“大学丛书”和“丛书集成”影响尤大。“大学丛书”是商务为大学编印的教材，由他拟定编印计划，请蔡元培领衔，邀请国内各大学及学术团体代表54人组成编委会，自1932年开始出版，前后共出版了300余种。这套教材具有开创性的意义，对我国的教育事业和学术研究卓有贡献。“丛书集成”是中国古籍丛书，被称为“丛书的丛书”，选定宋、元、明、清著名丛书一百部编就而成。本丛书的选目、编目、撰述、校订等工作都由他亲自主持，最后由张元济复审。本丛书共出版4100种。

1937年抗日战争全面爆发。为适应战时环境，商务董事会决定由王云五带领编辑、出版、印刷的主要力量迁往香港。香港沦陷后，商务编辑出版重心又移至重庆，在极其困难的条件下仍坚持出书。到重庆以后，他除主持商务业务外，逐渐把精力投入到政治活动中，在政治上日趋活跃。1946年5月，他辞去商务总经理职务，出任国民党政府经济部长，后又任行政院副院长、财政部长等职。

1949年，他到了香港；1951年，他定居中国台湾。曾任“考试院”副院长、“总统府”国策顾问。

王云五仅受过不满5年的学校教育，全靠自学成才，曾任中央研究院研究员，政治大学政治研究所教授等职，他以全无学历之身却在上世纪50–60年代指导了23篇硕士论文，10篇博士论文，被尊为台湾的“博士之父”，包括后来一些成为著名的中研院院士的大学者是他的博士学生。

王云五著作很丰，写作速度极快，《岫庐八十自述》、《岫庐序跋集编》、《商务印书馆与新教育年谱》等都是洋洋百万言的巨著，往往一挥而就。他的6册《中国教学思想史丛书》全在1970–1971年两年间出版，其中有4册即《宋元教学思想》《明清教学思想》《革新时代教学思想》《中国历代教学思想综合研究》是在1971年一年内出版的。写毕多卷本《中国政治思想史》《中国教学思想史》之后，他说过如果时间允许，还想写一部中国哲学思想史，这一心愿未能完成。

王云五好学博学，每天要读100页英文书，在进入“商务印书馆”之前，他的最出名经历是用3年时间通读一遍大英百科全书，以保证全面广博的学养。他经营“商务”期间，可谓创造了出版奇迹：口号是“日出一书”，而出书最多的1936年，全年竟出书近5000种，则每天出10多种，占当年全国出书量的52%。他当年所出之书与今日书号制下的出书自然不同，以《万有文库》为例，他一到“商务”，先以编各种小丛书作积累，请专家撰写小册子，两万字一册。现在谁舍得一个书号出一本两万字的小书？《万有文库》就是这样普及的小册子的集中。他原有“出万册书计划”：《万有文库》出6000册，《丛书集成》4000册，前者厚今薄古，后者深入厚古。还打算出《大学丛书》。第一期就是300种。现在哪个出版社有这样的魄力与出书量？王先生当年赚了钱进一步发展图书馆，并对外开架阅读，他曾说，不怕人偷书，偷书就说明图书馆办成功了。那是在抗战爆发前的30年代，那种气象令人神往。这样的出版家，所做的是两个方向的文化积累：一方面是把古人的经典重新整理与搜集推广，延续经典文明的香火，比如《四部丛刊》与《丛书集成》的出版；另一方面是引进新思想，做各类学科的

普及，比如出版各种小丛书与集在一起的《万有文库》。

《性学万有文库》

本人一向敬佩王云五先生出版家的气魄，有意学习他的精神，在自身的专长范围内，编辑出版《性学万有文库》。为什么性学值得出并能够出“万有文库”，大体上已在“性学万有文库总序”中写出，全文如下：

性学万有文库　总序

性（Sexuality, Sex）在人类社会的历史与现实中，是无时不在的，无所不在的，也是无所不用的。

对每一个人来说，人人有性，一生有性，从生到死，绵延不断。

性与爱紧密联系在一起，性与生育紧密联系在一起，性与民族的存亡和发展紧密联系在一起，性与人类的文化和艺术紧密联系在一起。

不论性给一个人的生命，带来的是些什么，每个人的欢乐，痛苦，激情，亢奋，低徊，相思，回味，满足，失落，幸福，不幸，那最刻骨铭心的感情，那最伤人肺腑的失去，那无法抗拒的欲望，那抑制不了的冲动，那最值得庆贺的人生收获，那最难以忘怀的终生遗憾，凡此种种，都和这个性字有着分不开切不断的紧密关系。

性的内涵是无限丰富的，它的外延也是无限多样的。

性学的领域，也是极为广阔，极为诱人的。

性是万有的。

很值得用一部万有文库来探讨和描绘这多层次的性象的万有：

从生物医学层面上来说，遗传学上的性，性的解剖，性的生理，性的内分泌学，性的发育，性健康和性安全与卫生，性生活质量的改善与提高，性的病理，性功能障碍，性转播疾病，性治疗，性疗法，性与药物，助性器具的应用等等；

从心理层面上来说，性心理发展，性欲，性吸引，各种情况下的性心理反应，性的沟通，性的咨询，性别的心理差异，性指向、性认同和性行为等极其多样的性象；

从社会层面上来说，性角色，性成见与性别歧视，性教育，性社会学，性权利的维护，性犯罪和各种性社会问题的处置，性哲学、性法学、性伦理学、性政策学、性经济学、性产业或涉性产业的研究，性与计划生育，性与婚姻，各年龄阶段的性问题，性风俗和性人类学研究，性的中西比较研究，性与大众传播等等；

从历史和文化的层面上来说，性的认识史，性的社会控制史，各个国家和民族的性文化及其演变史，性书的编辑、出版、收集、评介、译介及书目提要等性文献学研究，性文物的收集与研究、文学中的性和性的文学，艺术中的性和性的艺术，等等，都是这部性万有文库或性学的万有文库所应该包括的内容。

“万有文库”这4字词组，是诚心从王云五先生（1888-1979年）那里借来的。一方面表达对中国现代文化出版史上这位伟大的开拓者和大有贡献者的敬佩，另一方面也想学习王氏“万有文库”的优秀编辑体例，使这套书学术性与普及

性并重，著者的广泛性与权威性兼有，约请了有关的专家和教授撰写其擅长的题材，力求做到内容的科学性与可读性俱佳，篇幅适中，每本书一般在15万字以内，文体简明，切合实际，既有阅读兴趣，也有使用和收藏价值（家庭收藏、单位收藏或图书馆收藏）。书种多样化，既有学术专著，也有入门概论，还有翻译书，名著和古书的选本，甚至也可收入已出版的大部头原著或译作的精华本、书摘本、改编本，真正做到是性的或性学的万有文库，包罗万象。

热诚欢迎广大读者、作者、编者，给我们提供意见，提供选题，提供书稿，共同努力，使性学万有文库成为一系列有现实和历史意义的好书群，为中华文化殿堂增辉添彩。

《性学万有文库》主编　阮芳赋

《性学万有文库》并不只是一个构想，而是已经开始出版。第一本是在2004年由中国长春时代文艺出版社出版的《午夜性心情》（舒馨著，段怀清点评）。

《性学万有文库》和海峡两岸科普出版合作的必要性

由于“性学”的多学科综合性质，我一开始便为《性学万有文库》拟定了250个选题。考虑到其出版的“学科的完整性”，有些书是非出不可的，同时又必须考虑到出版上的“印量接受性”、“专业接受性”，“社会接受性”和“作（译）者的可得性”等问题，因而必须在出版上做到“分工合作的互补性”，尤其是“海峡两岸合作出版”的极大的不可或缺的“互补性”。

“海峡两岸合作出版”《性学万有文库》，也并不只是一个构

想，而是已经开始进行。现已出版的《性学万有文库》21种中，有20种是在台湾出版的，其中一些在大陆有重印。然而，这种合作出版的规模，在大陆或台湾之内，以及在海峡两岸之间，都是要大力发展的。以下略作说明：

关于“学科的完整性”，有些书是非出不可的，例如，[丹麦] Elsa Karlsmark（池元莲）著，《性革命的新浪潮——北欧性现状纪实》，由于北欧特别是丹麦在“性开放”上的历史优先地位，这样的书对于《性学万有文库》来说，是非要出不可的，然而，由于“社会接受性”上的问题，这一选题目前恐怕很难在大陆列选，而在台湾出版则不致有任何障碍；由于《性学万有文库》有的选题非常专业于医学或生命科学，有些却非常专业于古典文学（如“明清性小说”）或民俗学，恐怕对不同的专业化了的出版社，便有题材上的编辑困难；有些书可能销量很小，许多的偏重经济效益的出版社就很难接受；由于大陆的书号数量管制，恐怕不会有一家出版社能够在5年左右接受出版例如250本性学书籍。就“作（译）者的可得性”来说，据我在台湾做客座教授4年的经历来看，大陆的译者会多于也强于台湾，但在台湾的性学作者，就可能比大陆更有优势。不但台湾有一些在美国“高级性学研究院”毕业的博士，而且我所任教的树德科技大学人类性学研究所，是整个亚洲唯一的性学专业研究生院，目前有约150性学硕士生和3位性学博士生（现有12位博士生——阮注，2010–01–14），而且每年以43位的数量增加，是很大的一支性学专业队伍，也是《性学万有文库》的重要著者来源。凡此种种，都说明，以《性学万有文库》为例证，在未来的中华科普事业的大发展中，无论在大陆或台湾之内，特别是在海峡两岸之间，努力扩大编辑出版的合作，是非常必要的，同时也是完全可能的。作为《性学万有文库》的主编，热烈而真诚的欢迎海峡两岸的作者、编者、出版者、发行者、书评者等等同仁参与协助与合作！谢谢！！！

世界著名性学家伴侣——布洛夫妇

许多人对性学巨星布洛教授（Vern Bullough）的名字也许是陌生的，但是如果没有他的努力，世界性学研究的面貌就要减色不少。布洛教授是美国人，他到过中国2次，很喜欢中国，他在2006年春还对笔者说，想第3次来中国，可是6月21日，这位世界性学大师怀着遗憾因肾癌谢世，享年78岁。

在美国著名的大学“人类的性”（Human Sexuality）课程的教科书Sexual Interactions中，在讲到人类性学研究的发展时，刊出了同样尺寸的3张（也只有这3张）照片：一张是金赛博士和他的3位合作者，一张是玛斯特斯医学博士和他的合作者约翰逊博士，另一张就是布洛博士和他的夫人B. 布洛（Bonnie Bullough）博士。

人们都知道，金赛博士、玛斯特斯和约翰逊博士都是当代性学的奠基大师，Elizabeth R. Allgeier博士能在她上述著名的教科书中，将布洛博士和他们并列，便可见布洛博士在现代性学中的卓著地位了。

一、伟大的性学成就，艰难的性学之路

布洛博士是一位严谨的学者型的性学家，著作等身。1987 –1988年，我在他那时的纽约州水牛城家中，住了半年之久，在他的客厅旁边，有一个专用书架，放的全是他、他夫人波妮以及他们两人合着的书和他们参与写的书，每一种书只陈列一本，也足有满满一书架。

布洛博士在性学领域出版的第一本书是1964年在纽约出版的《卖淫的历史》。后来，他的写作几乎包揽了整个性学领域的所有方面，诸如卖淫，同性恋，避孕，人工流产，生育和不育，异装癖，异性癖，阉人，虐恋和被虐恋，手淫，色情和色情品，性哲学，基督教与性，中世纪的性事，性研究史，性学名人传记，爱情与婚姻，儿童的性，老人的性，性学百科全书，等等。2002年出版的《石墙事件之前：同性恋权利活动家们》，荣获美国图书馆协会“年度最佳图书奖”。

布洛博士在性学领域是非常活跃的。他在1981–1983年曾担任美国性的科学研究会（SSSS）会长。他曾在洛杉矶发起和主持了首届“世界妓女权力大会”和“世界变性者大会”。他曾荣获“美国性的科学研究会杰出科学成就奖”（1990年）、“杰出人道主义者奖”（1992年）、“国际性别基金会特洛伊奖”（1997年）、“性别研究杰出成就奖”（1999年），等等多种荣誉奖状和奖章。他在中国改革开放之初，和林南博士来到南开大学，参与社会学在中国的重建，他的夫人，作为世界护理学的权威，则参与了中国高级护理教育的创建。

布洛教授在性学领域，以大量优秀著作支持包括同性恋，变性人，妓女等等受到社会歧视的群体，因而广受尊敬。但是，在当年的美国，人们对于这些人群依然有很多偏见。布洛教授的观点颠覆了很多原有的看法，触犯了很多人的道德底线，甚至布洛教授一度因其性研究而被美国联邦调查局（FBI）列为“危险的颠覆分子”。20世纪60年代末，他以富布赖特学者的高度荣誉身份在埃及做研究工作，美国

驻埃及的机构竟然受到警告，要对布洛博士及其家属进行监视，因为他是“颠覆分子”。就是说，一旦美国出现危机，可能随时被送进监狱的人。甚至在1999-2000年，布洛教授在20世纪70年代于大洛杉矶地区加州州立大学诺斯里奇校区建立的“性研究中心”，还受到州政府的稽查，因为他们主持了妓女和色情品的世界大会。但是布洛教授在性学研究之路上，从来没有退缩和恐惧过，因为他觉得的确有这么一些人群虽然他们只占很小的比例，但他们有性的困惑，也应该拥有性的权利。作为学者必须从理论上为他们提供支持和人道的帮助。

二、伴侣情深　学术搭档

布洛教授走上性学之路，与他的伴侣波妮是分不开的。他们都生在美国的犹他州，从少年时代就相爱结婚，是相互扶持达50年之久的好夫妻，而且是兴趣相同卓有成效的优秀合作者。

布洛博士勇敢进入同性恋、变性人、妓女等等研究领域，也可说是和与波妮的相爱有关。早在波妮中学时代的有一天，波妮的母亲离家出走！后来才发现，她是去和另一个女人同居！！直到30年后，波妮母亲的同性伴侣Berry去世后，才回家和波妮再聚。但是在这漫长的过程中，布洛和波妮会经常去看望她母亲。Berry是一位对女同性恋很有研究的人，有很多关于同性恋的书，也正在写有关女同性恋的书。所以，布洛和波妮就受到了有关同性恋文献的熏陶，也开始了对同性恋研究的兴趣。

1954年，布洛26岁时，在芝加哥大学获医学和科学史方面的哲学博士学位。1957年，布洛在《人道主义者》发表一篇评论英国“Wolfenden 报告”的文章。Wolfenden 是英国国会在1954年设立的一个调查同性恋和妓女的委员会的主席，他的报告提出成年同性恋互相同意的性活动不应说成是犯罪，妓女也应去罪化的进步主张。布洛的评

论受到美国社会的注意，一位出版家对他有很好的印象，便请他就这两个题材写书。

在仔细考虑并得到波妮的鼓励后，布洛决定写妓女。他感到那时还不敢写同性恋的书，怕别人给他戴上“同性恋者”的标签，而人们想来还不至于给他戴上“妓男”的标签，不过还是担心写这书会把他的学术生涯给毁了。这本书就是他在性学领域出版的第一本书《卖淫的历史》（1964年，纽约）。过了一些年，他感到在学术地位上已经很稳固，不再怕别人贴标签，他才开始了多种关于同性恋的著述。首先，为同性恋刊物《一》（ONE）写了不少文章，他还担任“人类资源研究所”的副所长，所长Reed Erickson几乎从不露面，实际上是布洛在主持。Reed Erickson是一位由女人做变性手术而变成的男人，非常有钱。正是Reed Erickson的支助，使布洛完成了他最负盛名的大作《社会历史中性的多样》（1976年）。1976年，他还出版了两卷本《同性恋文献评注》，3年后又出版了《同性恋史》。

布洛和波妮都是1928年出生的，只是波妮比布洛还大半岁。他们相爱了50多年，缔结了难得的钻石婚姻。更令我不可思议的是，波妮整个脸上的疤痕实在是太明显了。我在1987年第一次见到波妮的时候，以为一定是和布洛教授结婚后所烧伤的。后来，我就问波妮教授，她说早在3岁就因万圣节时头部跌入火盆而极其严重烧伤脸部，留下很多大块疤痕。1987年我住在他家时，虽然波妮已经多次整容，累累疤痕还是十分明显。但是这并不妨碍布洛对波妮的爱。他们在读中学时，在一个辩论俱乐部相遇，布洛发现波妮的很多观点与他特别一致。虽然波妮的脸上很多疤痕，可是他们依然爱得很深。1947年，布洛刚刚进入19岁时就和波妮结婚，直到1996年波妮因癌逝世，保持美满婚姻50年之久。他们可说是重视内在美而倾心相爱的典范。

布洛和波妮亲生的孩子有两个。可是他们还特别有爱心，收养了

4个不同国家、不同种族的孩子。我在他们家看到的一个是黑人，此外还有韩国人以及西裔（Hispanic）。我原来以为他们没有生养孩子，才收养别人的孩子。后来才知，他们早就有自己的孩子，他们却也把很多的爱分给别人的孩子。波妮告诉我，有的是2岁时抱来的，有的是从新生儿就开始收养的。布洛主编的最后一部百科全书，就是关于收养的，在他逝世后才印制出来。

波妮虽然早就不再有一个漂亮的面容，可是她最能和布洛心心相印。波妮1960年代，在加州大学洛杉矶校区获社会学哲学博士，一生写书30种，约有一半是和丈夫布洛合作。就性学著作来说，他们早期的名著《卖淫：插图社会史》（1978年）是他们合作的第10本书，此前多为护理方面的著作。《我如何进入到性领域》（1997年）是他们合作的最后一本书，波妮没有亲眼看到其出版。他们合作的书约有26种之多！布洛特·加龙省别写道，他和波妮并非因为是夫妻就互相署名，而是实实在在的合作。不仅从他们各有多种名著独自出版，可以证明，而且偶尔他们也有互相不同意的地方，因而或者一方不参与合作，或者独自同时发表观点有别的著作。

布洛夫妇无条件地让我在他们家中相聚长达半年，那时，对于刚去美国不久的我，当然是莫大的支持。布洛和我也进行了很有成效的合作。我和他共同发表的论文和文章有10多篇，他主编的几种百科全书（《性学百科全书》、《生育控制百科全书》、《收养百科全书》）中也都邀请我参与执笔。他也为我的英文著作Sex in China（中国性事）写了一篇很好的前言。

布洛夫妇都是世界上第一流的顶尖学者，同时担任美国著名的纽约州立大学水牛城校区的院长——布洛是文理学院院长，波妮是护理学院院长，长达10年之久，他们的著作都被译成多种外国语言，其中许多也是他们两人合作的。例如，《性态度——神话与真实》的中文译

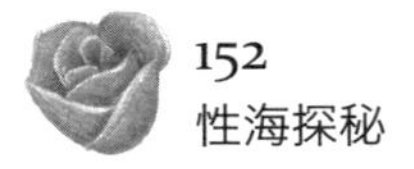

本2000年在台湾出版，这本书就是他们两人合作的。

我想，布洛夫妇对爱的理解和坚持是超越常人的。外在容颜的美貌，在布洛夫妇看来，真正不是爱不爱一个人的必要条件。持久而深刻的爱是心灵的契合，是相互的理解与协力，是人生目标的共同追求。

当代性书编著大师罗伯特·法兰柯博士

天主教在性的方面是出名的保守，例如反对离婚、反对堕胎等等。天主教的神父，也是不能结婚的。令人惊奇的是，有一位在世界上很著名，很有影响的杰出性学家，竟然不但是天主教徒，而且是有名的大学教堂的神父，是梵蒂冈教廷任命的一位教区主教，并且可能是世界上不是唯一、也肯定是极少的、被梵蒂冈教廷批准结婚生子的神职人员。

罗伯特·法兰柯（Robert T. Francoeur, Ph.D., A.C.S.）

这位兼具保守与开明的大师就是罗伯特·法兰柯博士。由于他在性学著作编写上的巨大贡献，堪称为当代世界性书编着的超级大师。

很有权威的“美国性信息与性教育理事会”（SIECUS），曾经对美国现存的四五十种大学用的“人类性学”（Human Sexuality）课程的教科书进行了评比，荣列前3名很受欢迎的一种，书名叫Becoming

A Sexual Person（《做一个有性的人》），它的作者便是罗伯特·法兰柯博士。该书于1982年由美国著名出版公司WILEY在纽约出版（1984年出版精简版），第二版由美国另一家著名出版公司Macmillan 在纽约出版。1988年我在美国与法兰柯博士相识，那时，他正在准备修订他这部很受好评的教科书，还正式约请我作该书第二版的“Special Consultant”（可译为“特约顾问”），我的姓名有幸被印在该书的书名页上。其实，我只不过帮他审阅了第二章“其他文化中的性习俗”中的“中华人民共和国的性习俗”那一节而已。由此可见法兰柯博士编著上极其谦虚、认真和精益求精的优良学风。

在此以前，罗伯特·法兰柯博士还编著了Taking Sides: Clashing Views on Controversial Issues in Human Sexuality一书。该书讨论了“一夫一妻制是最好的婚姻形式吗？”等等，共18个大的争论议题，每一个议题都由相反的两种意见和编者的评论组成，对于了解性问题和性学的现状和未来，很有价值。该书由DUSHKIN出版公司于1987年出版。并且成为一本长命书，历年不断出版内容完全更新的版本（1987年、1989年、1991年、1993年、1996年和2000年）。

法兰柯博士也是世界上最大最完备的性学词典的编撰者。1991年，他所编著的“A Descriptive Dictionary and Atlas of Sexology”（《性学分类专业词典与图谱》）由Greenwood出版社在纽约出版。1995年，该书的增订新版，改名为“The Complete Dictionary of Sexology”（《性学大辞典》，第792页），由跨国出版公司CONTINUUM在纽约出版。该书是最全的单卷本性学词典，有6000多个性学和与性相关的词条，颇为简明而解析详尽。例如，对于旧金山“高级性学研究院”特有的SAR（性态度重建）一缩首词的解析便是很有见地：

SAR 是一种加强的多媒体训练过程，用以打破与“性”

有关的各种压抑，疏通“性”的沟通，并传递一些与“性”相关的讯息。SAR工作坊可以举办一天或两天，也可以为期一周，包括一系列的影片欣赏、演讲、与具有经验的领导者带领的小组练习及团体练习，由10–15人组成一个小组，并由有经验的引导者领导小组进行讨论，之后再进行大组交流。由于在美国，“性”的内容经常引起焦虑的文化背景，所以SAR工作坊使用各式各样露骨的性表现之教育电影和色情电影，利用大量放映的感官过度负荷，使参加者达到对“性”脱敏的效果。这种系统脱敏可用以下方法来加强：在昏暗的灯光下播放电影，让参加者可一边看电影，同时也去观察和了解别人的反应，整个环境则是轻松和被容许的。再敏感化是经由一位有经验和有技巧的引导者来带领成员讨论，引发小组成员说出自己对电影、演讲内容及练习的感受和情绪。透过大家一起讨论，进而结合自己与他人的感受来消除内心对性方面议题的焦虑。“Sexual Attitude Restructuring”常被称为“SAR过程”，也可称为“性态度的重建（过程）”，简称SAR。

（左）Taking Sides: Clashing Views on Controversial Issues in Human Sexuality（1987年）

（右）The Complete Dictionary of Sexology（1995年）

当然，罗伯特·法兰柯博士对性学和世界学术界最伟大的一个贡献，是他历时约10年之久，于2004年由跨国出版公司CONTINUUM在纽约出版了他主持编撰的“The Continuum Complete International Encyclopedia of Sexuality”。

事实上这部大百科全书原来分成四大卷出版，原名“The International Encyclopedia of Sexuality”（《国际性学百科全书》），第一卷在1997年在纽约由Continuum出版公司出版，该卷编撰的是从阿根廷到希腊的性学内容。中国的性学内容在第一卷，由笔者本人撰写（第344–380页）。前3卷是法兰柯博士一人主编，共计1737页，第四卷加上了副主编R.J. Noonan博士，在2001年出版。四合一单卷本就是这部《国际性学系列大百科全书》，于 2004年出版，涵盖全世界的62个国家。本书工程浩大，由280位国际著名的学者通力合作，数据翔实，很受欢迎。在2004年被评为美国最佳图书。在本书出版中，笔者享誉到了极大的荣耀。超乎了本人的想象。

出版者（CONTINUUM，NEW YORK）在“征订广告”中显示，《国际性学百科全书》有来自30个国家的130位国际知名的撰稿人，一共只列举了5人的姓名，其中就有名列第一位的笔者姓名FANG-FU RUAN[1]；在正式出版的第一卷（1997年）的封面勒口上印道：“在170位很受尊重的国家和文化中居领先地位的性学家参与撰写”，“……在这些著名的撰稿人中有IGORKON 和FANG-FU RUAN”，只列举了两人。笔者是唯一在这两份“广告词”中都被列举了姓名的。

出版商对广告词是很慎重的。我想一定是主编罗伯特·法兰柯博士给了笔者如此荣誉。事实上罗伯特·法兰柯博士多次表达过对笔者的支持，1991年笔者的英文学术著作“Sex in China: Studies in Sexology in

1　笔者阮芳赋的汉语拼音。

Chinese Culture”（《中国性事：中国文化的性学研究》）由著名跨国出版公司Plenum Press在纽约出版后，法兰柯博士便主动撰写了长篇书评，在很有权威的美国性信息与性教育理事会报告（SIECUS REPORT）上发表，加以推荐。

法兰柯教授从1965年便开始在美国新泽西州的Fairleigh Dickinson University教授人类性学课程近40年之久。所编着的有关人类性学方面的书籍达25种以上。

此外，罗伯特·法兰柯博士还在期刊，以及其他人编撰的书籍中发表了数以百计的论文和文章。其中包括《性学手册》（Handbook of Sexology）等大型书籍。他还曾在几百个学院和大学作过演讲或讲座，也曾担任美国性学会机关刊物《性研究杂志》（Journal of Sex Research）的编辑顾问。

《国际性学系列大百科全书》

罗伯特·法兰柯博士1931年10月18日生于美国密歇根州底特律市。1953年于底特律Sacred Heart College获得哲学与英文文学学士（B.A.），1957年于St. Vincent College获得天主教文学硕士（M.A.），1961年于University of Detroit获得生物科学硕士（M.S.），1967年于University of Delaware获得实验胚胎学哲学博士（Ph.D.）。1979年，成为旧金山“美

国性学家院（A.C.S.）”院士。1988–1990年任美国性学会（SSSS）东区会长。1999年，获美国性学会（SSSS）颁发的“公益服务奖”。1965年起在Fairleigh Dickinson University（Madison New Jersey, USA.）担任生物学及保健科学教授，直到2002年成为退职荣誉教授迄今。1974年荣获人类性学教育基金会年度奖。1992年获Fairleigh Dickinson University“研究与学术卓越精神奖”。

1990年9月至1995年曾任纽约大学人类性学兼任教授，并曾在其“双文化的性”课程中赴丹麦的哥本哈根任教。

1964年，参与The American Teilhard de Chardin Association的建立，并曾任该基金会会长。1985年6月，受罗马天主教会任命为俄亥俄州Steubenville教区主教。1958–1967年于大学附属教堂担任助理神父、神父，并在高中担任生物学与宗教学教师。虽然法兰柯博士是神父，虽然他还是罗马天主教会任命的一位教区主教，他甚至能在性学方面编写出那么多有影响的、独特的大型书籍，在观念上并不囿于保守的宗教，与时俱进，不断吸收科学和文化的新进展，实在是难能可贵，令人钦佩之至。

法兰柯教授还很慷慨地把他的《国际性学百科全书》全部公布在两个著名的性学网站上。一个是德国著名性学家黑伯乐（Erwin J. Haeberle）主持的世界上最大的性学网站“赫西菲尔德性学数据库”；[1]另一个是世界著名的金西研究所的网站[2]。读者可以免费阅览和下载，这对于性学知识的普及是一个巨大的贡献。

---

1 In: http://www2. hu–berlin.de/sexology/IES/xmain.html

2 In: http://www.kinseyinstitute.org/ccies

性道德的“两重标准”

在旧时的中国，新娘要受到“验红”的考验，假如洞房花烛夜，垫在床上的那块白绫，没有染上处女的鲜血，也许就会被休回娘家，无脸见人；但并没有谁要求检查新郎是否保持着童贞。《金瓶梅》中，西门庆和19个女人有性生活，大多并不是他的妻妾；可是，潘金莲偷情，一旦被发现，便受到严厉的惩罚。这就是性道德上的“两重标准”，对男性的要求与对女性的要求不一样，通常是对女性限制得很厉害，对男人则自由而放纵得多。这种情况，古今中外，很相一致。

例如，清顺治十五年（1658年）印行的《女才子书》卷六，写陈霞如和表兄崔襄结婚后，发现崔在婚前已和她两个妹妹都发生了性关系，霞如正色言道：“此乃名节所紧，使异时伉俪之夜，何以为元！（两个妹妹异日成婚之夜，怎样过得了验元红这一关！）设或子妻亦被人窃，子意甘否？（假如你的妻子被人偷了，你愿意吗？）”崔襄却坦然笑道：“在他人妻，愿其与我私；若在我妻，则又不乐如是。此乃人之恒情，何相诘难耶！”这就把“两重标准”说成是人之常情、无可指斥了。再如，曾任美国驻日本大使的赖绍尔（E.O. Reischauer）写了一本讲述日本的书《日本人》（哈佛大学1977年出版），书中论及：“性行为方面的两重标准仍然很普遍，男人可以为所欲为，妇女则要受限制。已婚妇女则要远比男人忠诚，一般不同她们的丈夫出赴宴会、参加聚会或招待客人。她们生活的圈子仅限于丈夫、孩子、少数几个亲近，以及学生时代的女友。与此同时，她们的丈夫却与他们的同事，其中可能包括几个未婚的青年女性，进行较为

频繁的社交活动。”差别是很显著的。

性道德的“两重标准”，至今仍是一个客观上存在的事实，但这并非“人之恒情”，而是“男性中心社会”男、女不平等的一种表现，是不合理的，是可以改变也应该改变的。当然，我们认为，打破这个“两重标准”，并不是要让女人像男人一样放纵；并不是主张潘金莲也应该有19个男人，陈霞如也应该去勾引她的两个表弟，而是主张，在性行为方面、社交方面，女性应该和男人有同样的权利。事实上，“两重标准”不仅损害女性，同时也损害男性，男子都去引诱别人的妻子、女儿，也就打开了自己的妻子、女儿被人引诱的大门。相互的猜疑、无休止的冲突，就会扰乱家庭和社会的安宁。对个人和社会的发展极为必要的正常社交活动，就会受到污染和破坏。社会通过“两重标准”限制了女性在性表达方面的主动与热情，就有可能使男人面临一个索然无味的性伴侣。一位女子说得好：“15分钟的婚礼并不能教会我在性方面反应良好。”男人和女人，都会受到“两重标准”之殃。

宗教与性

邓纳希尔（R.Tannahill）在其所著《历史上的性》（Sex in History，1980，New York）的第七章“中国”，开头一段便写道：“当早期基督教的神父们倡导禁性欲，认为这是通向天堂的唯一可靠的途径时，在世界的另一部分，同样虔诚的一些信徒，却持有恰恰相反的观点。有人说：‘和越多的女人性交，则男人从性交中得到的好处越多。’另有人补充道：‘假如一个晚上能够和10个以上的女人性交，那就更有好处。’这是道教的信条之一，道家的哲学渗透到中国人的思想和中国社会中长达两千多年之久。”

本文不拟对某些道教人士所宣扬的“一夜御十女”、“阴补阳”等的说法，加以评述。仅仅想通过以上所引的这段话来说明，宗教和性有密切的关系。不同的宗教，对性的态度也很不一样，甚至截然相反。就是同一种宗教，不同的派别，也有很大的不同。拿佛教来说，佛教是主张戒色的，在中国的日常语言中，常常用“当和尚”、“做尼姑”来表示不结婚、不参与性生活的意思；然而，人们知道，在“密宗”、在某些寺庙，都供奉着“欢喜佛”，那是一尊男性的佛抱着一位美丽的裸女，正在性交的塑像。可见，宗教与性的关系很复杂，不是几句话能概括得了的。

特别值得注意的是，在很长的历史时期中，宗教的道德标准往往在约制着人们的行为。性行为同样是一些宗教经典所要加以限定的对象，直到现在还起着或深或浅的控制作用。例如，在《圣经》的“创世纪”第三十八章说：俄南（Onan）“把精液遗在地上”，其所为“使主不悦，主就把他杀掉”。在西文中，手淫一词又作Onanism，即本此；并且成为很多世纪以来，人们视手淫为罪恶的一个重要的来源，至今还使很多人处在对手淫的恐慌和犯罪感的威胁之中。现代性科学的客观研究证明了手淫本身并无害处，有害的倒正是对手淫的恐慌和犯罪感。这种心理上的冲突和压力，才使手淫者出现种种不良的后果。所以，就不同宗教、不同文化对性行为方面种种不同的观念，加以研究；并用现代科学的认识加以剖析，实在是很有价值的一项工作。著名英国哲学家罗素曾经说过，关于性的事情还处在最浓密的乌云笼罩下。看来，有相当大的片片乌云，恐怕是来自宗教的种种教条，或许，现在已经是驱散乌云，让阳光普照的时候了。不过，在此必须声明，我们并非说宗教是乌云，只是说宗教对性的某些看法似乌云而已。

性哲学的基本问题

性哲学是对与性有关的哲学问题进行研究的性学分支。

从历史上来看，这是性学中最早的分支之一，因为在我国周秦时代的哲学家，在西方古希腊的哲学家等等，都有关于性的哲学论述。

例如，我们现在在“正史”中，见到的最早的一篇论房中术的文字，是东汉史学家班固（公元32–92年）所撰的《汉书·艺文志》（十）中，著录了“房中八家，百八十六卷”，其中包括《容成阴道》、《务成子阴道》、《尧舜阴道》、《汤盘庚阴道》、《天老杂子阴道》、《天一阴道》、《黄帝三王养阳方》以及《三家内房有子方》等著作。虽然这些书都早已佚失，但这一历史记载清楚地表明，作为“诸子百家”中一家的“房中”，即性学，在汉以前便很发达了。特别值得指出的是，在罗列上引房中8家著述之后，班固写了一段很精辟的评述，全文如下：

> 房中者，情性之极，至道之际，是以圣王制外乐以禁内情，而为之节文。传曰：“先王之作乐，所以节百事也。”乐而有节，则和平寿考。及迷者弗顾，以生疾而陨性命。

这段话不但对房中的意义，作了很高的评价，非常坦然地强调，性生活乃是“情性之极，至道之际”，只要适度，不但无害，而且大益，可得“知平寿考”，充分显示我国古代对性生活和积极态度；同时，又严肃地指出了纵欲无度的大害，“生疾而陨性命”，并提出了

以正当的娱乐作为适度控制性生活的措施，充分显示我国古代对性生活的恰当处置。整段话言简意赅，至今仍不失其指导价值，实是难能可贵。由于班固在这里，既著录了房中的著作，又对房中作了全面而深刻的论断，所以在房中八家著作已佚的现代，我们可以把《汉书·艺文志》中对房中的论述，看成是中国古代性哲学的代表作之一。

然而，从现状上来看，虽然性哲学的领域和专门著作确实存在，但却还不是一个体系和内容业已成熟的性学分支。在学科名称上，也未尽统一。

例如Soble编《性哲学：当代文选》（The Philosopy of sex : Contemporary Readings，修订本，1991）用的是“Philsophy of Sex”（性哲学）R.Baker和F.Elliston合编《哲学和性》（Philosopy and Sex，修订本，1984）用的是“Philosophy and Sex”，Vern Bullongh和Bonnie Bullough合编《人类性学百科全书》（Human Sexuality: An Encyclopedia, 第一版，1994）中所用的词条也是“Philosophy and Sex”，并没有用“Philosophy of Sex”或“Sexual Philosophy”，在Robert Francoeur 主编的《性学大全字典》（The Complete Dictionary of Sexology，增订版，1995）中，以上几个词组都没有成为词条，而用了另外一个新词“Sexosophy”（性哲学）。

本世纪性学著述最丰富的美国性学家莫尼教授提出：“Sexology”（性学）处理的是有关性的科学证据，而“Sexosophy”则处理有关性的信念和教条。Sexosophy也可译为性哲学，却比Philosophy of Sex所包含的更广，即包括了不同个体的、人群的、文化的性信念和教条，不同地区、不同民族、不同历史时代的性信念和教条。

就像哲学和伦理学（道德哲学）、美学（艺术哲学）等有从属交义的关系一样，性哲学与性伦理学、性美学等也有从属或交叉的关系。本条目将尽量不把性伦理学、性美学的内容包括在内，以突出更

一般的性哲学问题。

（一）性是不是一种独立的存在？

有关“性”的第一个哲学问题，是带有“本体论”性质的基本问题：“性”是不是一种单纯的、并不一定要和别的概念掺和在一起的、独立存在？自古以来，不同的宗教，不同的文化，多半实际上给予了一种否定的回答，而认为性只应和生殖连在一起，或者只应和爱情连在一起，或者只应和婚姻连在一起，或者和另外的什么玄学的东西连在一起，光为性而性，是低级的、堕落的、非法的或反道德的等等。近年来，一些性哲学研究者从不同的观点论证性是一种单纯的存在（“Plain-sex philosophy”），例如，A. Goldman在1997年发表《单纯的性》（Plain Sex）一文，认为“性只不过是一个人想和另一个人的身体相接触并因而产生快感而已”，R. Vannoy在1980年出版了一本书题为《性不伴有爱：一种哲学探讨》（Sex without Love: A Philosophical Exploration），主张性的本质只在于体验“性感受”；法国著名存在主义哲学家萨特（J. P. Satre），美国性哲学研究者T. Nagel（1969年）、R. Solomon（1984年）等则将“性”的本质加以扩大，认为性的唯一或主要目标，只是人际沟通交流的一种复杂的形式。这些观点并不一致，恐怕一时也不会有定论。

（二）性应该受到肯定还是应加以否定？

概括起来说，到现在为止，并没有任何一种对“性”的本质的界说或定义，是被不同宗教、不同时代、不同文化，不同政府所共同认可的。对于“性”的信念、态度和评价，可以区别为“性肯定观”（Sex-positive）和“性否定观”（Sex-negative）两种。

性肯定观以一种积极的、正面的观点来看待性欢乐、性亲密关系

和性行为，将其看成是人类生活极其自然的一部分。性肯定观的核心在于认为性欢乐和对这种欢乐的追求，乃是一种个人生活和社会生活中的建设性力量，而不是破坏性的坏事。

性否定观指一种社会的评价、文化的态度、宗教的传统，或一种个人的价值观念系统，把人类的性行为看成是需要加以限制和压抑的，常常谴责任何异性之外的、婚姻之外的、生殖之外的性欢乐，甚至对其加以治罪。性否定观基于一种信念，认为性冲动、性欲、性驱力，乃是一种危险的、有潜在的破坏性的力量，需要加以压抑，加以升华，或以其他方法加以控制以维护社会。

由于客观上的复杂性，在一个民族、一个小区、一个社会、一种宗教、一个学派、一种文化，对于性的态度很少会百分之百全持否定观或肯定观，因而判断起来，也会遇到困难，必须多做具体分析，抓住主要的、本质的倾向。例如，对于中国传统文化的儒家来说，一向常被指斥为对性持保守、压抑和否定的态度。其实，这种指斥是缺乏具体分析和充足论据的。就原初的儒家学说来说，即以孔子和孟子为代表的儒家经典中，人们可以看到的倒是一种性的肯定观。孔子的门生编成的《论语》中说：“子不语怪力乱神”（述而第七）。在这里“不语”带有不同意、不支持的意思。孔子的学生们只举出“怪”、“力”、“乱”、“神”四样东西是孔子不赞成的，其中并没有列举“色”（性）。孔子倒是直截了当地说“吾未见好德如好色者也”（子罕第九），承认人们普遍地喜欢“性”。在《礼记》中，更以肯定的态度直接指出：“饮食男女，人之大欲存焉”，把人们对性生活的追求和饮食一样加以并列，指出这两者乃是人类两个最大的自然欲望。《孟子》中“食色，性也”这一论断，是广被引用的。虽然这话并非孟子，更非孔子，而是告子的话。但孟子对告子的这句话并没有反对，而是默认，进一步在《孟子》中还有“好色，人之所欲”（万

章上），还有孟子正面为齐宣王自称“好色”的有力辩护，说“当是时也，内无怨女，外无旷夫，王如好色，与百姓同之，于王何有？”加“男女居，人之大伦也”等等许多关于婚姻、家庭的论述，可以说孔子和孟子所代表的儒家，把性看是自然的正常欲望，应该说是一种很有力的性肯定观。

把儒家看成是“非性”的谬见，不仅见于中国，也见于海外。值得指出的是，四书的英译者James Legge在1894年译《论语》时，他竟有意将“食色，性也”中“色”字不译成Sex，而译成颜色（Color）。他的翻译影响很大，一直到现在还不断重印。可说是他把儒家经典四书变成只有“颜色”，没有性欲的“三青教徒”著作，使人误以为儒家乃是“无性”的或“非性”的了。诚然，南宋以来，主张“饿死事小，失节事大”的以程颐、程颢和朱熹等为代表的“新儒学”或道学家，应该说是性否定观的鼓吹者。他们关于“存天理，减人欲”的教条，自然是近千年来中国社会性压抑、性蒙昧的哲学根源。

（三）性权利是不是基本人权的一部分？

虽然不同国家、不同政体、不同文化、对于“人权”、“基本人权”所赋予的具体内容有所差别，但是“人权”和“基本人权”的概念本身是被全世界广泛接受与承认的。但是，“性权利”是不是“人权”或“基本人权”的一部分，则有待确定，即便确定“性权利”应为“人权”甚至“基本人权”的一部分，对于“性权利”中包括一些什么内容，又会有很大的争议。不同国家、不同政体、不同文化、不同宗教，不但会有不同的回答，甚至有完全相反的看法。例如，“性权利”应该包括有“性自决权”，即自己决定自己的性指向与性行为的权利。

这就派生出诸如“同性恋”作为一种性指向应该不受歧视，不

受不平等对待，更不应受迫害与惩罚的权利。现在一些西方国家的立法（特别是一些地方立法）就逐步地反映了这一观点。但更多的国家（包括在某些地方立法中承认同性恋者的平等权利的西方国家），则仍对同性恋持反对以至惩处的态度。近几十年来，一些研究性权利的著作，甚至文件、纲领屡有出现，反映出人类已经开始从理论上和实践上面对“性权利”作为“人权”或“基本人权”一部分这一重大而艰巨的课题。

1976年，在美国旧金山建立了世界上第一个政府承认的可以授予3种博士学位的性学专业高等院校“高级性学研究院”，作为一种专业的基本信念，该院确认“性权利”乃是“基本人权”的一个组成部分。这个研究院提出的“基本的性权利”（Basic Sexual Rights）共10条，可以看成是一个“性权利”纲领，全文如下：

1. 每个人均可享有任何有关性的思想、幻想或欲望的自由。

2. 享有得到性娱乐的权利，可在市场上自由地得到包括直接显示性行为全部情节的性商品物资。

3. 享有免于看到性商品物资或性行为的权利。

4. 在性方面自由决定的权利。

5. 享有寻求并参与相互同意的性活动。

6. 享有进行不论什么类型的性行为或性活动，只要这些性行为或性活动乃是相互同意的行动，没有暴力强迫、没有强制约束、没有凌虐、没有欺诈。

7. 享有私人性行为，不受迫害或社会干扰的自由。

8. 社会应确认，每一个人，不论是有配偶的或是无配偶的，都有权利追求满意的、相互同意的社交——性生活，不受政治、法律或宗教的干预；并且，社会应有一定的安排，使下列各种人均有得到社交——性生活的可能：残疾人、慢性病患者、处于监禁中的囚犯、住在医院等设施中的病人、因年纪而在性生活中处于不利地位的人、缺乏身体吸引力的人、缺乏社会技能的人、穷人、孤独的人。

9. 所有性功能有障碍的人都有得到不受指责的性保健的基本权利。

10. 享有控制生育的权利。

这一文件的中译本由阮芳赋译出，最早刊于在美国发行的中文报纸《世界日报》，后收入1987年在台湾出版的《性的社会观》一书中，并为台湾教育部门发行的“性教育”（主题辅导工作坊研究手册）一书（郑玄藏教授主编，1994年）全文引用。

显而易见，这10条只不过是美国性学界一些持性肯定观的前沿人物的理想而已。没有一个国家，没有一个政府，没有一个宗教，没有一个社会，现在可以接受所有条文，也没有一条，在世界上不引起强烈争议。例如，第十条“享有控制生育的权利”，在中华人民共和国，一个人要控制生育，是毫无问题的，在这里，控制生育已经不仅是个人的权利，而是一种法定的义务了；但在美国，即便在今天，控制生育的手段，例如人工堕胎，仍然受到许多民众，许多宗教力量，许多政治力量的反对，强烈到屡用暴力，枪杀人工堕胎门诊医生，控制生育仍然不是受到法律保护的公民权利、人身权利。更不用说像第二条、第五条等，在不少国家是直接受到法律的禁止和惩罚的。

性哲学问题看来很抽象，因为其抽象却无所不在，很具体。上面举出的3个性哲学问题，如何回答，如何解决，就非常直接地和许多性态度问题、性行为问题、性社会问题、性道德问题、性法律问题、性

文化问题紧密相关。随着性哲学研究的深入，将会有更多的问题，在更大的尺度上为人们所认识，所认同，必然会有助于现代性文明的建设，有助于增进社会和家庭的福祉。

探性篇：“性”海探秘

编者温馨提示

人们常说性能使人沉迷、走火入魔，但性真能让人成瘾吗？人们总是热衷于谈论和探究性心理，但真正的性心理学存在过吗？人们一般认为性生活就是性交，难道真的只有一种性行为模式吗？当“性”受到各种因素压制时，你是否意识到你应该拥有基本的性权利？并为之而抗争？

“性”是一片神秘而深不可测的海洋，而人生就像穿越海面的帆船，随时都会遇到惊涛骇浪和触及暗礁的危险。在这里，性学大师将带领我们一起去“性”海探秘，寻找人生“性福”的灯塔。

“性”是一个充满争议的领域

有关“性”的观点、态度、政策、现状和未来的估计等，都是充满着对立的意见的，甚至在一些最基本的问题上也没有一致的意见，这在研究领域中是很为特殊的。正因为如此，便出现了一些专书，就一些重大的“性”课题，罗列收集相反的观点的文章，以资比较和研究。例如Green haven出版社（St. Paul.MN）在1985年出版的《相反观点资料集：性》（第一卷，396页），收集了下列12个方面的对立文章：性道德、性教育、避孕、少女妊娠、性与疾病、艾滋病、同性恋、娼妓、色情品、性暴力行为、对儿童的性侵犯、性哲学；再如R.T. Francoeur编的《探讨各个方面：在人类“性”方面争论点上的对立观点》The Dushkin Guilford, CT1987，p.344）分四大方面收列了下述18项争论：

1. 关系方面；（1）是否“新女人”乃现今男女关系混乱和紧张的主要根源？（2）是不是传统的性角色更喜欢“男女兼性角色”（Androgynous roles）？（3）“一夫一妻”是最好的婚姻制度吗？（4）“开放的婚姻”是否为今天的一种可行的生活变式？（5）同性恋和双性恋（Bisexual）是不是自然而正常的性关系？（6）是否社会和法律应

该承认成年人可有各种不同的生活方式？

2. 教育方面：（7）在学校中进行性教育是不是要把性革命制度化？（8）在学校里设立保健诊所是不是一种可以减少少女妊娠和性传播疾病的有效方式？

3. 生前方面：（9）“反堕胎”运动真是立足于相信人类生命是神圣不可侵犯的吗？（10）“代腹妈妈”（Surrogate motherhood）是不是男人提倡的又一种卖淫行为？（11）是否出生前作性别判定应该被常规化？

4. 社会方面：（12）政府真的有符合宪法的权利去禁止某些种类的性行为吗？（13）是否立法机构应该立法保护所有公民不得仅因其“性指向”（Sexual orientation）不同而受到歧视？（14）色情品真的增加性暴力行为吗？（15）是不是米斯（Meese）委员会的报告书很清楚地表明了色情品的害处？（16）是不是基督教推动了一种反性的文化？（17）是不是上世纪60年代和70年代兴起的性革命现在已成为过去？（18）歧视娼妓也许是一种错误吗？

英语Sexuality的汉译和华人性观念的革命[1]

英语中的“Sexuality”，以及和它密切相关的“Sex”和“Gender”，是现代性学、性别研究、女性研究，性教育、性别教育、性社会学，等等很多领域中，极为重要而广泛使用的核心术语。如何将它们用符合其语源和国际通用定义（包括其内涵与外延），准确地

1 “两岸三地性／别政治新局势”学术研讨会（2009年12月5–6日，台湾中坜中央大学文学院国际会议厅）。

译为现代规范汉语，是极其严肃的学术要求。这不但是进行严格认真的这方面学术研究与教学的基本条件，也是进行国际上学科内和学科间的学术交流的必要条件，同时也是避免一些无谓的学科内和学科间的纷争和对立的迫切需要。

一、Sexuality一词的汉译

在“两岸三地”对Sexuality一词的汉语译名却极不统一，形形色色，难以胜举，简直混乱到无法理解的程度。

随手拈来，在正式的出版物中，就有以下种种译法：

“性之性质”（梁实秋编《远东英汉大辞典》）、“性欲性”（心理人类学创始人许琅光）、“性欲取向”、“性相”、“广义的性”、“有关性与性行为的特质”、“全人的性”、“人的性”、“性意识”、“性经验”、“性存在”、“性之性质”、“性性”、“性之具有”、“性之性质”、“性兴趣”、“性本能”、“性感”、“性事”、“性这种东西”、“与性有关的一切”、“性”，等等。

译法真是数以十计了。[1]其中有的译法，在中文概念中竟是对立的（相反的）词语，例如“性意识”与“性存在”。

这种“不统一”的“乱译”至今并未停止，例如，以翻译上力求正确完美为目标的“韦佰文化事业出版社”，在将《性与身体的解构》改译改版为新的《性的扮演：阴／阳特质的实践》（Jennifer Harding著，林秀丽、黄丽珍译，2008年）一书，以及《性别与性欲特质：关键理论与思想巨擘》（Gender and Sexuality: Critical Theories, Critical

1　这里并不试图罗列所有不同译法，也不试图去找出谁首先这样译。只需让人们感受到一个专门术语竟有如此多的不同译法　这种奇特而混乱的状况，这才是所要指出的问题所在。

Thinkers, 2005，Cris Beasley著，黄丽珍译，2008年）一书中，都把Sexuality译为"性欲特质"，这是十分不恰当的。在《现代汉语》中，把"性欲特质"译成英文就是"The special characteristic of sexual desires, or libido"，这和Sexuality这个词"包括与性有关的一切"的广泛意义相去太远！

其实，可以找到这一错译的历史根源。因为，前已述及长期在美国的许琅光先生把Sexuality 译为"性欲性"，把它转换一下就成为"性欲特质"了。然而，这种转法是不符合"现代汉语"的规范的：在许琅光年代的汉语通用双音词"性欲"来译"Sex"，而"现代汉语"通用单音词"性"来译"Sex"，也就是说，在现代汉语要把译Sexuality为"性欲性"，改为"性性"。

这正是我在上世纪80年代的说法。1985年初，我在北京医科大学的一次讲课中，曾经说Sexuality可以译为"性性"。这一说法后来竟然收入了词典，还大加称述。例如，刘达临教授主编的《中华性学辞典》（黑龙江人民出版社，1993年11月第一版）列有"性性"这样一个条目：

> 性性：英语Sexuality的新译。Sexuality与Sex一样，是使用得非常普遍的性科学概念。Sex汉语译为"性"，可是Sexuality尚无统一的译法。梁实秋编《远东英汉大辞典》中把它译为"性之具有"、"性之性质"、"性兴趣"、"性本能"、"性感"等。美籍华人、心理人类学创始人许琅光教授把它译为"性欲性"。阮芳赋于1985年曾说过："我想把Sexuality译为性性"。理解性性的涵义可与"食性"一词相模拟。性性在构词上，前偏后正。前面的词素"性"是指性科学中的性（Sex），后面的词素"性"是指特性、秉性。性性

在比较、阐述不同生物种类的性活动差异或同种生物中不同群体的性活动差异时务须用到，因而是性科学的重要研究内容。人类的性性是极为广泛、复杂的范畴，凡是有关人群中性征、性欲、性行为、性角色、性心理、性功能、性道德、性爱等等的分析比较，都属于人之性性。即使是比人原始的动植物的性性，也是够复杂的，从生物界千姿百态的性行为中可以窥见大自然的美妙无穷。人类的性性与动物比较有极大差异，例如发情期消失，性行为与生殖有意无意地若即若离，性本能的审美化、心理化、社会化、伦理化、以致纵欲、禁欲与性障碍、性变态等，成为并不少见而务必关注的社会问题。

这一词条目，不知是谁执笔的，阐释得很好。我确实曾在讲课中提出过将Sexuality译为“性性”的想法。似乎这个译法，既“信”且“达”，但毕竟不“雅”：重复连用两个同形同音异义字，实在有点别扭，也不便于进一步造词，不便应用。所以，我本人从未在文章或书中使用过这一并不适当的译法。然而，直到现在，一些文章和书中，著者还见到在使用这一“阮芳赋译”。

二、在“两岸三地”Sexuality汉语基本译语的统一

1995年我发表在《台湾性学学刊》创刊号上的题目为“性育刍议”的文章中，正面提出还是译Sexuality为“性”较为合适。

到2004年，我得出一个明确的结论：Sexuality除了译为“性”字，其他的译法都是不可行的。这不是任何个人的英文或中文的水平高下的问题，而是语言学和逻辑学的内在因素所必然决定的。因为：

1. 当代英文中Sex词义的缩小和向Sexuality的转化与进一步扩大，

是通过"构词法"来实现的。汉语中根本没有这种构词手段。（这就是"性性"不合适的根本原因）。

2. 不管你往"性"字的前面或后面加一个或一个以上的其他字，都会把Sexuality的词义缩小，而不能包括Sexuality的所有层面的所有词义。（这就是"性欲特质"等等译法不合适的根本原因）。

原来克服Sexuality的汉译混乱的最大困难，我以为会在著名中国性社会学家潘绥铭教授身上。因为他创用Sexuality的"性存在"译法。在他众多的演讲、讲课、论文、讲义、地域性或国际性学术会议中，也在他的众多学生和追随者的著述中，铺天盖地，坚持数十年，热衷于使用Sexuality的"性存在"译法！

然而，潘绥铭教授不愧为带领中国性社会学前进的大师，他在2005年"中国'性'研究的起点与使命国际学术研讨会"（2005年10月15-16日，北京，中国人民大学）上，自动地坚决地彻底地放弃了他如此热烈推行数十年的"性存在"译法，并达到了和我相同的结论：Sexuality只有译成"性"字，才能准确地保留原文的所有含义！

那么Sex又该如何译？其实这是一个已经解决了的问题：

近几十年来，特别是在西方性革命之后，在英语学术界，日益用"Sexuality"一词，取代往昔广义的"Sex"一词，在日常用语中常常把Sex局限到指具体的性行为，几乎就是说："性行为"、"性活动"，以至更直截了当指的是"性交"。因而，现在译Sex一词，要根据上下文确定其真正的含义，分别译为"性交"、"性行为"、"性活动"、"性戏"等，而不总是可以笼统地译成一个"性"字。就是说Sex一词的日常用法是词义缩小变窄。同时，但近几十年来，人们对"性"的认识却是大大扩大变宽了。人们认识到，"性"不只是一个生物学上的事体，而有心理学上、社会学上、文化学上的上多个层次，并且这不同的层次间有复杂的内部关系。人类对性的认识的这些新扩展，导致了Sexuality一词的广泛应用，并且越来越广泛地使用Sexuality一词来指与性有关的一切层面。

为顺应这种变化，Sex Education， 也多改称为Sexuality Education；世界上成立最早也影响最大的国际性跨学科的“性”研究学会SSSS（性的科学研究学会），1957年在美国成立时原名是Society for Scientific Study of Sex，沿用了三四十年，现在也改名为Society for Scientific Study of Sexuality。可见，这一从Sex到Sexuality的语汇上的变化，影响有多深远！

由此也可见，那些以为现代性学是研究Sex的，只表明他们对现代性学领域的无知或歪曲。现代性学是研究Sexuality的！也许Sexology也要改为 Sexualogy 以适应近几十年来的巨大变化吧！

不过，早在1880年，“Sexualogy”这个术语已经出现，意指各种“性关系”，也就是说它出现的比Sexology还早一些，在那个年代是和Sexology属于“同义词”之列[1]，但是后来在词语的社会竞争进程中，Sexualogy落败于更简明的Sexology，而渐渐被废弃。所以，如果现在再启用Sexualogy来置换Sexology，就难以反映出近几十年来Sex 的词义向Sexuality的转移。这也许就是在当代，常常直接用Human Sexuality 或Sexuality 来作为学科、书刊或机构的名称，以取代Sexology一词的原因。

三、Sexuality最初原来是如何被定义的

Sexuality和Sex一样，既不是古英语中早就存在的，也不是近几十年才新创造出来的。根据权威的英语语源学辞典，C.T. Onions编《牛津英语语源辞典》（The Oxford dictionary of English etymology，1966年）所载，英语中出现Sex这个词是在14世纪，但直到16世纪以前，用得很少。出

1　http://www.sex-lexis.com/Sex-Dictionary / sexualogy

现在英语中的Sex一词，来源于拉丁文的Sexus，表明男人或女人的集合。Sex表示一个个体是男是女，这种意思在16世纪才出现。另一部语源词典《巴恩哈特语源学辞典》（The Barnhart dictionary of etymology，1988）对于英文Sex一词的起源给予了更精确的描述。作为名词的Sex一词，出现在公元1380年左右。那个时候，Sex一词表明作为集合的男人或女人［例如用于“男性”、“女性”、“两性”之中］，最早是乔叟的译语，用来翻译拉丁著作Boethius《De Consolatione Philosophiae》。

英语Sex一词从拉丁文Sexus一词借用而来。拉丁文中的Sexus则与Secare相当，即“分开”、“切开”之意。巴恩哈特也列举了拉丁文的Sexus一词作为Sex的词源，表明性别的意思，即或是男人或是女人的性别状态。英语中Sex表示两性的区分的意思，最早见于1526年，而作为男女性器官的区分的这种意义，则最早见于1631年在Donne's《Songs and s onnets》中。用Sex这个词来表达性行为，大约在1918年才出现。其他语源学专家对于英语Sex字的起源，有相似的观点。例如，W S Haubrich在其医学语源学辞书《MedicaL Meaning: A Glossary oOf Word Origins》，（1988）中写道：“Sex字的起源至今还不那么确定。有一种解释是从拉丁文的Sexus简缩而成（不要把英语的Sex和拉丁文的Sex搞混了。拉丁文的Sex乃是“6”的意思，即英文的Six）。而拉丁文的Sexus则与动词Secare“分开”相关。所以，这个字表明把生物分成雄的和雌的。另一种假设认为Sex来自拉丁文的Secus，意思是“另一种”。在拉丁文中Secus Muliebre是“女人”，Secus Viriles 是“男人”，其中Muliebre是“女人的”、Viriles是“男人的”之意。

根据Random House Dictionary（Random House, Inc. 2009）的语源解析，Sexuality一词出现在1790—1800年间，由 SEXUAL + ITY 而成。[1] 其

1　http://dictionary.reference.com/browse/Sexuality

意义包括：1. 性的特征，具有性的结构和功能的特征；2. 认知或强调性事；3. 处于性行为活动；4. 身体准备进行性行为活动。

Sexuai一词则出现在1651年，意指作为雄性或雌性的事实，到1799年增加性的交媾（于“性交”一词组中）含义，到1879年出现Sexuality一词，意指具有性体验的能力。

美国现存的大学Human Sexuality的教材，约有60种，曾经被评为最好的3种之一的《Becoming a sexual person》（Robert T. Francoeur著，纽约MacMillan出版公司，1991年第二版）中，对Sex和Sexuality的界说里作了明白的区分：

Sex：一个人基于其外生殖器解剖学上的雌雄而决定的生物学状态；性交。（第72页，第627页）。

Sexuality：最起码要包括4个主要方面：

1. 基于外生殖器解剖学上的雌与雄；

2. 作为男与女的性别自认；

3. 所采取的与解剖学上的雌雄差异如男女的性别差异相适合的角色和行为；

4. 被吸引的和所爱慕的性别。

总之，人的Sexuality是一个生物－心理－社会－文化现象。（第4页，第637页）。

Robert T. Francoeur是国际著名的性学书籍编撰大师[1]。该教科书第一版出版于1982年，是在西方第二次性革命之后成书的，反映了1960年代以来的重大变革。在第一版出版后，便被著名的SIECUS（美国性信息和性教育理事会）评为最优秀的前3本之一。第二版又邀请了70位专家分别审阅其专长的章节，其中包括著名的性别学创始人莫尼（John

1　阮芳赋：《当代性学书籍著作与编著大师罗伯特·法兰柯博士》，载《华人性研究》第2期，香港，世界华人性学家协会，2008，第7–9页。

Money）教授和著名的妓女研究变性者研究和性别研究专家布洛（Vern Bullough）教授，我也被邀请审阅其关于中国性文化的章节。应该认为该书是有极其充分的学术权威性的。而且，Robert T. Francoeur也是最大的性学词典以及最大的国际性学百科全书的编撰者，1991年，他所编著的"A Descriptive Dictionary and Atlas of Sexology"（《性学分类专业词典与图谱》）由Greenwood出版社在纽约出版。1995年，该书的增订新版，改名为"The Complete Dictionary of Sexology"（792页《性学大辞典》），由跨国出版公司Continuum在纽约出版。该书是最全的单卷本性学词典，有6000多个性学和与性相关的词条，颇为简明而解析详尽。其中对Sexuality的解析是：

> 个人的（The personal）作为Male（雄性,男性）或Female（雌性，女性）的状态的体验和表现（Experience and expression）。这个词（Sexuality）经常被界定于求爱（Courtship）、配对（Pairbonding）、生殖器的功能和生殖，因而这个词（Sexuality）包括一个人的反应于并感受到（Reflect and are affected）的作为一个Male（雄性,男性）或Female（雌性，女性）的人格和行为（Personality and behavior）的所有方面。（第601页）

翻译只能根据原文的原始界定，而不是翻译者对该词的解析和意。"Sexuality"一词，从它的一开始，就不是只局限于性的生理学方面或社会学方面。在现代的标准用法中，也是真正的性学和性学界学者的唯一而共同的正确用法中，Sexuality是一个生物–心理–社会–文化现象，包括了性的生物生理医学方面，性的心理学方面，和性的社会–文化方面，是已经把"性"联结到人的个性、人格、身份认同上面，

既不只是单纯地指性的行为，也不只是单纯地指性的社会意涵。因此，把“Sexuality”翻译成只是性的某一个方面，都是不符合这个概念的内涵和外延的。

四、Gender最初原来是如何被定义的

研究者的新概念新意图，最好的或者唯一的方法是创造新词，而不是改变一个基本词语原有的界定。举一个有重要意义的例子。当莫尼（John Money）教授感到原有的“Sex”一词，不能很好地表达性在心理和社会方面的差别及其自我认同时，他就创用了一个新的概念Gender（“性别”）。虽然Gender这个词是英语早在1300年从古法语中借来的，用来翻译古希腊亚里士多德的文法学术语Genos，所以Gender只是一个表示名词的性（阳性，阴性，中性等）的区别的文法学专有名词。[1]

著名变性者研究和性别研究家性学史家布洛（Vern Bullough）[2]教授写道：

> 在英语中，Gender是一个古老的术语，但只在语言学中用来标明一个名词是阳性，阴性或中性，它并不用在社会科学、自然科学、或性学的语言中。直到莫尼教授在1955年，采用这个术语作为一个新概念，用来描述女性和女人以及男性和男人，以别于它原来仅指性的生物差别（雄性或雌性）。莫尼随后研究了两性畸形（阴阳人），并认为现存的有关论述性别的术语，不足以用来描述他在他的案例身上所

1　http://www.etymonline.com/index.php?search=Gender&searchmode=none

2　阮芳赋：当代世界性学大师布洛博士，2004。

> 观察到的现象。他有时必须使用这样一种判断："约翰（普通的男人名，在此仅仅表示某个人而已）是一个男性性角色，但他的性器官不是男性的，他的遗传学的性特征是女性的。"在莫尼和Anke Ehrhard（1972）合写的开拓性著作[1]中，他提出：在使用Sex（"性"）这个词时，应该加上限定词加以具体描述，如"遗传上的性"、"激素上的性"，或"外生殖器上的性"，而Gender（性别）这个术语则包括的范围更广，它不仅包含了与男性和女性的身体与行为方面，并且还表明，一个人如何在个人的和社会的行为举止方面表达自己，以及人们又是怎样看待他们的。"

也就是说，莫尼在1955年提出了一个新概念Gender（性别）来表达他的新想法。莫尼的Gender（性别）概念，和已经存在的文法学中的名词性属Gender，是无关的"同形同音异义"新词。这个新词用来为他的新假说"婴儿出生时性心理中性和性别后天决定论"张目。尔后，在1963年以来，女性主义者大量在著作中传播在人类性别中，社会因素的贡献和生物学因素同样重要。（这是引自"网上语源学词典"的说法，因为也许有人不同意，而要说："性别是社会决定的"，不喜欢"生物学因素同样重要"这部分。其实，正确的说法只能是："'社会性别'是社会决定的"）。

许多人也许不知道，正是作为美国最著名的医学院（John Hopkins University Medical School）的医学心理学教授，20世纪最杰出的性学家的莫尼博士是"性别社会建构论"的"始作俑者"。不过，莫尼教授却很明智地，没有把现成的Sexuality一词篡改为表示"社会性别"，来

---

1 Money, J. and Ehrhardt, A.A.（1972）, Man & Woman, Boy and Girl. Baltimore: Johns Hopkins University Press.

与sex一词表示“生物性别”相对立，而是采用了一个在语言学上可以说是新的词Gender，来表达他的“性别社会决定论”。而且他也从来没有把“Gender”一词说成是“社会性别”。他对“性别”（Gender）一词的划分，比一般学者还要细得多。上面提到的Robert T. Francoeur教授的两本书[1]，其中有“染色体性别”（Chromosomal Gender），“性腺性别”（Gonadal Gender），“激素性别”（Hormonal Gender）等等提法，一般学者只是用一个“生物性别”来统称之。自然，Robert T. Francoeur教授是引自莫尼教授教授的著作。因为莫尼教授作为“性别学”的创始人，才能对于“性别”（Gender）有如此详尽而权威的述说。

很遗憾的是，莫尼教授的“新假说”后来被确证是错误的。著名性学家吴敏伦教授在他的方法论新作“性的统合分析”中，对此作了简明的描述：

> 2006年7月，我的一位富有影响力的导师——约翰·威廉·曼尼（John William Money，本文中译为莫尼）去世，享年85岁。他在心理学、精神病学、性学等领域给后世留下了众多富有价值且重要的贡献，然而，他同时也留下了一个重大的悲剧性失败，而且至死也不愿意承认或接受这个失败：这就是雷梅案例（Reimer case）——即人称“约翰／琼”案例（“John／Joan”case）

简而言之，该案例事关一名叫雷梅的男婴。该男婴于1966年接受婴儿包皮环切术（割礼），但因手术失败以致阴茎受损。曼尼因此为

1 Robert T. Francoeur：Becoming a sexual person，纽约MacMillan出版公司，1991年，第二版，P.74；Robert T. Francoeur：The Complete Dictionary of Sexology，纽约 Continuum，1995，p.748.

雷梅安排了变性手术，将他变性为女性。术后，曼尼进行了为期数年的跟踪评估，并于70年代发表报告称雷梅过着正常的女性生活；据此，该变性手术是成功的。在随后的数十年中，该案例启发产生了大量成果丰硕的研究工作，也相继产生了与之一脉相承的临床手段，甚至还孕育了建基于此理论的女性主义新浪潮。

然而，1997年，米尔顿·戴尔蒙德和西格蒙森（Milton Diamond and Sigmundson）在《儿科及青少年医学档案》发表了《出生时的变性手术：长期综述及临床意义》一文说，上述的变性手术实际上已经失败了；雷梅从未认同自己为女性，也未表现出典型的女性行为。14岁时，雷梅已经拒绝再与曼尼见面。并威胁说，如果被迫与他见面，他就要自杀。此后雷梅开始以男性身份生活。15岁时，他转向另一支医疗团队，要求进行乳房切除术、睾丸激素疗法和阴茎再造。后来，他与一位带婚生子女的单亲妈妈结婚，并以男性身份生活直到2004年自杀身亡为止，享年38岁。

“约翰／琼”案例虽然已经证明是一种虚假的报告和错误的结论，但是由此而提出的“理论”却还是在一些领域中继续传播。

2006年6–7月间，半个月之内，世界失去了两位著作最为丰硕的伟大的性学家，两位最杰出的性别研究专家，个人痛失两位在美国给过我最大支持的好友：莫尼（July 8，1921–July 7，2006）和布洛（July 24, 1928–June 21, 2006）。今日（2009年11月29日），笔者写到这里，在Google上查John Money, 竟然立刻出现了16. 2亿项，可见其影响之大！这里我只谈对性别（Gender）的研究。莫尼，固然是“性别”（Gender）和“性别学”（Genderology）的创用者，布洛也是性别和跨性别研究的名家。

布洛教授也曾经获得跨性别族群授予的Troy奖章；发起和主持过首届国际妓女和妓权活动家大会，首届变性者国际大会，等等。2004

年，我陪同布洛教授在中国内地、香港、台湾旅游一个月，我曾和他讨论关于莫尼教授的性别观点。布洛教授说，他并不同意莫尼教授的说法。然而，作为朋友，他对莫尼教授的工作是十分支持的。在布洛教授主编的“性学丛书”中，其中就包括出版了莫尼教授的9本著作[1]。布洛教授也说，他很了解莫尼教授的性格，认为莫尼教授至死也不会承认他有错误的。不幸，果然如布洛教授所言中。莫尼教授生前并未认错。然而，错误并不会因为不承认而变为正确，即便死亡也无法消去错误及其影响。在后来性学界的主要刊物发表的追念专文中，写给布洛教授的，统篇是赞美；写给莫尼教授的，则不得不有很大的篇幅为他的错误表白。“人非圣贤，孰能无过”，“过而能改，善莫大焉！”如果莫尼教授在生前能检讨其失误，他身后纪念文章的起草人，也就不会为难与尴尬了。一个已经认识了的错误，自然就不必在死后还不得不被提起了！

五、“译而无信”是翻译的大敌

一个译语要力求“信达雅”，首先要“信守原文”；其次，译语必须明晰力求避免使用歧义词和暗中偷换词义，也要充分考虑这个译语后来要应用于构词和复合词中的适用性。

“译而无信”是翻译的大敌。我有过一次令人“啼笑皆非”的经历：2004年我陪同布洛教授在广州中山大学演讲，布洛教授的讲题是“A matter of Gender: research and implications”，然而口译者（是英语系比较文学的教授，英语自然是很好的）竟然从题目的Gender到文中的所有Gender，一无例外地统通译成“社会性别”。最后我实在气不过，就起来说：明明布洛教授讲的是性别，不是讲“社会性别”，你们凭什

1　John Money, The Adam Principle 等。

么全都加上“社会”二字，译成了“社会性别”？！这位口译者倒是很诚实地答道：“在我们的理解中，性别，Gender，就是社会性别。”真是隔行如隔山！在他的那行中，是没有“生物性别”和“心理性别”的！然而，你是在翻译呀，不是你在讲你的社会性别课呀，字典上Gender总是“性别”吧，能够这样“译而无信”吗？！

不过比较起来，大陆这位同仁，还是比较坦白。在台湾，可是碰到另外一番景象：口口声声在讲“性别”，“性别是社会建构的！”，然而实际上他们口里讲的“性别”根本就不是发出声来的“性别”二字，而是心中的应该有4个字的“社会性别”！（这就是反逻辑的“使用歧义词和暗中偷换词义”）。因为他们不论举出多少例子，来证明“性别是社会建构的！”，都是举的“社会性别”的例子，而不是“生物性别”的例子。无论他们有多么大的胆子，去对抗世界科学和人类共识，也不至于敢说“输卵管壶腹”中的“受精卵”中，那个决定是正常男性或正常女性的性染色体组合 XY或XX，是“社会建构”出来的吧！（总不能说：“当然是社会建构的，难道结婚，或者说两个人性交，不是社会建构出的吗！”）天哪！中国内地有多少的人命死于，有多少的钱财亏于，有多少的社会冲突起于，父母（更不用说社会）建构不出一个XX（男性受精卵）呀！奈何！奈何！

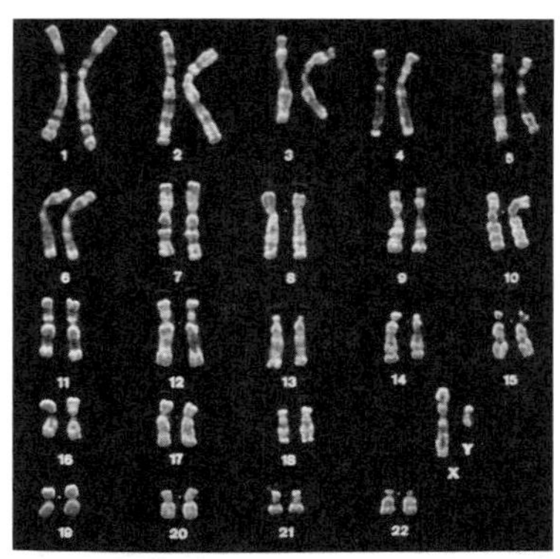

Figure 4.1 Human chromosomes Men and women have the same autosomes (chromosome pairs 1–22) but different sex chromosomes: women have two Xs, men have one X and one Y (as shown here at lower right).

人类的染色体（注意右下的"性染色体 X 和Y）

许许多多的"Sexuality"的汉语译语之不能采用，主要当然是因为如果不直接译为"性"字的话, 不管你往"性"字的前面或后面加一个或一个以上的其他字，都会把Sexuality的词义缩小，而不能包括Sexuality的所有层面的所有词义; 而且也因为无论在"性"字前面或后面加了字，都使得这个译法难以再构词。例如，译Sexuality为"性欲特质"，就很难把美国所有的大学都开的一门课"Human Sexuality"译成"人类性欲特质"或"人性欲特质"，但是却很容易译为通俗易懂的：人类性学。

六、对Sexuality、Sex和Gender的误用和混淆

在西方也许也存在对Sexuality、Sex和Gender的误用和混淆，这并不意味着可以基于这种误用和混淆来翻译Sexuality的本意，更不能在此基础上更进一步离开原意。

不容讳言，在"英语世界"中，不同的专业，不同的人，也并不都对Sexuality和Sex有同样的标准的理解，甚至，也有一些是有意或无意的误用或混淆。有一个或许是故意的恶意抹杀Sexuality和Sex的差别与联

系的例子：

Haig（2004）在《性行为文献》发表的论文"'性别（Gender）'不可阻挡的升起和'性（sex）'的降落：1945–2001年学术论文题目用字中的社会变迁"，通过The ISI Web of Science 的数据系统专门研究了近56年来，在SCI（Science Citation Index Expanded），SSCI（Social Science Citation Index），和AHCI（Arts & Humanities Citation Index）收列的约3000万篇论文题目中，Gender和 Sex两个词的出现频率的变迁。他说：在社会科学、艺术和人文科学中，现在Gender的使用已经超过Sex，在自然科学中，对比之下，现在每2个sex亦有多于1个的Gender相对。所以，Haig的结论就如他论文的题目所说：性别（Gender）不可阻挡的升起和性（Sex）的降落。

Gender用语的大量增加，是完全可以想见的，也是科学发展中的新的适当的良好的倾向。然而Haig的文章，由现在学术刊物题目中"Gender"（性别）已经超过"Sex"一词，得出"性别研究"已经超过"性研究"的结论，只是一种诡辩。因为，他只统计了题目上有Sex一词的文章，并没有统计有Sexuality一词的文章，因为，随着Sex向Sexuality的转变，现在的"性研究"是Studies of sexuality，已经不只是Studies of sex了，假如只从题目上统计"性研究"，就必须统计有Sex和Sexuality字样的文章，而不能只统计有Sex的。也就是说，他用老的规范（以Sex代表性研究）的"形式正确"来判断新现状（应该用Sex和Sexuality代表性研究），得出的自然就是"内容错误"的结论，使读者不小心就会上当。这不是一个正经的学者所该做的。当然，如果以后真的证明"性研究下降"已经被"性别研究"超过了，也不是不好的事，而是一种现代社会的新特点。但是，这种结论是不可以用对比Sex和 Gender来达成，而必须用对比Gender和Sexuality加上Sex才可以。因为现在许多的或主流的性领域（包括性教育）的研究，都不再用Sex

这个词来表达，而用Sexuality来表达，现在用Sex education已经不如用Sexuality education 的多了。Haig只研究对比了Gender和Sex，而不是对比Gender和“Sexuality加上Sex”，就大大限制了它的研究的价值，也容易误导读者。更加上由于美国政府的反性研究倾向很严重，有的实际上的性研究，在题目上不得不故意不但不用Sex，连Sexuality也不用，而用“家庭生活”、“婚姻生活”、“婚姻质量”等等“无性”标题，就更使“题目字”的研究设计变得难以得到正确的结论。

值得注意的是，在Haig的论文中，综述对于Gender概念的一些不同的看法。例如，像D.E.Fletcher（1991），C.B. Goodhart（1992），D.H.Smyth（1968）等在JAMA，Nature，BMJ等很有影响的科学杂志中主张，Gender只应退回到只表示文法性别的老用法中去；或者也有一些学者认为，Gender只可用来表达社会学上的差别，不可用来表示生物学上的差别（J.T. Fishman et al，1999；J.S.Kim & A.N.Nafziger，2000；R.R.J.Lewine，1994；G.A.Pearson，1996；P.L.Walker & D.C.Cook，1998 D.R.Wilson，2000）。另一方面，也有人主张Gender应该变成为Sex的同义语，也就是说过去用Sex表示的内容，完全可以用Gender来取代。这些说法，或者完全否定词语的变迁和发展，完全取消Gender一词，或者否定不同用语（Gender，Sex，Sexuality）的内在差别，都是不可取的，也是行不通的。 这些现象的出现，因素之一是现在还缺乏对于Sexuality的统一而公认的定义。并不是没有这样的适DANG 定义，只是得到普遍的认知，还需要一个过程。而这又构成Sexuality汉译困难的一方面的原因。

七、Sexuality是多义词吗?

也许要把Sexuality看成一个多义词，在不同的语境中可有不同的译法，但这不改变要有一个基本的通用的主要译法。事实上Sexuality是一个复合的或综合的“类词” 般的“多层次概念系统”，而不是一个单

层次单词义的简单用语。不同的人，不同研究者，不同的学科，可能只是使用它多层次中的一个层次，但不能把这个词的基本译法改变，不能把它“单层次化”，只能在基本译法上附加层次译语。

里夫（Harold I. Lief）医学博士，美国著名的精神病学家、婚姻与性治疗专家、性学家。曾荣获“美国性的科学研究学会”杰出成就奖，在宾夕法尼亚大学任职教授多年，编着有《国际性学研究》（1984年），《性学：性生物学、性行为和性治疗》（1982年），《医学领域中的性教育》（1976年），《医学实践中的性问题》（1981年）等书。他的一个惊人的重大成就是：经由他的努力，美国所有的医学院都同意开设性学课程！

1971年，他为世界著名的大型医学教科书《西氏内科学》（第13版）撰写了“性的医学方面”一章，其中对“性系统”（Sexual system）概念的解说，综合性很强，描述了有关“性”（Sexuality）的各种成分和层次：

1. 生物学上的性：性染色体、性激素及其他生殖激素、第一性征（性器官）和第二性征（副性征）；

2. 性认同（又称“性自认”、“性别同一性”）：自认自己为“男性”或“女性”　的感觉；

3. 性别认同：自认自己为“男人”或“女人”的感觉；

4. 性角色行为：a.性行为：为了满足性欲，最终达到性高潮的行为，是肉体的性满足；b.性别行为：像一个“男人”或“女人”的那些社会角色行为。

实际上是把人的“性”（Sexuality）看成是生物学上的性、心理学上的性别、社会学上的性角色，三者相互联系的层次系统。

概括来说，生物学上的性是基础，心理学上的性别是中间层次，社会学上的性角色是更高层次。通常是较高层次包含着较低层次，例如一个社会学上的“母亲”角色，乃是女人的一种社会角色，她总是要有“女性”的内在感觉和“女人”的心理特征，并且也总具有女性生殖器官、第二性征和女性性行为。

通常，这三者是一致的，一个具有外阴、阴道、子宫、卵巢等内外女性生殖器官和性腺的个体，通常总是自认为是一个女性，一个女人，承担着女儿、妻子、母亲等女性角色。但，又并不总是这样。一个“女性异性癖”者，有着女性的一切生物学特征，从性染色体到外阴，全都是正常女性，却自认为在内在本质上是彻头彻尾的男人，以男人的社会角色活动，甚至要求做变性手术，成为有人工阴茎的男人；而“男性异性癖”者却要求医师将其阴茎切掉，做上人工外阴和阴道，以女人的社会角色活动。

正是从这些“性别认同障碍”者的身上，人们清楚地看到，人的性与性别，不纯粹是一个生物学问题，也是一个心理学和社会学的问题。对某些人来说，心理、社会因素比起生物因素来，更占决定性的作用。里夫的性系统概念反映了20世纪50年代以来人类对性、性别和性角色认识的革新和进展。

从生物学上来说，开始男与女是看不出差别的，到一定的时期，由于X性染色体的存在和睾丸酮的作用，就出现了生物性别的差异，出生时，差别就很明显。这种性别的生物学建构，与社会是无关的。有一些生来的性别畸形，也是生物学因素决定的，与社会建构无关。

简单说来，性（Sexuality）的3个层次是可以用不同的汉字明白地区分表示的：

生物性别	Sex	雌性	雄性	阴户	阳具	生物决定
心理性别	Gender	女性	男性	女人味	男人味	生物与社会决定各半
社会性别	Gender role	女人	男人	女性角色	男性角色	社会决定

其实，研究不同层次的学科与学者，完全可以"井水不犯河水"，各做各的，不存在谁对谁错，事实上在研究目标和方法上是很不相同的。

只要互不进入他人领域，是不会有冲突的，是都为社会所需要和尊重的。

因此，在不同领域的学者，对于Sexuality的理解，特别是着重点，不但可以不同，而且必须有所不同。当然，从整体上来说，Sexuality一词从它的开始和标准界定，就是包含了生物–心理–社会（文化）三大层次的。这也就决定了，只有用"性"一个字翻译它，才能包揽无遗。这不等于说，研究Sexuality的人，要生物－心理－社会（文化）面面俱到，样样精通。恰恰相反，需要的是各有所专、各具所长的。

八、现代汉语"性"字的Sexuality化

宁应斌教授曾经深刻指出，以"性"来译Sexuality，等于是在"教导"中文读者一个新的性观念，让西方的性观念更渗入中文文化，这是有些政治含义的。我相信，这种新的性观念的普及与接受，是可以达到的。正像在汉语中本来的"性"字，也不表示SEX一样。日本人首创把英文的SEX译成汉字"性"，现在已经很被接受了。按照中国的古汉语，"性学"应该叫成"色学"，反倒不易理解，以为是"颜色学"了。

不但汉代的《说文解字》中"性"没有Sex之义，就连后来的字书《康熙字典》（1916年）和《中华大字典》（1915年），列有8种意义于"性"字条下，但都没有Sex的意思在内。

然而，在日本1921年出版的《言泉》之中，汉字"性"之下列有五种意义，其中的第四种便说：译英文的Sex一词，表示男人和女人差异。由此可见，大约是在20世纪初（或更早些），日本人最先用汉字

的“性”字来翻译英文的“Sex”，从而开始了现代汉语的Sex（性）概念。著名的十三大卷的《大汉和词典》（1958年）对此作了更明晰的解说。在该词典中汉字的“性”字，字义分成两大部分，第一部分乃是来自中国古汉语的传统词义，共列8条，与中国辞书所见无异；第二部分则明确指出是日本特殊的意义，共列两种，其中第二种是“译英文的Sex，表示男人与女人的差异”，和《言泉》中所说的一致。

实际上现代汉语之中沿用日本人创译的字词很是不少，举常见的来说，社会学（Sociology）、哲学（Philosophy）都是日本人的汉译，被中国人采用，成了现代中国汉语中的常用词，这些词本来的中文译法“群学”、“形而上学”反而废弃不用，或者另作他用了。

我想华人社会中“性观念”的现代化和革命化，就要使Sexuality的概念及其汉译“性”，所包含的多层次多方面的含义被广泛的认识到，并为这些内容的社会化和实际化而努力。“性”字所包括的，应该有宁应斌教授所指出的：性生理、性行为、性解剖、性的物理化学、性言说、性呈现、性符码、性历史、性文学、性意识、性认同、性欲望、性象征、性制度、性规范、性法律、性经济、性劳动、性关系、性意义、性语言、性存在、性文化、性研究、性知识生产、性的个人特质、性政治；以及还要加进去的：性权（益）、性健康、性治疗、性咨商、性教育、性艺术、性工具、性产品、性药物、性犯罪防治、性传播疾病防治等等许许多多“性项目”。假如这些项目都能够得到普及和实现的话，就会是华人社会性福的大增长！

九、Sexuality 汉译中“一般”与“特殊”相结合的方法

（一）Sex和 Sexuality词形不一样

虽然只是一种“辞法”手段，但是直观上Sex和 Sexuality词形是不一样的。因此，会直接提示人们：Sex和 Sexuality的意思是不一样的。在

翻译成汉语时，也要考虑到这一点：使Sex的汉译和 Sexuality的汉译，也变得词形不一样。

（二）汉译的第一要求是准确传达Sexuality的全部意义

Sexuality 的词义简单说是把Sex无所不包的所有意义都包含在内。所以真正的改变是Sex将失去很多意义，只保留一部分直接和性行为相关的意义。因此，用"性"字译Sexuality，不会损失什么。而用"性交"等具体译法去译Sex，也不会给Sex增加不该加的东西。所以，用"性"字作为Sexuality的基本汉译是合适的。

（三）建立一些译法上的"特殊"形式

为了能把过去译Sex的"性"和现在译Sexuality的"性"，词形完全一样的问题，可以在汉译中发展出不同的"特殊"译法。也就是说，Sexuality可以有几个不同的译法。这些译法由一个"一般"部分，即"性"字，加上一个"特殊"的部分。以下是一些可能可取的"特殊译法"：

特殊译法1：基本译法（加原文）

性（Sexuality）

特殊译法2：域词+基本译法（性），例如：

社会－性（Sexuality）

（如果用"社会性"，不妥，因为有歧义："社会性"通常表示"人的社会性"）

特殊译法3：基本译法（性）+"特殊语境词"，例如：

性存在

性实存

性状况

性特质

性欲性

在以上不同的译法中，首字是基本译词“性”，后两个字是“语境词”，代表“前后文”、“本文”的“特殊色彩”、“特殊场景”的语境需要。

（四）统一Sexuality汉译的必要性和社会意义

“名正言顺”，这不但大大地有利于学术的交流，也可以消除和防止一些莫须有的门户之见和学界的分歧与分裂。例如，在台湾存在的“性学”、“性别研究”、“性学所”、“性别所”、“性教育”、“性别教育”等等之间的分歧与对立，我以为很大程度上就因为误以为性学只研究“性”（Sex），“性交”之类的事，或者误以为“性别”的生物基础是不存在的。假如对Sexuality其词有唯一正确的全面认识，这些问题都是伪问题，是莫须有的。在Sexuality概念的唯一正确的全面认识下，大家都是同一大领域的各有专业分工的战友。

（五）使用“特殊”译法的一些技术性规则

1. 只使用基本译法“性”一个字，在表达上有所不足。

2. 使用“特殊译法”不会有害于该文的理解。例如，所讨论的本文，全都是性（Sexuality）的社会方面，完全不涉及性（Sexuality）的生物医学方面，就可以用“社会-性”的译法。

3. 使用“特殊译法”有特别的好的社会效果。

4. 不能也不必普遍使用“特殊译法”，尽可能只用基本译法“性”，或者“特殊译法”的“‘性’（Sexuality）”。

不同模式和选择

人们的性生活，实际上是多种多样的。

女性来说，一般妇女喜欢长久地保持一夫一妻的婚姻之内的性生活，另有一些妇女却偏好“开放婚姻”，夫妇双方都可自由地在婚外寻求性关系，这种公开的婚外性关系，可以是长期的、不断发生的，也可以是短期的、偶尔发生的。例如去参加一次或几次“夫妻交换”俱乐部的活动；至于秘密的婚外性关系，那就更多了。无论婚内或婚外性关系，有的持续时间长，有的持续时间短。有的女性喜欢和她的伴侣住在一起，有的却喜欢一个人独居，也有的人宁愿群居，即3个以上住在一起。有的女性只和同性发生性关系，有的女性只和自己本人发生性行为（手淫、性幻想等）。有些时候，有的女性，根本不想有任何性关系。

以上是就性对象上说的，就性行为本身来说，也是多种多样的。有生殖器与生殖器的阴道性交，有口与生殖器的“口交”，有手与生殖器的“手淫”（自我手淫和相互手淫），有肛门与生殖器的“肛交”等等。而每一种方式又有很多不同的花样和组合，即使以阴道性交的姿势来说，常见的也有几十种之多。

假如涉及性生活的频率和环境，变化就更多了。有的每晚性交几次；有的天天性交，有的几天一次，有的一个月或更久才一次，相差很大。有的喜欢光，有的喜欢暗。有的在床上，有的在地上，有的在椅子上，有的在浴池中，有的在野外，不胜枚举。有的喜全裸，有的还保留某种衣物——中国古代的春宫画上，几乎所有女性的小脚都穿着绣花鞋在性交。

以上说的虽是女性，其实也适用于男性。在性生活方面，男性与女性并没有什么根本的差别。

这篇短文只是列举了事实，所说的全都是客观上存在的，并没有加以评价。就性对象的选择来说，是一夫一妻的，还是多偶的；是异性恋的，还是同性恋的，还是双性恋的，还是自我恋的；是严守婚内才可性交，还是婚前、婚内、婚外均可的，若要加以评价是很复杂的。法律上、道德上有一系列的论说，不是短文说得清的。

简单一句话，这些情况都是存在的，存在就有它的存在理由。从性学的角度来看，它们都是人们的一项选择。每个人都有权作出自己的选择，别人的喜好，不能代表你自己的喜好，你自己才是你选择的标准。有权选择不危害他人、不危害社会的任何性行为方式，应该说是人们基本的性权利的一项主要内容。

维多利亚时代的说教与现实

英国维多利亚（Alexandrina Victoria,1819–1901年）女王在位期间（1837–1901年），是人类历史上对“性”尽可能进行压抑的时代，大多数西方国家都受其影响，美国亦然。那时盛行着空前的拘谨，对女性的性压抑达到了荒谬的程度，女人被认为是不应该有性欲的，性的否定态度，甚至表现在语言的使用上也达到可笑的程度，例如在维多利亚时代一个有教养的女性不能说钢琴有腿（Legs），而要说钢琴有“肢”（Limbs），否则便是粗俗下流。

一个很有兴趣的问题是，到底在维多利亚时代，女人是否在床上享有真正的性生活，是否体验到性高潮的欢乐，那些非人性的社会说教是否成为了人们生活的现实?

要解答这些问题，可从“茉谢尔报告”得到资料。

茉谢尔（Clelia Mosher）是生于1863年的一位杰出的美国女医学博士，用了30年的时间，对47位妇女的性生活进行了长达9页的问卷调查。虽然样本不大，随机性不高，然而这是在维多利亚时代的美国进行的客观调查，是十分珍贵而很有研究价值的。

被调查的妇女是当时教育水平很高的，81%念过大学。这是迄今为止唯一存在的维多利亚时代妇女性生活调查。其结果是非常有趣而令人深省的：

80%（为了理解上的方便，本文换算为百分数）的妇女说她们有性欲；77%的妇女说，她们体验到性高潮；至少有68%的妇女采用过某种避孕措施，例如性交中止后冲洗阴道（在射精之前阴茎抽出阴道然后冲洗之），有几个妇女的丈夫用某种阴茎套，有两个妇女用橡皮帽罩住了子宫颈。

茉谢尔推测，女性迟迟才能达到性高潮，是婚姻冲突的一个重要原因。调查结果证实了这一点。

人对性欢乐的追求并不因社会压抑而真正消失。性压抑时代只是一个令人伪善的时代。

少女怀孕的社会因素

美国15-19岁的少女，每年有11%的人怀孕。比例最高的是内华达州，每1000名少女中有144人怀孕。

就州际差异来说，通常人口密集、居民普遍较穷且流动性大的州，少女怀孕率高于人口稀少的州。后者如爱荷华、明尼苏达、南北达科他州，少女怀孕率较低。

似乎和州的风气颇有关系。少女怀孕率最高的内华达州人力资源厅长杰瑞·格里潘托说：“内州是全国单身父母最多的州，我们又走的是赌博经济，每个父母似乎都有两份工作，孩子在父母疏于管教下，很容易作出非理性的事来。”少女怀孕率最低的北达科他州的一位官员则说：“这和民风保守有关，好女孩不会随便怀孕。”

就种族差异来说，黑人少女怀孕率高于白人少女怀孕率。

问题更突出的是“未婚少女怀孕”。1985年，美国有28万名20岁以下的未婚妈妈，占全国出生率的7%，占未婚妈妈的34%，即“未婚妈妈”中有1／3是年龄在20岁以下的少女。

美国政府每年花在未婚少女妈妈身上的经费达160亿美元，还有许多无法估计的社会成本。

兰德公司在1987年3月21日发表的一项报告对未婚少女妈妈的家庭和教育背景作了调查。这项题为“谁会成为少女未婚妈妈？”费时两年耗资30万美元的研究，对全美13000名高二学生进行了调查。报告称：

少女发生性行为者15岁占18%；19岁占66%。黑人女性发生性行为较白人少女早，增加速度也较快。

成为未婚妈妈的危险性，在不同背景的少女群中，大不相同。来自贫穷、家长为女性的家庭、自身为失学的黑人少女，比率最高，每千人之中有250人成为未婚妈妈；比率最低的是富裕双亲家庭中长大、受过较高教育的白人女子，1000人之中只有1人可能做未婚妈妈。

报告的作者莫里森和韦特说：未婚妈妈并不仅仅是“意外”造成，而与个人之态度有关，如果你能让少女了解未婚妈妈每天要面临

的现实困难，就可能阻止其发生。加强家庭关系、增加上大学的机会、增加就业的机会、加强性教育，都有助于防止少女成为未婚妈妈。不愿意做未婚妈妈的少女，通常都不会变成未婚妈妈。

男性强奸受害者

强奸通常都是女性受害，即男人以各种方式威胁女人而加以奸淫。但是，实际上男人被强奸也并非很罕见。纽约市的一家“强奸危机处理中心”报告，来该处求助的强奸受害者有20%为男人，或者说1／5是男性。对一所学院的匿名调查揭示，有9%的男性被调查者，称他们曾是性行为的受害者。

众所周知，女性被强奸后，大多数并不报案。男性被强奸后，报案的甚至比女性还要少。所以，很难得知到底有多少男人被强奸过。但是，现在已得到的那些统计数字已表明，男性强奸受害者比一般所想象的要多得多。

然而，与女性被男性强奸不同，男性强奸受害者被女性强奸只占了很小一部分。大部分男性强奸受害者是被另一个男人强奸。

不久前的一项全美国范围的调查表明，8个男人中有一个会在一生中受到性威胁。而且，看来只有1／10的男性强奸受害者会报案。

人们都知道，女性在被强奸后身体上和精神上有不少损伤，需要很好地加以治疗；而现在发现，男性在被强奸后，假如不经良好的治疗，其身体上和精神上的损伤会维持很长一段时间。由于男性强奸男性，所施加的暴力要大得多，并且更多的是轮奸，几个男人强奸一个男人，所造成的损害要更为严重得多。被强奸的多半是男少年、或男青年、或男老人，他们在体力都不如强奸者强壮，而容易受到伤害。

由于男性通常不像女性，很少从小便有对强奸的恐惧和心理考虑，所以，一旦受到强奸，所引起的心理震荡比女性强奸受害者还要严重而持久。并且男性强奸受害者还害怕别人称他们为“同性恋者”，比起女人被男人强奸，多了一层社会心理上的负担。男性被强奸后，对“自我”、对“男性感”的损伤也比女性受害者重，因而被强奸后的压抑反应也更强，自杀的发生率也高于女性强奸受害者。

不少男性受害者不愿意将受强奸的情形描述给另一个男性医师或心理治疗师，也许女性医师或心理治疗师受理男性受害者会更好一些。

有数据显示，少年男性受害者，在往后有较大的犯罪倾向，包括谋杀在内，因此，帮助男性强奸受害者恢复心身健康是需要一个很长时期的。

性的伦理

性的伦理，即性的道德，乃是对人类性行为的一种约束和限制。

在大约300万年前的最初的原始人那里，这种限制，即使是有，大概也是很少的。那时是杂交的血亲婚配。此后，经过血缘家庭、普那路亚家庭（族内婚的血族家庭）、对偶家庭、一妻多夫制家庭、一夫多妻制家庭等等，发展为现在占优势的一夫一妻制家庭，只承认合法婚姻的婚内和婚后性生活才是合乎道德的，这一人类文明的重大进步，有着很大的积极意义：排除血缘亲属之间的婚姻，创造出更聪明、更强健的民族，是最有效和最基本的一种优生措施；排除婚外和

婚前的性生活，有利于家庭和社会的稳定和幸福。

性的伦理，是文化的一部分。因此，它随文化发展的不同阶段而有不同的评价标准。“文化”是社会学上的一个基本概念，简单说来，“文化是一个民族特有的生活方式，是这一民族的人民普遍认可的思想意识、行为规范、信念、情感、风俗和价值观”。现代，世界上的文化也有很悬殊的差别。伊朗允许一夫多妻，尼日利亚北部一些地区则仍存在一妻多夫的遗风。即使在同一文化区域之内，也很难把性的伦理绝对化，把“童贞”绝对化，把它看得高于一切，把“从一而终”绝对化，排斥婚姻的可离异性，等等，都会带来悲剧。事实上，过去和现在都有不少的男、女，由于陷入某种凝固的、绝对化的伦理观念，而处于痛苦的深渊之中。

性的伦理，是最敏感的，也最受到社会上某些人的极端注视，以致达到荒谬的程度。例如，在早已不是“男女授受不亲”的今天，《中国妇女》1981年第11期不得不向社会公开声明：男同志可以看《中国妇女》！因为，竟然有的男性在看了“女性杂志”——《中国妇女》而被“领导批评”，有的被强行退回订单，有的被强行扣押刊物！《中国青年》1982年第2期不得不向社会公开发表一些中学生的苦恼：男女同学之间彼此隔绝之风使得他们无所适从。

性的伦理是社会的。社会是不断变动发展的，因而对什么行为合不合乎道德的评价，也是不断变化发展的。1922年，美国芝加哥的女警察，以四位妇女的游泳装有伤风化，而将她们拘捕。事实上，这4位女士不但穿了裤子、凉鞋，而且其游泳衣将胸、腹、臀部全都遮盖，其裤腿长度也超过短裙，也许在1962年（更不用说1982年），就连东方的一般妇女都会嘲笑这4位“败坏社会风气”的西方摩登女士封建保守得可笑。美国护士玛格丽特·桑格（1879–1966年），从1914年起，在美国破天荒地宣传避孕，竟遭到赫赫有名的纽约道德维持会会长康斯托克的起诉，前后8次被捕入狱，并被某些州的医学会宣布为不道德的。今天，玛格丽特·桑格，作为世界计划生育运动的先驱，而享有崇高的声誉。美国法规却迟到1971年才将“避孕”一词从“猥秽字眼”中抹掉。在并不多久以前，“避孕”和“计划生育”都会被当做“淫秽、可憎、肮脏、下流和令人厌恶”的东西！

因此，既要坚持高尚的性伦理，又不要被某些要别人“灭人欲”的“假道学”满口“道德”的苛责所吓倒，一种真正文明的性道德观念，在社会上得到普及，实在是促进人们之间的良好关系，促进家庭和社会的幸福的一个极为重要的环节。

从性学角度看性与权力

一、权力

人们说到“权力”，意义常常并不明确，要认真考察他们实际上所说的是什么。有时他们指的是可以用枪来杀人、用法来管人的国家、政府的“政权”，有时他们指的是可以用拳头来打女人的“夫权”、有时他们指的是可以用宗教规条来控制人的“神权”、有时他们指的是独霸一方的“族权”、或“位高”或“影响很大”的“威权”（权威），有时他们指的可以是用钱来压制人的、老板的“雇佣权”、有时也可指“倾城倾国”的迷倒人的“媚权”等等。也就是说“权”字也是多层次的、多义的、模糊的，有时是歧义的。所以我们先要讨论人们所说“权力”的不同。

权力（Power）有各种不同的定义。

权力和原因是同一回事，行动者的权利和有效的动因是一回事。

（Thomas Hobbes 1588–1679年）

权力是在社会交往中，一个行为者把自己的意志强加在其他行为者之上的可能性。（韦伯，Max Weber 1864–1920年）

法国思想家米歇尔·福柯（Michel Foucault, 1926–1984年）是大谈“权力”、大力研究“性与权力”的著名学者，曾被称为“权力哲学家”。

福柯认为，权力是一种势力关系，势力就是权力，权力关系就是一种主体行为作用于另一种主体行为，即人管理人、人控制人、人对付人。这种作用具体表现为鼓动、促使、扩大或限制，等等[1]。

福柯声明他并不是一般地对权力问题感兴趣，他指向的是权力关系，而不是什么实在的权力，而且也不是人们通常所说的权力。他指出：“事实上存在着权力关系，它们是多种多样的，它们有不同的形式，它们可以在家庭关系内、在社会结构内或者在行政机关内运作，也可以存在于统治阶级与被统治阶级之间。它指向一个研究领域，并不特别只指向某一种形式。在福柯看来，权力是一散布的、不确定的领域。[2]

其实，他说的权利与传统权力理论，确有明显的差别。

传统的权力理论认为，权力是被某些人占有的，而另一些人没有权力；福柯却认为，权力是不能被占有的，它只是运作着；

传统权力理论认为权力是独立存在的一种力量；福柯却认为，权力是在各种关系之中，而不是在它们之外独立存在的；

传统权力理论认为，权力是自上而下的，有权力者在上，无权力者在下；福柯却认为，权力是自下而上的，也不存在一个界线分明的

1　于奇智：《傅科》，台北，东大图书公司，1999，第159–160页。

2　杨大春：《傅科》，台北，生智，1997，第107–108页。

二元对立结构；

传统权力理论认为，权力是有主观意识的，它可以做出独立的选择和决定；福柯却认为，权力是非主观的，不能由个人做出独立的选择和决定，权力也没有一定的目标；

传统权力理论认为，某些人是处在权力之外的。他们对权力的抵制是在权力之外作出的；福柯却认为，没有人能够处于权力之外，所有的人都处于权力之内，他们对权力的反抗和抵制也只能是在权力内部。

福柯将自己的权力理论概括为以下5项定理：

> 1. 权力不可能为人们所获取、把握或分享，人们不能把握它或让它溜走：权力的运用来自无数方面，在各种不平等与运动着的关系的相互影响中进行。它以一组参差不齐、变动不居的关系，从无数的地点中被行使。权力既来自下层，又来自上层。
>
> 2. 各种权力关系并非处于其他各类关系（经济过程、知识关系、性关系）之外，而是存在于这种关系之中。
>
> 3. 权力来自下面，从权力关系根源上说，也就是统治者与被统治者之间不存在全面彻底的二元对立。它们不是受控于统治阶级与被统治阶级之间在日益缩小的社会集团里自上而下产生出来的总体二元对抗，而是在工厂、家庭、机关、形形色色社会团体中形成和运作。局部的对抗通过系列依次返回，从而产生了新的阵线、新的联合、新的冲突。
>
> 4. 权力关系既是意识的，又是非主观的。任何权力的运用都有一系列目标和目的。但这并不意味着它是由哪个个人的主观意识来选择或决定的。这些权力关系不可归因于个人

主体，甚至也不能归因于统治阶级，而是以无名的方式从它们首次出现的局部地点产生出来。

5. 哪里有权力，哪里就有阻力。然而，或应该说因此，这个阻力在权力问题上从来没有处于局外外置。人们始统处于权力"之内"，逃避它是不可能的。正如没有权力中心一样，也没有反抗中心和居于反抗中心的统一阶级。存着许多形形色色的反抗，而每一种特殊情况都以不规则的方式分存于不同的时空之间。有时，一系列反抗的汇合导致了一场重大的变革。但是，反抗就像权力一样，而且与它结下不解之缘，通常也发生在无数的、易变的、暂时的地点上。

事实上，"权力"二字，在不同时代、不同国家、不同民族、不同文化、不同对象、不同环境、不同人的口中，具体含义是并不相同的。我们无法列举出"权力" 二字有多少种含义，只能指出你要注意分析论者所论的真实具体意义。

二、性与权力

既然"性"和"权力"，都是意义常常并不明确的多层次的、多义的、模糊的、有时是歧义的词语，所以关于"性与权力"的论断，不管是谁说的，都要加以分析。不但是各有所指，而且有时互相矛盾。虽然不能断定没有一句不是全不对的，但是可以断定没有一句是全对的，每句只能有它片面的、相对的真理性。然而，却可能都很动听。

（一）性就是权力

一位在台湾很是出名、中国内地出身的美国年轻的女作家说过：

> 仔细想想，性爱难道不是宇宙间一切关系的根本？性当中包括理想、美学、哲学、政治、一切。
>
> ——严歌苓："从雌性出发"，《好书快递》（4），北京席殊书屋有限公司，1998年。

（二）权力、财富、创造离不开性

1978年第一个"试管婴儿"诞生后，现已有几十万个"试管婴儿"诞生；"无性复制"的"桃莉羊"诞生，使"人的无性复制"成为一种现实的可能。伦敦大学进化心理学家米勒指出，人类生活中每件铺张炫耀的东西，从诗词到快速跑车，都是根植于性的逞强好胜。

（三）政治权力"管制"性事

大权在握的政治家、立法者通过警察、法律、枪支管理老百姓的性生活。他们应该要为社会制定合理而有效的涉性法律和政策，既不能太保守，也不能太前卫，既不能太死、太紧，也不能太活、太松，当然，总是要不断向前发展，要越来越开明。这样的法律和政策，才会给民众带来更美满的性生活，并提高整个社会的幸福程度。

有没有太保守的、不合理、又无效的法律和政策呢？当然有！例如，1986年，美国联邦最高法院的大法官便通过一项法令，指"肛交"为犯罪。这法便是太保守的，其目的是反同性恋，但又不敢明言，就转而反对"肛交"。它是无效的：法官无法去看看人们晚间用什么方式性交，也是不合理的。同性恋、异性恋都可以选择"肛交"作为一种性行为的方式，完全是两个个体之间的私事，别人无权干涉。假如引用《圣经》对性交体位的规定，那就违反了"政教分离"、"信教自由"的原则。事实上，同性恋者的权利和社会接受程度，并没有因这不当的立法所阻止，反而是日益发展了！

（四）性事干预权力

性的因素无论在历史上，还是在当前现实中，也无论在中国，还是外国，都不时或温和地，或顽强地，或主动地，或被动地，进入并影响政治生活或政治势力。

这就是许许多多名称下的事实：“昭君和蕃”，“文成入藏”，“政治婚姻”，“美女计”，“美男计”，“色情间谍”，“以色谋权”，“以权夺美”，如此等等，不可胜举。由于这些事，特别是它们的影响，是暗中进行的，因此，如此种种，到底对历史和现实政治有多大影响，是不容易判别清楚的。

明朝末年，闯王李自成攻占北京，到底是不是对美女陈圆圆的争夺，使吴三桂愤而引清兵入关入主中原，在这个风云变幻的过程中，是不是一代佳人陈圆圆的性因素被动地起了一个关键性的作用，是很难肯定或排除的。据称，大将刘宗敏抢掠了吴三桂的府第，并强占了吴三桂的妾陈圆圆，命她侍寝，吴三桂在山海关闻讯，怒发冲冠，拍案而起。本来对李闯王已有归顺之意的吴三桂，这时决定打开城门，迎清军入关。这是在两股势力对峙的情况下，一个绝对巨大的力量变化，从此，中国开始了267年满清皇朝的统治。

公元前500年，古希腊皇后、倾国倾城的绝代佳人海伦王后和风流倜傥、英俊潇洒的特洛伊王子帕里斯上床私奔了，为了这件事引发了这两个国家长达10年的战争，双方出动了几十万兵马，十万艘战艇，打得天昏地暗，血流成河，最后希腊奥德修斯献计，用“木马计”才把特洛伊城堡攻破。而这一切是不是真的就是这两个人的性爱所致？

维多利亚女王年轻时已与西班牙王子订婚，但后来父死弟幼，她为了保住江山父业，多次拖延婚期，恼怒了西班牙王子。于是王子

派出西班牙最强大的无敌舰队和数万精兵前往英国征伐，实行“抢亲”。谁知舰队一出海就遇台风，舰队在大洋中飘荡，船里数万精兵个个呕吐，舰队抵达英国时，已是兵疲力竭，失掉战斗力，维多利亚下令抢船抓人，把几百艘战舰归为已有，武装英国的海军，枪械武装了军队。西班牙的海上雄风从此画上休止符，英国却从此开始扩大对殖民地的掠夺，并取得世界贸易和工业的垄断地位，称为“日不落帝国”，是不是性与婚姻给了西班牙与英国如此不同的历史命运?

曾经叱咤风云、不可一世，几乎席卷欧洲的枭雄拿破仑一世最后兵败，其中一个重要的原因是“醋海情波”。拿破仑起初追求美丽的巴黎尤物约瑟芬时真是情如胶漆，并封立为王后，但二人结婚11年之后，拿破仑又在一个舞会中巧遇奥地利年轻漂亮的公主，惊叹她为仙女下凡，迫不及待地要和她行周公之礼，可是公主要求拿破仑要罢黜王后约瑟芬才肯答应。这时欲火烧身的拿破仑完全答应她的要求，二人终于上床欢度春宵。约瑟芬被废后，妒恨在心，故意把军事机密泄露给敌方，这是对拿破仑一个致命的打击，滑铁卢一役几乎全军覆没，最后被俘，被放逐到圣赫勒拿岛。拿破仑果真是败在女人手中的吗?

当然，历史唯物主义者是不可能接受“性”是以上事件的决定作用的。笔者也不敢对以上历史“戏说”作任何肯定。但正是唯物论的要求，使得性这样一个具体而实际的因素不应简单地排除在外。只要能认识到性确实是一种可以影响到政治和权力的因素，也就够了。

（五）政权中的“性权”战

这里的“性”主要是“性别”和“性角色”的意思。

人类历史上，男性中心社会持续了几千年。自从19世纪中叶以来，女性从要求选举权、受教育权，进而就业权、同工同酬等等社会

平等权利，再而参政，在国家的管理中也要占合理的位置，当然，在西方的“性革命”中，也提出了女性的性权利，不再忍受以往只把女性看成被动的性乐对象的角色。进而一些从事过色情行业的妇女出来竞选国会议员，为“性产业”的从业者争取合法地位，等等。西方妇女解放运动、女权运动日益开展，取得了一个又一个的胜利，现在的政坛已经不可能不注意到女性权利和地位的提高。这一趋向正方兴未艾。

（六）性的权利与权力的性

麦柯·赫奇森（Michael Huchison）在其《性与权力》一书中提出：“我们的世界其实是由性欲伪装成政治意识形态的，权力的追求则是戴上性道德的面具而推动的。”

1970年，美国总统尼克松收到“Report on Obscenity and Pornography”，报告认为色情品并无危险，并说：“政府对道德抉择的管制将剥夺个体自作抉择的责任。但是，要建立真实的道德标准，这种自作抉择却是不可或缺的。”尼克松立即谴责报告“道德破产”，并且声明“如果我们对色情采取纵容的态度，就会在每一个领域制造宽恕的无政府气氛，因而对社会秩序和道德原则构成危害。”（《性与权力》p.340）

“男性要成功地生殖，侵略性的、主动的权力是必要的，可是，这种权力却不断地与女性的权力对峙，而女性的权力，就是吸引和选择的权力。”（《性与权力》p.231）

“性就是权力。性让我们对性伴侣有权力。”

基辛格说：“权力是终极的春药，有权力的男人，能够吸引漂亮女人，而且，权力能够加强生活本身的性快感。权力就是性。”（《性与权力》p.343）

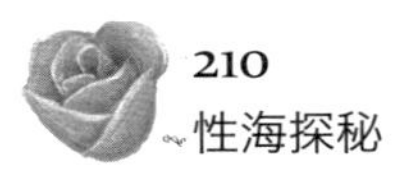

（七）性是权力得以实施的手段

福柯说：“性成为国家与个人中间的一个问题，一个公开的问题；在它之上结成了话语、专门知识、分析与禁令纵横交错的网。”“权力并不害怕性，相反，性是权力得以实施的手段。”

权力对性的管制是从禁止乱伦开始的。因为人类发现，近亲繁殖会导致人种的退化。在人类文明史上，禁止乱伦是文化的序幕，而从禁止乱伦起，性欲就再也无法摆脱权力的笼罩。

使性摆脱权力的控制就是要在性上做到完全的随心所欲，是性方面的越轨和犯规。

性不但一直在权力的话语中被当做控制生命和个人的工具，而且它已经到了“性的专政”的地位。性并没有被剥夺，而是一直在喋喋不休。

“权力已把人变成了性爱怪物。”按照福柯的看法，这几个世纪以来，我们所经历的根本不是性压抑，而是性的专政。福柯竟至于提出这样的口号：应当打倒性爱专政，发现其他类型的身体快感。

AIDS时代人们正在发掘一些“非性的性”或“非性交的性交”（Fucking without fuck）, E时代更创造出一些无接触的性行为，从电话性交到网上性交，也许都是“发现其他类型的身体快感”。

（八）性是一个没有任何现代权力体系能够忽视的资源

福柯曾说：“……在我看来一切问题的中心在于：什么是权力？更确切地说：它是如何运作的，当一个人对另一个人行使权力时，究竟是如何行使的？在我看来，性在所有的社会中，尤其是在我们的社会中，是受到严厉规范的，因此它是一个检验权力机制实际上是怎么一回事的最佳领域。”

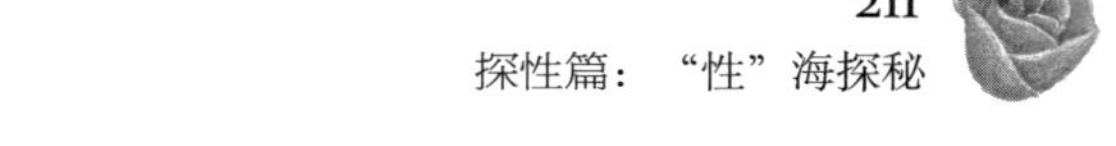

“性是一个没有任何现代权力体系能够忽视的资源。”

（九）暴力就是权力：权力和暴力分不开

这一点既见于社会生活，也见于性生活。“抢婚”是最明显的例子。

（十）知识就是权力：权力和知识分不开

这一点既见于社会生活，也见于性生活。“假知识”（以知识的面目出现的“性迷误－性迷思”、“性执著”）对性行为、性生活的强有力的控制”是从反面的最明显的例子。

特定的知识造就了医生、教师、法官、经理等等的特定权力：检查权力（医生有权检查女人的乳房、生殖器，他人无此权力）、评分权力、审判权力、管理权力。

（十一）财富就是权力：权力和金钱分不开

这一点既见于社会生活，也见于性生活。“商业性活动”是最明显的例子。

（十二）性吸引力就是权力

我们说，性吸引力就是权力，或权力是性的仆人：权力向性吸引力“俯首称臣”。

谁能说不可一世的纳粹头目希特勒当年不是权力的化身？谁又能否定当他倒在地下要他的性伴侣踢他，希特勒那时不是性的仆人，或女性的仆人？

虽然许多大有权势的大官、大老、大霸不像是希特勒那样的被虐狂，但他们倒在“石榴裙下”时，谁又不是性的仆人，或女性的仆

人？那些“不爱江山爱美人”的帝王、太子是最典型的例证了。

在中国内地那些被枪毙了的腐败官员，哪个不是为美女送了命的性的仆人，或女性的仆人？下面是一个最新的例子：

> 为“红粉情人”，偃师市建行原副行长昏了头，他先与原配妻子离婚，接着就和“红粉情人”结婚，在娇妻的怂恿下，他挪用公款1100万元，然后双双畏罪潜逃。没曾想，逃到桂林后，“患难与共”的娇妻却另择高枝，投入他人的怀抱。背井离乡，举目无亲的副行长，只好忍气吞声栖身于“变节妻子”门下，以打杂、开车、看门度日。（网上，2003年4月14日）

大部分男人是“异性恋”者，女人多半是有机会在“性别战”中至少出头一时的。

为人之母，支配子女，为人妻妾情妇，迷倒大官富商，谁能说女人总是被男人欺负，女人永远是无权的那方？（即便“常是”也不是“总是”）。

（十三）从个体说来，权力和性都既是排外的又是合群的

“天无二日”向来是封建社会帝王将相和腐败官僚行使权力的要项，也是“性爱自私”的要求，都不希望他人来分享。

然而，在历史上，即使大权独揽的统治者，也要有死党在左右；性爱本来就要有他方的存在，本质上是个体间的交流，进而3P、4P、多P，又表现出性爱的合群，从而为权势者的“三妻四妾”，以至“后宫三千”提供说词。当然，在性别不平等的社会情况下，能拥有多性伴的大多是权力优势的那方。

（十四）权力是性的塑造者

福柯最重要的思想之一是：我们现在所拥有的"性"，我们把它当做"事实"的性，并不是一种与生俱来的东西，而是被18世纪的性的机器制造出来的产品，是不断变换的性的话语的产物。这就是性的社会建构论。他认为，权力造成主体，为主体提供存在的条件，规定主体的欲望的正确轨道。因此，权力并不是我们应当简单加以反对的东西，在很强烈的意义上，权力是我们存在的基础，是我们自身的安身立命之处。权力把它自己强加给人们，人们被它的力量战胜，内化和接受了它的概念。权力建构了主体。话语建构了主体。我们不是和权力对立的存在，我们是由权力造就的存在。

屈从不是由权力强加在主体之上的，而是造成主体的。有权力就有抵抗。

（十五）权力是性的控制者

李银河指出，性与权力关系的要害就是权力对个人行为的管制，这个思想属于20世纪最重要的思想家福柯。他曾这样概括过他一生所做研究的关注点："我试图抓住3个问题：真理的问题，权力的问题，个人行为的问题。"

权力对于个人性行为的管制主要表现为否定所有的非婚性行为，所有不以生殖为目的的性行为，并以这一标准制造驯服的身体。

实际上，至少在西方，这是为基督教的"神权"所规定出来的：每一宗教都对性采取某种态度，并影响以至决定其信徒以至整个社会的性观念和性态度。以基督教为例，奥古斯丁（Augustinus，354–430 AC）是天主教和基督教都尊奉的性教条的主要制定者，奥古斯丁在基督教等级中升迁颇快，并来带了许多摩尼教的性观念。性交最终被奥古斯丁看作是对精神自由的最大威胁，他如此写道："我知道没有什么东西能比女人的爱抚和身体缠结，更易使男人的智慧败落低下。"出于这种态度，奥古斯丁虽然知道《圣经》认为有些性是正当的，但他还是难以认可任何形式的性。他得出结论，只有出于生育目的之性交才可被看做是正经的。独身生活在他看来是最高的德行，因为性交从根本上说仍只是兽行欲望，然而，在婚姻里，也只有在婚姻中，出于生殖需要的性交才合乎道德。性交既有善也有恶，唯有通过生儿立嗣，恶举才能转化为善行。在考察了各种各样的性交形式和姿势后，奥古斯丁下了结论，正确的姿势是女方在下，脸朝上，男方在上。他反对任何的前戏活动，并确信唯一正当的部位是阴道，与之相配的正当工具是阴茎。所有其他形式的性行为都是邪恶的。

这样，西方教会的基本的性态度就因奥古斯丁而确立了。贞操是完善的境界，但对做不到的人，结婚还是被允许的。婚姻中的性交被宽容，但只能以生殖为目的。

虽然基督教会从未彻底弃绝过性，但它的权威领袖也从未对保留了一点性而感到坦然。他们之所以保留，只是因为《圣经》上有过许可。

如此，基督教——如果不在实践中，至少在精神上——变成禁欲，只以生育立嗣使性交合法化。不可避免的结果是，任何不会导致生殖的性交都是有罪的。甚至，即使一次性交孕育了小孩，性本身也不能让人足以感受快感，它只应是敷衍的义务。以最好的程度而言，教会神父把性看成是可容忍的东西，一种能导致生殖的必要罪恶。

长久以来，这些信念塑造了西方的主流态度。美国人，无论是不是基督教徒，都是这种传统的继承者。

因此，性是社会力量的产物。

权力影响了每一个具体时代、具体社会的"科学知识"的形成，

宣称只有那些被选中的行为才是自然的行为，谴责其他的行为是不自然的行为。福柯认为，性是权力与知识相互作用的产物。

（十六）反权力对性的控制就是要"从性中解放"

为了反对权力对个人性行为的管制，福柯不仅反对各种关于"变态欲望"的"科学发现"，而且提出，应当从"性解放"转变到"从性中解放"。

福柯创造了这样一种对于权力的看法，压抑并不是来自一个高高在上的权力，而是弥散的、参与式的。

我们不是权力的受害者，而是它的共谋犯。

因此我们的反抗不应针对一个有形的、固定的权力，而是针对一个无形的、流动的权力。我们的反抗就应在此时此地。如福柯所言：有权力的地方就有抵抗。

福柯强调抵制（Resistance）不强调解放（Liberation），主张通过合作的方式而不是对立的方式改变权力，哈贝马斯说福柯是新保守派，是反现代派，是政治沉默派。但是福柯理论中含有彻底的自由精神和潜在的革命力量。福柯坚持认为，解放只是一个否定，而抵制却包括创新在内。抵制不是简单的否定，而是一个创造的过程。

（十七）权力与性的论断是多种多样的，是一幅变动而模糊的画面

读了以上未尽的种种对于性与权力的论说，难道你就清楚了性与权力的关系吗？

没有！也许越来越糊涂。

那么，知道这些说法有用吗？

有！只是你必须择时、择地、择人、择事去灵活运用。

略论性社会学的建立和性的划分

——兼评“中性人的社会处境”

“性社会学”（Sociology of sex）作为一个学术研究领域，是已经确立了的；作为社会学的一个专门分支，其体系则尚在建立中。

台湾大学社会学系郑为元教授1985年冬在“变迁中的性别角色座谈会”上，以“社会学的妇女研究”为题的演讲中说：

> 社会学的妇女研究已经成为为数约20个特殊社会学中新兴的一个特殊领域，已脱离传统上附属于家庭社会学（Sociology of family）成为所谓性别社会学（Sociology of sex and gender）。在社会学之书评学报（Contemparary sociology）中Gender为独立之一门。所谓Gender意指社会的因素促成之性别差异，有别于sex是一种生物差异（台湾大学人口研究中心妇女研究室编印《妇女研究通讯》创刊号，1985年12月，第11页）。

郑教授指出Gender与Sex有区别，这是很对的。在我们看来，英语sex、Gender、sex role（或Gender role）三词，分别指人类在生物学上、心理学上和社会学上的性差异，似乎宜分别译为性、性别、性角色。因此，“性别社会学”当是Sociology of gender 的专用译语，Sociology of sex and gender 似应译为“性与性别的社会学”。假如要用一个英语词来兼指性、性别、性角色，似乎只好用Sexuality；假如一门社会学分科，要包含此三者在内，似乎可以称之为Sociology of human sexuality，或简称为Sociology of sexuality。自然，Sociology of sex ，Sociology of gender，Sociology of sex role（或 Sociology of gender role），则分别着重某一个方面的研究，可分别译为性社会学、性别社会学、性角色社会学。

郑教授指出，Contemporary Sociology中Gender为独立的一门。这是属于Sociology of gender（性别社会学）的。事实上，在Contemporary Sociology中，还有另一个独立的门类"intimacy，emotions，human sexuality"，则在较大程度上属于性社会学（Sociology of sex）。

假如我们引用1953年开始出版的、多年作为国际社会学会的正式刊物的"社会学文摘"则可见到，从1960年起，便开始有了一个独立的文献门类："性行为的社会学"（Sociology of sexual behavior），至今已有26年的历史。足可证明性社会学作为一个研究领域，是已经确立了的。性行为的社会学，纵非性社会学的同义语，至少也是性社会学的核心。

美国社会学家Heuslin（1971年：1-410）编的《性社会学研究》一书，有18位作者就婚前性行为、性高潮、流产术、性与暴力、职业与性、同性恋、性研究与社会学等课题进行撰述。后来，又出了第二版，更名为《性社会学：入门选读》（Henslin & Sagarin，1978年：1-288），有17位作者就大体相似的课题进行了讨论。第一版较短的"引论"代之为第二版较长的专论"走向性社会学"，表明了人们对建立性社会学这一个专门分支的努力。在这篇文章中，Henslin教授说：

> 性社会学并非社会学的周边领域，它所研讨的乃是作为社会秩序的基础之中心的社会学问题，并研讨社会文化诸群体对于人类行为的影响。

1978年，美国社会学家Kando（1978：II）写道：

> 性社会学研究有关性行为的特定领域，并且，由于某种原因，经常把注意转向一些差异形态，例如色情品（pornography）、强奸、娼妓和同性恋。

从Henslin 教授和Kando教授的著述中，大体可以看到致力于建立性社会学的社会学家们，是如何确定性社会学的研究对象的。并且也反映出人们开始认识到性社会学是社会学的一个重要的分支。作为一个专门的社会学分析，有待于加强研究，形成体系，开设课程。

有时，人们把性社会学称为“两性社会学”，“两性社会学”这个名词并不是新近才有的。1937年商务印书馆出了一本书，是社会学家李安宅译的，由许地山、吴文藻校定的，书名便叫《两性社会学》，副题是“母系社会与父系社会的比较”。当然这本书叫做“两性社会学”，其实并不是现在我们所用的“两性社会学”的主要含义之所在。那本书是著名人类学家和社会学家马林斯基1927年的著作，原来的书名是《野蛮社会里的性及抑窒》，只是对初民社会的一种性社会的专门研究。

我们虽然也曾沿用“两性社会学”这个词，但并不赞同它。因为这个词有一个不小的缺陷，即把“性”看成只是“两性”。事实上，性社会学不仅要研究男、女两性，而且，也要研究不男不女（亦男亦女）的第三性。第三性的研究，已经是社会学家必须面对的一个新课题。

我们很高兴看到“台湾大学社会学刊”（第十七期）发表了一篇题为“中性人的社会处境”的论文，这是新加坡大学高级讲师麦留芳对10名新加坡“男扮女装之娼妓”的研究。论文是用英文写的，英文

题目用的是"第三性"（The third sexual category），中文摘要题目用的是"中性人"。我们认为用"第三性"更为准确，"中性"意义含混，易于误解。该文对新加坡及马来西亚华人社会中通称为"人妖"（Pondans）的10位男性多方面的情况进行了描述，并且提出了"传统的职业结构及社会分工制度似乎尚未把同性恋者，或中性人考虑在内"的意见。这确实是一个值得研究与解决的社会问题。

麦留芳先生不满于社会只把性区分为男性与女性的二分法（A dichotomous classification），要求人们注意到第三性的社会存在，我们也有同感。不过，我们要提出来商榷的是，麦留芳先生把同性恋者（或者更局限一点说是"男扮女装且卖淫对象为同性的娼妓"）当成是第三性，这是不正确的。麦留芳先生的论文标题显示他要描述的乃是"第三性"，而论文的第一句话就说明了所要描述的乃是在新加坡称之为人妖的一组同性恋者（About a group of homosexuals in Singapore know as pondans）。所以，我们说麦留芳先生将此种同性恋者当成是"第三性"，并非出自臆测。

同性恋者是不是第三性？要回答这个问题之前，先要搞清楚根据什么来划分性？存不存在第三性？第三性包括哪些人？

根据人们在性方面的特点，可以将人类作出种种不同的分类，例如可以根据人们对性行为对象的选择性，把人类划分为异性恋的、同性恋的、双性恋的；可以根据人们如何装扮自己，把人类划分为男性装扮的、女性装扮的、无性装扮的（即不分男、女）等等。然而，这些都不是对"性"本身的区分。作为一个人基本确定特征之一的性，是怎样确定的呢？按一般常识：是根据外生殖器官的形态。毫无疑问，这是正确的。因为根据逻辑学的基本要求，任何一种划分都应只有一个根据。对性的划分来说，这个根据应该是：自古就有的、古今如一的、世界各国一致的、婴儿出生之后立即可以判断的；并且把

这种判断作为法定的记录载明于出生证明之上的。因此这种划分不可能与后来才出现的某一个人感觉自己是什么性别、某一个人装扮成什么性别、某一个人从事何种职业等等同时加以考虑。自然，和几千年以前相比，今天我们知道，比外生殖器更重要的，是内生殖器，特别是性腺（男为睾丸、女为卵巢）的差别；而更为根本的乃是“性染色体”的差别（男为“XY型”、女为“XX型”）。但是，这并没有改变性划分的标准。简而言之，性划分标准是生物学的（外生殖器、性腺、性染色体等都是生物学的成分）、是与生俱来的、是诞生之时要立即加以判断的，因此，也就必须是生物学的，而不可能是心理学的，也不可能是社会学的。

究竟第三性存不存在？当然存在。但是，确定第三性的标准，必定是上面说的性划分的同一生物学标准。在逻辑学上、法学上，都不能容许再换另外一种标准来确定第三性。

第三性包括哪些人？无可争议地，“性别畸形”者（通常称为“半阴阳人”，专业术语则称“雌雄间性”）是第三性。在发育完全的半阴阳人身上，可以同时见到男性和女性的外生殖器。从性染色体来说，也可以见到“XO”（只有一条X染色体）、“XXX”（有三条X染色体）、“XYY”（有两条Y染色体）等种种不同的情况。性别畸形的表现，很复杂，这是生物医学上的专门内容，不必在此多加讨论。这里只需要用性别畸形的情形来证明，确实存在着“不男不女”、“亦男亦女”的第三性。而且，他们之所以被列为第三性，是因为生物学上的原因，并非由于他们的性别心理和社会角色。

这里特别要提出讨论的是，笔者认为，做了改变性别手术的异性癖者，应该认为是第三性者。

异性癖者（Transsexualism，Transsexual）具有与常人不同的“性别同一性”（Gender identity）。常人在心理上的性别感觉和解剖学上的性

别状态是一致的。一个具有睾丸和阴茎的男子，他感到自己是一个男人，按男人装扮自己，承担男性的社会角色；即使在特殊情况下，由于心理变态，采取女装打扮（属于所谓“异装癖”（Transvestism），但在内心仍然认为自己是男性。（附带指出，麦留芳先生在他的论文中，没有说到他所调查的十个对象中，究竟是仅仅由于从事的职业的社会需要而女装打扮，还是他们是心理上的“异装癖”者，抑或是“异性癖”者，这3种情况虽在外观上都一样，都是男人作女性装扮，但性质却不同）。“异性癖”者不同于“异装癖”者，他们心理上的性别感觉和解剖学上的性别情况是正好相反的。这种人在遗传学上、性腺上、外生殖器上，都是正常的男性（或女性），却在心理上认为自己完全是一个女性（或男性）。也就是说，认为自己属于异性，并且千方百计要变成异性；不仅仅在其装扮上是异性的，而且要做手术使自己的生殖器官也变成异性的。对于男性异性癖者来说，他们不仅是女性装扮，而且坚持认为自己本质上就是女性，他们不惜一切努力争取到适当的外科医生那里去，做生理上的变性手术，成为女性，然后结婚，嫁给一个男人。但他们厌恶同性恋，他们是以纯粹的女人身份和女人对男人的爱，嫁给意中人。与此类似，女性异性癖者则男装，自认为是男人，要做变性手术，要娶一个所爱的女人为妻（Money & Musaph，1978年）。

虽然Trans-sex一词在1949年首先为D. O. Cauldwell所使用，但Transsexualism（异性癖）的医学临床定义是1953年才由H. Benjamin提出；改变性别的手术则是C. Hamburger在1953年首先报告的。R. Woodruff等1977年的数据显示，4–10万人男人中有一个异性癖者，10–40万个女人中有一个异性癖者（Sierles，1982年：105）。男性异性癖多于女性异性癖，约为2：1–8：1（Price & Lynn，1981年：363）。Kando（1978年：90）说：“异性癖者在美国为数约有10万人，其中约有3500人已经

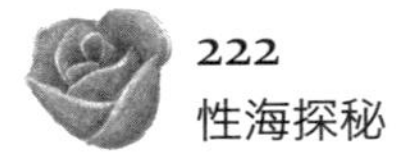

做了外科手术，他们已经在外科上、激素上和心理上做了不可逆转的转换：从男人变成女人，或从女人变成男人。”现在，做了这种改变性别手术的人，在世界上要以万来计算了。需要指出的是，除了因异性癖而做改变性别手术之外，还有些人只是因为得到某种职业的社会需要，而做了这种手术。一个新近罕见的例证是，在英国卫斯特约克州的里斯市，一对新人举行了婚礼，双双是做过变性手术的人，新郎詹姆士·查普曼，原为女人，结过婚，做过家庭主妇；新娘苏姗·庞特，原为男人，曾做过粗犷壮硕的建筑工人（《世界日报》1986年3月21日，《明报》1986年2月15日均曾刊登其结婚照）。一种新的风尚正在兴起，美国于1986年3月13日在纽约举行了第一届变性小姐选美大会（《世界日报》3月16日刊出了“1986年人工小姐”拉儿·克鲁兹的照片）。这些都是社会人口和社会关系中的新现象，理应成为社会学家研究的课题。

按照惯常的从生物学成分来判明性的做法，我们认为，没有做变性手术以前的异性癖者，他们的性仍应属于生物学上原有的性，不管他们如何按异性装扮，过异性的生活，并极力把自己看成是异性。而且做了变性手术之后，恐怕也不能就认为是异性，而只能认为是属于第三性。因为，从生物学上来说，正常的男性或女性，在遗传学上的性与在内分泌学上、解剖学上的性是一致的；假如出现了不一致，就是某种类型的性别畸形，属于第三性。现在，异性癖者虽然做了改变外生殖器的手术，甚至可能改变了内生殖器，例如切去了睾丸并移植了卵巢（或切去了卵巢并移植了睾丸），但不可能改变他们细胞核中的性染色体，也就是说，总存在遗传学上的性与内分泌学上或和解剖学上的性不一致的情况，并且也不会有生育的能力，和生而为男性的男性，生而为女性的女性，仍然是不同的。按照同一的性划分的生物学标准，他们理应列入第三性。当然，这里存在着一个令人沮丧的

问题。变性人是那么强烈地希望成为一个男人（原先为女性）、女人（原先为男性），并且冒着很大的社会的、经济的压力，毅然做了手术，难道只能得到一个“第三性”，而不是一个男人？！女人？！我们对此深表同情。但是，性的划分只能有一个根据，而且，正像前面分析的，这个根据只能是生物学的。

值得深思的是，人们在生物学上的性差异、心理学上的性差异、社会学上的性差异，分别用性、性别、性角色来表示。是不是“性”的划分与“性别”的划分、“性角色”的划分，可以，而且应该用不同的标准呢？假如这样做，是使原很复杂的性别划分问题，变为清晰还是变为混乱呢？是能让更多的人（包括 “变性人”等有特殊社会心理要求者）满意，还是会招致更多的不满呢？我们目前对于这些问题，并没有一种明确的看法。这里需要很多研究工作才能决定。我们只是用这样的一个例子来说明：性社会学的建立和发展是十分必要的。有许许多多的问题，需要性社会学的研究去作解决。甚至世界上有几种性？如何划分性？男人之中是单纯的吗？女人之中是单纯的吗？假如不是单纯的，又要分成哪些次类？每一次类的人（我们认为麦留芳先生所描述的对象便是男人中的一种次类，而不是男人之外的第三性中的一种次类），有什么心理特征和社会特征？他们的社会处境如何？他们的社会关系、社会互动如何？有些什么问题需要解决？如何解决？诸如此类，都是性社会学所需要加以研讨的一个内容。我们希望性社会学的建立和发展，有利于现代社会更加多样化、更加合理化，有利于各种各样的人追求幸福的生活。

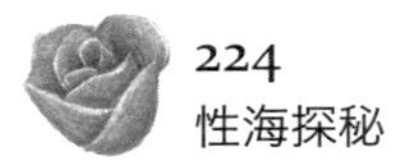

努力开拓“性心理学”

在筹备“世界华人性学家协会”（WACS）的过程中，我也提出了“WACS现代性学与性生殖健康丛书”编辑出版的建议，并蒙中国深圳的海天出版社接受，愿意提供合作，在这个丛书中，列出了华人性研究系列、性学专业教材系列、性健康与生殖健康系列、性文化与性产品系列、性教育系列、性文学艺术系列、性权系列、性与社会系列、性人类学系列、性学多媒体系列等10个系列，显示出一个性学研究与出版的全方位轮廓。然而，却没有设立“性心理学系列”。最近，有同仁指出：中国内地目前注册心理咨询师已形成国家劳动部管理制度，心理健康教育在大中学校也已形成常规制度，几乎每个大学都有心理健康教育中心，但缺乏心理咨询和性心理健康教育的专业指导书，现有为数不多的几个性学研究所和性学研究中心，也缺乏性心理学研究室（组），所以建议在丛书中加入“性心理学系列”。

我回答说：暂时不会加入。是不是我对“性心理学”不了解，以至于对心理学和心理咨询（心理咨商）都不了解，所以才这样“无视”呢？实际上不是。

事实上台湾树德科技大学性学所硕士班把“性心理学”列为很少几门必修课之一，这几年一直是由我授课，后来博士班，又设有性的心理学研究的课程，两年来也是由我教。但是，我每次都要先讲清：性心理学十分重要，是性学的三大支柱之一，也是很有趣的，很有实际意义的，然而真正的“性心理学”作为学科分支，过去不曾存在，现在也还没有，但将来一定会出现，我们要为建立和发展它而努力。

我个人对心理学、医学心理学、性心理学是很有兴趣的。我非常认真地读懂了柯尔尼洛夫等主编的《高等心理学》是早在1953年，我念高中三年级的时候。从1962年起，我就和北京大学的医学心理学教授陈仲庚以及他的助教张佰源合作做医学心理学的研究，那时我主要用脑电图（EEG）研究气功入静的神经心理学，还研究“语言暗示对身体的巨大作用及其在治疗中的应用”。1964年，我 在《健康报》发表长文：“略论医生的心理学修养”（1964年8月19日）。1979年6月22日在北京心理学会主办的“医学心理学座谈会”上，我做了“心理咨询问题”的长篇演讲，后收入中国心理学会医学专业委员会、北京心理学会1979年11月编印的《医学心理学文集（一）》中。《心理科学通讯》1981年第1期曾以文摘刊出。后来曾收入我的论文集《医学新论》（黑龙江科学技术出版社, 哈尔滨，1984）。中国内地在1966–1976年的“文革”中，心理学完全被否定，对咨询心理学（咨商心理学）这样比较晚出现的领域,就更是完全生疏。我在1979年发表的这篇长文，实际上是在中国内地第一篇系统介绍、提倡和开拓咨询心理学的文章。也正是在这个改革开放的初期，我向当时的北京医学院的主管彭瑞骢教授，私下建议在北医建立中国的第一个“医学心理学教研室”，同时建议他委派刚从“流放大西北”中回来不久的王效道教授，到新建的“医学心理学教研室”工作。1983年，由我主导（由他人参与编写）的《紧张状态》（科学出版社）和《怎样使大脑保持最佳状态》（人民卫生出版社）出版。1985年我和万文鹏教授合著的《睡眠与梦》（科学出版社）出版。1986年，我离开中国赴美前完稿的普及本《睡眠与梦》（民族出版社）出版。所以，我和心理学、医学心理学、咨询心理学是早有渊源的。后来我在发行极广的《大众医学》所写的专栏文章中，也有些是真正属于“性心理学”的文章，例如，“性人格的7种类型”等。这也是我2002年来到树德科技大学性学所之后，愿意接受教硕士班的必修课性心理学的基础。

此外，我也是第一个在中国著有医学逻辑学著作的人，所以我有使用“概念”非常严格的习惯；我也是自然科学史、生理学史、医学史和性学史方面的专家，在这些“史”的领域，都有专门论文或专著出版，也是《中国医学百科全书》“医学史”卷的副主编，所以我也非常注意概念的历史、现况和未来。如果缺乏很明确而有力的论据，我当然不会说：真正的作为一个专业学科的“性心理学”过去不曾存在，现在也还没有。

问题出在霭理斯。他是对20世纪的文化和社会有重要影响的英国学者，生于伦敦，其父为航行澳大利亚和南美的船长，霭理斯少时亦在澳大利亚的新南威尔士做教师，20岁时回到伦敦学习医学，做过一个时期的医师，后主要从事著述和研究。在性压制最甚、清教徒作风盛行的维多利亚女王（在位1847–1901）时代，开始了他为人类性心理学的著名研究，成为“性心理学”的鼻祖。从1896年到1928年先后出版了他的巨著《性心理研究》7大卷。霭理斯首先收集了数以百计的性科学个例研究资料，在33例个案研究的基础上，他激情地请求人们容忍同性恋。那时，同性恋或是当成犯罪，或是当成疾病。他所招致的是人们的狂怒。霭理斯遭到起诉，扬言要逮捕他。在起诉书上谴责霭理斯的著作是淫荡、下流的、邪恶的、可耻的、猥秽的诽谤；法官指斥霭理斯在“正当的科学研究”的借口下，旨在推销淫秽猥秽的出版物。霭理斯并没有屈服，他接二连三地出版了更多的著作（他大部分著作不得不在国外出版），他对自己工作的崇高价值从不动摇。毫无疑问，我非常敬重他，他是性学的第一个高峰的主要代表人物之一，贡献巨大。他的《性心理研究》（Studies in the Psychology of sex）7大卷的书名当然无问题，但人们建议他写一本小篇幅的大学教科书时，他很自然地把书名定为Psychology of sex，去除了“Studies in the”，潘光旦教授

自然也就正确的译成性心理学。从此，在英文和中文中，Psychology of sex，性心理学，就成为好像是一门独立存在的学科。此后，用这个名称写的书也很多，例如：Oswald Schwarz：The psychology of Sex ；Theodor Reik：Psychology of sex relations；王慧、黎学涛主编：《性心理学》（南昌,江西高校出版社,1995年），等等。

当然，霭理斯著、潘光旦译的《性心理学》是一本非常杰出的经典巨著，有永久的伟大价值。然而，有一本书名叫“性心理学”，不等于作为一个专门学科就已经建立。在我看来，霭理斯著的《性心理学》也只能算是1920年代的“Human Sexuality”或“性学导论”（“性学概论”、“性学纲要”）的教科书。根本不能说是“性心理学”，因为书中所有的概念都是在“性学”、“普通心理学”、“儿童心理学”、“发展心理学”、“病理心理学”、“精神病学”、“社会学”、“婚姻家庭学”、“性教育学”、“性伦理学”、“性生物医学”，等等业已存在的学科中，分别都已经出现过的。像“性欲”、“爱情”等等，所有书中所用的概念都是在别的学科中已经存在的，而并没有特殊的新概念，也就不会有特定的新学科的出现。所以，我才会说，性心理学这个学科过去不曾存在！

说“性心理学”这个学科过去不曾存在其他证据还有：

1. 美国的心理学会是世界上最大的最有影响的学会之一，它的分支名目编号多达55个，但就是无有一个性心理学分支。

2. 在中国和美国的一些大型心理学词典、性学词典中，也没有psychology of sex, sexual psychology,（性心理学）这些词条。

这就说明，虽然有一本举世闻名的霭理斯著的《性心理学》，但不等于人们就会认可“性心理学”是一门可以独立门户的专门学科。只有建立一些过去不曾出现的、有价值的、独特的、新的概念和概念体系，“性心理学”才会破土而出。在真正的“性心理学”建立之前，有关性的心理学研究，有关性咨询和性治疗的研究，在“WACS现代性学与性生殖健康丛书”中，都将分别归入“华人性研究系列”或“性健康和生殖健康系列”。

当然，我很希望，有更多的人积极投入，对人类的“性”的心理学方面的研究，提出新概念，形成新的学说，在创建“性心理学”专门学科的探索中，不断取得成功！！！

高教育女性结婚的可能性

在所谓“女子无才便是德”说教的传统中国社会，似乎容易理解为什么受过高等教育的女性，有时反而不易找到配偶。然而，这种现象并不仅仅出现在封建传统浓厚的中国，即使在美国，这种情况也曾存在过。在几十年之前，美国的统计数字显示，受过大学教育的女性，12人便有一个终身未婚，即高教育女性有8.3%未能成婚。也许这是因为受过高等教育的女性，对于婚姻的要求较高，所以更不容易找到年龄相当、教育程度相当的理想配偶，并且因为她们受有高等教育，更易找到职业，可以独立自主，更易于选择独身的生活方式所致。

近年的情况有了可喜的改变，据1987年的美国人口统计局Jeanne Moorman的研究报告，受过高等教育的女性终身未婚率已大为降低，在25个之中才有一个，即只有4%受过高等教育的女性未能成婚，比起她们的母亲时代降低了一半以上。

Moorman的统计研究还证实，现代美国，受过高等教育的女性，结婚的可能不仅不低于教育程度较低者，反而高于教育程度较低者。例

如，30岁的只有高中三年级学历的女性，结婚的可能性为53%，而30岁的受过大学教育，有大学学位的女性，结婚的可能性则为66%。

这是一个好消息。少女们不再需要赶忙结婚，不必因此而放下她们的学业，不用再担心受教育多了反而会降低她们结婚的机会。

高教育女性有更大的婚姻可能，这是容易理解的。生活永远是一种选择，教育使人们更有选择的可能性；生活永远需要鉴别和欣赏能力，教育使人们有更广泛的文化素质，有更高的鉴别力，有更深、更广的欣赏能力，从而更能和伴侣体验更多的事物，得到更大的幸福；显然，教育也增高了女性就业的可能性，一个有更好教育的女性，更易于找到有可靠收入的职业，不仅增加了她自身的独立感和人格尊严，而且也有助于使家庭的经济情况更稳定、更宽裕；不用说教育也提高了女性作为母亲的教育能力，她们将成为一个更好的"家庭教师"，给她们的子女进行最早的，也是最重要的教育。

高龄女性结婚的可能性

一般人们把年龄已达30岁而处于非结婚状态的女性，称为"高龄未婚女性"或"高龄待婚女性"。通常美国的女性，在不到20岁，或刚过20岁就结婚了。虽然近年来女性初婚的年龄已有所推迟，平均结婚年龄也在30岁以内。所以，30岁而尚未结婚的女性，似乎会在找到合适的配偶时发生困难，因为大部分年龄相仿的男性均已结婚了，而社会习俗往往容许以至偏好男性比女性大一些甚至大许多，女性则往往必须和与她年龄相同或略大的男性婚配才符合常规，这一些婚配习俗上的年龄差距，就使30岁以上而未婚（或已离婚）的女性，不那么容易找到配偶了。

1986年，新闻周刊（Newsweek）报道了一项耶鲁－哈佛的研究结果，使人感到30岁以上妇女找配偶之难达到了惊人的程度：

> 女性现年25—65岁为止婚姻的可能性为50%，现年30岁则只有20%，现年35岁则降为5%，现年40岁则只有2.6%的可能性结婚。

这项研究结果被公布以后，受到了一些的人抨击。首先，统计数字可能并不真正反映了客观的事实。美国人口统计局的Jeamme Moorman发表的数字，和上述研究结果出入很大：

> 女性现年25—65岁为止婚姻的可能性为89.1%，现年30岁则为66.3%，现年35岁则为40.9%，现年40岁则为22.8%。

根据Moorman的报告，高龄女性结婚的可能性要比耶鲁－哈佛的数字高得多。这一新近的研究结果，似乎更符合客观现实，更可信得多。

其次，一个更为重要的因素是，高龄妇女之所以没有结婚，并不是因为找不到可以婚配的男人，而是因为她们根本不想结婚，她们偏好不结婚状态的种种诱人之处。

统计数字表明，在25–34岁的美国人口中，处于单身的男人，要比处于单身的女人，多出120万；在35–54岁的美国人口中，处于从未结婚的男人，要比从未结婚的女性多出50万。

女人绝不是等人挑选的被动者。男人有的是，假如你想要的话，你就可以找得到。

关于"性成瘾症"的讨论

最近，有人要我审查与修改一篇"问与答"文章，全文引述如下：

问：先前X档案的男主角戴维杜契尼传出性成瘾症，请问要怎么判断得到这个病症。

答：性成瘾是指个体出现强烈的、被迫的连续或周期性的性冲动行为，如果性冲动得不到满足，就会产生焦虑不安的痛苦感觉。目前多数性学专家（应该读为"多数性成瘾的鼓吹者"而不是"多数性学专家"——阮芳赋）把性成瘾看作是一种心理问题。这种性成瘾，就像抽烟、喝酒、购物会上瘾一样，只不过上瘾的东西，却是"性"。性成瘾与一般其他的成瘾过程类似。拿抽烟来讲，没有人抽一次烟就会上瘾，而接触色情的东西，也不会一次就成瘾。通常是第一次接触，觉得很刺激，但是也有罪恶感。然后便一星期接触一次，渐渐变成两三天接触一次，后来变成每天接触，结果习惯成为自然，不知不觉中被"性"给管制住，摆脱不掉，成为"性成瘾患者"。鉴于性成瘾行为对社会道德观念和婚姻家庭所造成的危害极大，故应重视纠正这些人的不健康性行为。"性成瘾患者"为判断一个人是否具有性成瘾倾向，可对照以下5条标准：

1. 不安全感。在性活动之后感到羞耻、不安和空虚。

2. 喜欢搞秘密活动。觉得自己的性行为需经特别保密，常常激动不安得浑身颤抖并导致一种双重角色，即当人一面，背人一面。

3. 虐待。在性活动中有虐待和盘剥行为，或违背他人意愿而强迫与别人发生性关系。

4. 毫无意义的两性关系。常与互不相识的人或根本不喜欢的人发生性关系。

5. 遭损害的性价值观。其性行为始终违背或损害自己的性价值观。

我感到很有难色。

因为，作为一个性学家，我根本就不认为性成瘾症（Sex addiction）是一个正确的概念。虽然，现在“性成瘾症”被一些人炒得很热，有专门的学会，有专业的杂志，有特别的网站，有不少的“研究论文”，也有许多的诊所和“名医”专门从事，财路畅通。

回过头来反省，20多年前，我初到美国，曾经为美国当时的两大中文报纸（《世界日报》和《中报》）写专栏，不得不逐日去找“新”题目和内容，以保持专栏的延续。也写过一篇“千字文”介绍那时还刚刚出道不久的“性成瘾症”诊治热。1988年，我将它译为“性沉溺症”，短文的内容主要根据美国著名专栏作家Ann Landers和J.P. Schneider医学博士在1988年7月《Medical Aspect of Human Sexuality》所发表的文章而写成的。那时我的性学学业尚不精，不经意也就“掉入陷阱”，成为了早期把“性成瘾症”介绍给华文世界的人之一。那文发表在美国纽约《中报》曹又方女士主编的副刊中由我主写的“性与医学”专栏里，后来也收录在我的文集《你想知道而不敢问的事》（1992，方智出版社，台北）一书中。以下是那篇短文的全文，重新

发表在这里，以见"始作俑者们"是如何制造和渲染这一虚假概念的（由于整个说法是虚伪的，所以下面只原文刊出，不一一逐句批驳，敬请读者注意，不要像我当年不经意间就"掉入陷阱"而误吞"毒果"！）：

> 喝酒太多并且成瘾，称之为"酒精中毒症"；吸毒成瘾，称之为"吸毒症"；似乎也存在着一种毛病，沉溺于性行为太多，并且成瘾，可以称之为"性沉溺症"（Sex addiction）。费城有一位哲学博士给专栏作家Ann Landers写通道：
>
> 一位印第安纳州的妇女，描绘她的丈夫，经常到按摩院、上身裸露的酒吧，也经常嫖妓女。他并不喝酒，也不吸烟，也不吸毒，就是没完没了地频繁地沉溺于性生活。
>
> 性沉溺症患者，常常过着一种双重人格的生活。他们隐藏着不能控制自己的性行为这个秘密。但常常因为突然被逮捕而使其隐藏的性沉溺曝光。
>
> 我们对"性沉溺症"所知甚少。其他一些强迫行为（Compulsive behavior），例如沉溺于赌博、酗酒、吸毒，我们都知道得比较清楚，唯独"性沉溺症"的研究很不充分。但是，目前对性沉溺症的知识已有了明显的进展，也有一些办法可以有助于性沉溺症的治疗和预防。
>
> 第一步是要停止一切合法婚姻或同居以外的性行为。禁止去按摩院、上身裸露的酒吧、妓院以及其他一切色情场所。患性沉溺症者，像患其他沉溺症者一样，常常否认自己存在着这方面的问题，也常常把责任推给别人，例如说妻子不能满足他等。假如你发现你很像所说的性沉溺症患者，你

就需要去找一位很懂得如何对付性沉溺症的治疗医师。

第二步是去参加一个互相支持以戒掉性沉溺症的组织，例如“性沉溺者匿名协会”（Sex Addicts Anonymous），地址是P.O.Box 308, Minneapolis, Minn 55403。这个组织有一套分为12步的程序去治疗性沉溺症。你可以写信去附上回邮信封，他们会寄一份包括21个问题的小册子给你。回答这21个问题，便可诊断你是不是性沉溺患者。

人们的性生活频率相差很大，不能随便扣上性沉溺症的帽子。Ann Landers的标准是：无论男女，除去新婚蜜月之外，若每天要有好几次性接触（性交），便应该去谋求性沉溺症的治疗。

性沉溺症的集体治疗

性沉溺症就是一个人由于强迫性的性行为而使生活失去控制的状态。他们不可抑止的（即强迫性的）性行为可以包括下列3类中的某种或某几种：

1. 一般来说被社会所认可的或至少是可以容忍的性行为：诸如手淫、多个性伴侣、花过多的钱和时间在观看色情品或嫖妓。

2. 社会不能容忍的性行为：诸如窥视癖（Voyeurism）、露阴癖（Exhibition）、电话淫狂（Obscene phone calls）

3. 社会法律列为犯罪的：诸如强奸、乱伦。据P. Carnes在1983年所著的《Out of Shadows》一书中所指出的，性沉溺症的特征性表现可以归纳为4点，用个英文词表示为Secret，Abusive，Feeling，Empty，其首字母组合正好是SAFE“安全”

一词：

（1）秘密的（Secret），是偷偷进行的，不让家人或他人知道的。

（2）沉溺成性，滥施而失控的（Abusive），无论就其自身而言，或者对他人（其行为的对象）而言均然。

（3）与痛苦的感受相连的（Feeling），或者其性行为是用来逃避某种痛苦的感受，或者其性行为引起一种难以摆脱的痛苦的感受。

（4）空虚感（Empty），患此症者失去由原有的承担义务的亲密关系而滋生的充实感，而处于一种失落感中。

性沉溺症者可能会在下列情况下出来求治：原有的婚姻破裂了；因上述第二或第三类的行为而受到逮捕；由于对染上艾滋病或其他性传播疾病的恐惧。

传统的心理治疗对于吸毒、酒精中毒，过度进食症以及性沉溺症的治疗效果不佳。酒精中毒者匿名集体治疗组织（AA）创用"十二步"方法控制酗酒，有很好的效果。仿此，从1979年开始，建立了同样的组织（SA）以控制性沉溺症。现在，在美国的许多城市以及其他一些国家的城市均有SA组织的存在，其成员或男或女、或单身或已婚，以匿名的方式有规律地聚会在一起，通过12个步骤，互相帮助、互相支持、集体努力克服性沉溺症，取得了很好的效果。有关这一程序的信息可写信给下列地址以获取：SA，BOX 300，SIMI VALLY，CA93062。

不久，性学界就出现了对"性成瘾症（sex addiction）"概念的批判与否定，认为这是一个反性的"伪医学概念"。我也进一步在性学

的学习与研究中，有所长进。当然，也就转而同意和支持性学界批判与否定“性成瘾症（Sex addiction）”的做法，认为这是一个应该废用的“捏造的病名”。在此，引用我在“高级性学研究院”（IASHS）的同事和好友，著名德国性学家欧文·J·黑伯乐在他的“性学中使用不当的专业术语”一文中，对此所写的一段精辟的短文：

> 性沉溺（Addiction，Sexual）该术语类推自“毒品成瘾”，常常用于描述过度地关注性行为，因此才有“防止上瘾”一说。不过，这种语言花招似乎过于草率了。因为，它试图用一把标尺来测量多种多样的事物；同理，它阻碍人们洞悉各种性行为的原因和动机，譬如习惯性的性行为、强迫性的性行为、不满足的性行为、愚蠢的性行为、任性的性行为、自我损伤的性行为、轻率的性行为和具有侵略性的性行为等等，这些是不可能都用一个术语来加以诠释的。甚至于性需要较少的人出于嫉妒的原因，会把某些精力特别旺盛的性行为，也说成是“性沉溺”。认为有所谓“性沉溺”存在的这种信念，也会导致有关治疗干预的需要、形式、疗程和目的的一大堆很成问题的断定。

昨天（2009年9月8日）晚上，我将以上文字以“摘记”的方式用电子邮件发出，权当做审查与修改那篇“问与答”的回音，同时密寄给一些同道，以求指正。

非常高兴的是，海峡两岸的几位著名学者，立即给予了极大的支持和增益。

台湾性解放和性权维护的旗手何春蕤教授写道：

我读到一半就击掌叫好，觉得写得真的很不错，注意到这个名词背后的各种动机和现象，也关注到人类行为背后的复杂动力。

同时她建议改变写法，把要加以否定的东西放到前面，把要论述的正确看法放在后面，以避免误会，加强印象。现在的修改稿，就是按照何教授的建议写成的。

中国内地著名性医学家马晓年教授写道：

这是见仁见智的问题，关键在于个人的态度而非妻子或什么人的态度。如果个人为此感到极大痛苦而求助，就要帮助，如同自我适应不良同性恋一样，虽然我们已经不认为同性恋是性心理障碍，当然我们"帮助"也并非要纠正同性恋。

对马教授的响应，我立即表示感谢，赞赏，并进一步作了说明：

谢谢您的回馈。我感到您从临床（我指的是"医学临床"，而非"性治疗临床"）的角度，把问题说得很清楚。

事实上这是一个精神病学的问题，而非性学问题，正像您所说："如果个人为此感到极大痛苦而求助，就要帮助，如同自我适应不良同性恋一样，虽然我们已经不认为同性恋是性心理障碍，当然我们'帮助'也并非要纠正同性恋。"

自我适应不良同性恋者的处置，也是一个精神病学的问题，而非性学问题，也就是并非"性欲"、"性行为"、"性自认"这方面的问题。

> 正像措词极为严格逻辑性很强的性学大师欧文·J·黑伯乐所表达的，性学界承认存在有“习惯性的性行为、强迫性的性行为、不满足的性行为、愚蠢的性行为、任性的性行为、自我损伤的性行为、轻率的性行为和具有侵略性的性行为等等”，但谴责制造“性成瘾症”这样一个“伪概念”，把这些不同本质、不同原因、不同社会后果、不同处理方法的不同问题，都包揽在一起的做法。

事实上原始概念“毒品成瘾”和“酒精成瘾”都是对于有特定化学结构的单纯的物质的依赖，而“性欲”、“性行为”和“性自认”本身并不是一种单纯的物质（这并不否认它们会有体内的复合的物质基础），因此，从“毒品成瘾”和“酒精成瘾”等衍生出“性成瘾”就是违反基本的逻辑（形式逻辑，即“亚里士多德逻辑”）的规则的。

显而易见，“性成瘾症”这样一个“伪概念”的出现，是西方性革命的高潮之后出现的“反性倾向”和“性否定观抬头”的一项显目的表现，意在攻击性革命所导致的正向的、活跃的、积极的和主动的性态度和性行为。

就像AIDS发现之初，患者中75%是男同性恋者。于是，反性的宗教人士便杜撰出“AIDS是上帝专门用来惩罚同性恋者的疾病”的谬论。显然，那个时候“患者中75%是男同性恋者”是事实，但这与“同性恋”与“性行为”本身无关，只是和性行为的“无安全防护”有关。而性行为的安全防护，完全是一个具体的性健康措施问题，本质上和“同性恋”无关，也和“性行为”本身无关。因为，只要不注意“安全防护”，异性恋、输血、注射等都可以传播AIDS。

把不同质的问题，加以偷换并混淆在一起，永远是“伪科学”、

"伪医学"和"伪概念"制造者们惯用的"反逻辑"手段。

在读到以上通信后，中国内地著名性社会学家，媒体传播界尊为"中国性学第一人"的潘绥铭教授说：

> 马老师术有专攻，点到为止。
>
> 阮老师德高望重，入木三分。
>
> 要我说，
>
> 如果自认是"性成瘾症"，那是个人的自由。
>
> 如果假借医学之名给别人扣上这样的帽子，那就是放臭狗屁！
>
> 吃饭成瘾不？睡觉成瘾不？做学问成瘾不？……
>
> 反性也会成瘾的！！！

潘教授素以"疾恶如仇"深受尊崇，也以尖锐深刻"一语中的"而称道于学界。真是绝妙："性成瘾症"不过是"反性成瘾症"的幽灵假借医学还魂闹世而已！

最后收到的是国际著名精神病学家和性学家吴敏伦教授精辟而严肃的"内幕分析"：

> 芳赋传给我的这一系列有关"性成瘾症"的讨论，大概也想我凑凑热闹，但我知道，只要我凑迟一点过来，各位高手必已能珠玉纷陈，水到渠成，不必我再说什么了。
>
> "性成瘾症"无疑是个由"反性成瘾症"者想坏了脑筋而做出来的怪胎，但我们不能掉以轻心，因事到如今，它已是一些"性治疗师"、临床性心理学家、性辅导员等的饭碗所系，他们不会轻易放弃的。

美国下一版的精神病分类手册会不会加入“性成瘾症”，还在争论中，结果会如何，还是一个未知之数。因为，赞成加入者不是没有说法的。

经典的“成瘾”，如芳赋所说，“是对于有特定化学结构的单纯的物质的依赖”，但赞成加入“性成瘾症”者已开辟另一战场，指其所说的是另一种成瘾，即“行为成瘾”，典型例子是“赌博成瘾”，其他还有头“购物成瘾”、“上网成瘾”等等……，它们都没有特定化学结构物质的依赖，但至少“赌博成瘾”已经用“病态赌博（Pathological gambling）”的名称进入了精神病分类手册，为什么其他的就不能呢？

他们提出加设一个新的“行为成瘾”组别的疾病（是否仍用成瘾 Addiction，还是沉迷、沉溺、或ＸＸ狂……可以另议），其内包括“赌博成瘾”、“性成瘾”、“购物成瘾”、“上网成瘾”……等等。他们的胜算不是没有的。这就要看美国的性学家有多大的力量了！[1]

“成瘾”毕竟是一个精神病学的概念。香港大学医学院精神医学前主任吴敏伦教授作为一位国际知名的精神病学家，同时，他又是一位不仅在亚洲，而且在全世界努力推动性权和性健康的重要的领军专家，严肃地指出“‘性成瘾症’无疑是个由‘反性成瘾症’者想坏了脑筋而做出来的怪胎”。要知道，这样的专家得出了这样的判断，是很有分量的深刻结论。

他所揭露的精神病学界一些人是如何挖空心思，试图确立“性成

1　令人欣慰的是，在新版的精神病分类手册APA DSM-5中，虽然有“赌博成瘾”，但并未列入“性成瘾症（sex addiction）”。

瘾症”这个虚假概念的“医学权威地位”，也再一次显示一些人是如何利用医学的旗帜来害人利己的！笔者记得20年前，当时担任纽约州立大学水牛城校区护理学院院长的国际著名护理专家珀妮·布洛教授亲口对我说：美国外科医师做的手术，有60%是根本不需要做的！！也就是说，做这些手术目的是为了捞钱、“练手”和做试验，或者诸如此类的勾当！！与此类似，美国一些精神病学医师，拼命制造种种“行为成瘾”的病名，主要企图不过是“广开财路”而已，而世界上其他国家和地区的诸如此类的人，跟着起哄和抬轿，也不外乎如此了！！

就笔者看来，“行为成瘾”制造者们胜算不是没有，而是颇大。“有钱大家捞”，何乐而不为？美国性学界的力量与强大且霸道的医学界是无法比拟的。

需要强调的是，笔者不是以性学家的立场写以上这些尖锐的话的，而是以一个理论医学家、医学社会学家和医学史家的学术立场，对医学界及相关的一些人的批判。笔者所能寄望的与其说是羽毛不丰的性学界，不如说是医学界中那些遵守希波克拉底以来的医生的良知和良心济世的健康的中坚力量，能够压倒那些满是野心和邪念的业界“捞手”，同时也寄望于社会公众出来抵制和揭露那些藉医学之名而贩卖的诸如“性成瘾症”等等伪科学概念。

性学研究的4个世界与“博客性学”
——《华人博客性学研究》发刊词

近年来，许多性学家在写博客，更有许多非性学家在他们的博客中谈论性，这些“博客性文”加起来在量上极为庞大，而且与时俱增，极有收集和研究的价值。

由于“博客性文”在性质上，与平面报刊有很大的不同，对其收集和研究的必要性就非常突出的重要：

第一，“博客性文”，极为分散，即便只限定在“华人”的“中文博客”，也是广布在全世界，分别在许多国家的服务器中，不但分割林立，而且，在一些地方，例如中国内地，有很多境外的中文博客根本无法浏览到，具有某种“空间上的不可接触性”；

第二，“博客性文”也可能在网上的存留极为短暂，它们可能由于各种原因被迅速删除，犹如“昙花一现”；也可能由于服务器的容量和合约的关系，甚至由于技术事故，等等原因，不知道何时就变成了为“明日黄花”，再也不复存在，再也无法观赏，也就是具有某种“时间上的非永恒性”；

第三，“博客性文”是一种“非审查出版物”（即便有“版主”或“网管”的审查和“删帖”，那也是已经“出版”（这里是指“网上出版”）之后的事，是最真实、最直接、最快速、最真实、最不加额外修饰的文字，有一种与“平面正式印制品”不同的风格和价值。

因而创立一种刊物，《华人博客性学研究》，专门致力于广为持续收集和研究博客“性文”，是非常有意义的，也是一种“及时雨”般的优良服务。

主持出版本刊的“世界华人性学家协会”的会长、香港大学吴敏伦教授说得好：

> 我非常赞成，因为除学术文章和信息外，性学家们也很需要经常知晓不同社会日常生活上的性议题和想法，才不会不知不觉，做的东西与现实脱节。这双月刊积聚下来，将会是性学上的另一个宝库。

“华人博客性学研究”这个词组，实际上可以“双解”：“华人博客”的“性学研究”，或“华人‘博客性学’研究”，但却并不会出现“歧义”。无论哪一种读法，都指的是同样一件事：对中文博客中的关于性（Sex and Sexuality）的文字进行的收集与研究。

笔者之所以喜欢释义为“华人‘博客性学’研究”，是因为这里形成了一个特定的术语“博客性学”，正好可以从一个方面补充笔者的另一套术语：“性学研究的4个世界”与“网络性学”。

近100年来，人类科学技术的进步，大大扩大了人们对性（Sex and Sexuality）的观察、研究和实践。过去，我们只能观察与研究“现实世界”的性现象。电影、电视、计算机视频和手机视频的出现与普及，使我们可以在“影视世界”中观察与研究大量的性行为和性现象。1990年中期以来，互联网发展很快，出现了“网上性爱”等等大量存在于“虚拟世界”的性行为和性现象。也就是说，现在，人们既可以研究“现实世界”中的性行为等性现象，也可以研究“虚拟世界”或“电影世界（影视世界）”中的性行为等性现象。这些年来，对于“性幻想”的研究的进展很大，证明性幻想单独可以引致性高潮，而性幻想的内容变化万千，类别繁多，其中有些根本不可能实现，或根本不想去实现，因此性的“幻想世界”作为研究对象，和以上3个世界也并不相同。我们可以将这些扩大出来的对性行为、性现象的新研究领域，称之为“网络性学”、“电影性学”和“性幻想学”。

当然，“博客性学”就是庞大的“网络性学”中的一个专门的分支。就这一方面来说，《华人博客性学研究》的创刊，不仅有文献和服务的意义，也有理论和学术的意义。我们期望，在作者，读者和编者的共同协作的努力下，《华人博客性学研究》成为很受欢迎、很有实效的一份优秀期刊！

观色篇：
“色”眼看“性”

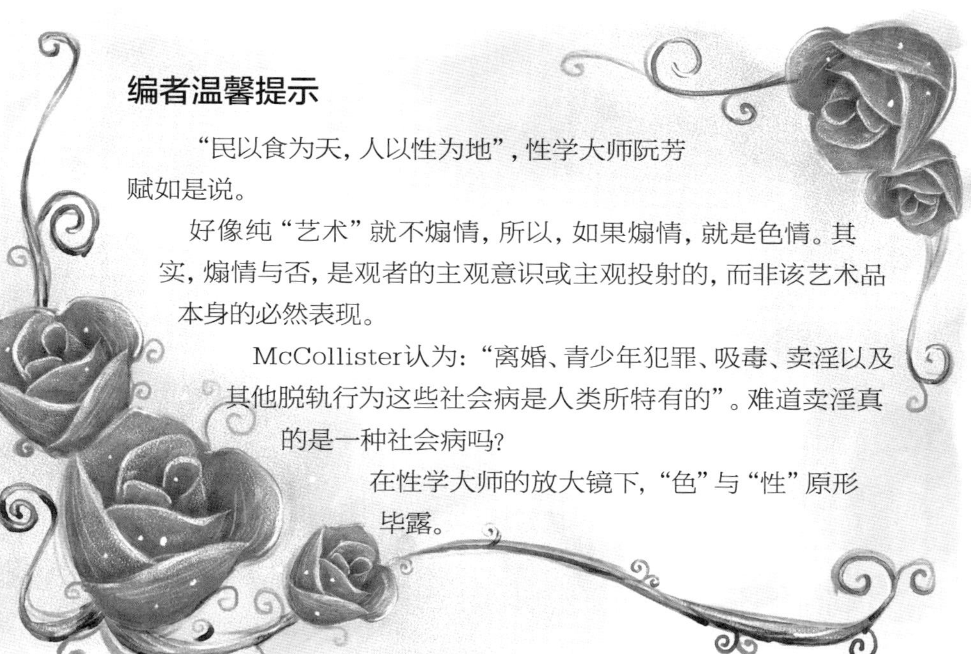

编者温馨提示

“民以食为天，人以性为地”，性学大师阮芳赋如是说。

好像纯“艺术”就不煽情，所以，如果煽情，就是色情。其实，煽情与否，是观者的主观意识或主观投射的，而非该艺术品本身的必然表现。

McCollister认为：“离婚、青少年犯罪、吸毒、卖淫以及其他脱轨行为这些社会病是人类所特有的”。难道卖淫真的是一种社会病吗?

在性学大师的放大镜下，“色”与“性”原形毕露。

食与色

“民以食为天”（《汉书》），这当然说明吃（食）是很重要的了。人不吃，就会饿死，个体的生活无法保存下去。“食色，性也”（《孟子》告子上），“饮食男女，人之大欲存焉”（《礼记》礼运），将“色”（男女）与“食”相提并重，这当然也是很有道理的。人不性交，就会绝后，种族的生命无法延续下去。在避孕风行、生育节制成为人类社会的重要目标的今天，“色”自然不仅是生儿育女的事，而是夫妻性爱的纽带，也是一些人所追求的生活乐趣。现在所要讨论的是，食与色这两件“人之大欲”之间有没有关系呢？明清小说中，经常用到一句俗话：“酒是色媒人”，这就是说喝酒（属于“食”的范围）可以促进性欲和男女之欢，表明食色之间确实有某种关系。

佛教“饮食偈”说：“若人食油则得力，若人食酥则好色，若人食麻滓菜则无色力，大德世尊，自应知之。”就明白地指出了食物和性欲是有关系的。这样，我们就知道了和尚为什么要吃素了。佛教的僧尼，从释迦牟尼起，便通过饮食上的限制与选择去抑制性欲，他们不仅戒荤，而且戒一些有刺激性的食物。《楞严经》说：“是诸众

生三摩地，当断世间五种辛菜，熟食发淫，生啖增恚。”《梵纲经》说：“若佛子不得食五辛，一葱、二薤、三韭、四蒜、五兴渠”（婆罗门语，形似韭，味似蒜——引者注），并且把这5种食物称之为“五荤”。换句话说，古代东方人认识到葱、蒜等有刺激性的食物有诱发性欲的作用，佛教僧尼要戒性欲，所以就要戒“五荤”。相反地，假如要增强性欲，那就要去取食“五荤”之类的食物了。

香港《东方日报》1984年报导说：“在意大利的修道院当僧侣的凯基，在研究过东方人的性生活后，在欧洲开设了首家专门供应催情食品餐馆。凯基透露他亲自烹调的主要‘性食品’是肉豆蔻、姜、肉桂、大蒜，以及一些草药和香料。”

这篇短文并不拟就何种食物可以催情，何种食物可以抑欲，进行具体的讨论。那是另一种需要专门铺叙的题材。这里仅仅意在说明，食与色这两件对社会极为重要的大事，相互间有着某种关系。也许，对于这种相互关系的应用，可能使社会上出现某种新的“准色情行业”。可以想见，一间号称可以供应“性食品”的餐馆，甚至可以供应治疗性障碍、改善性功能的食品的餐馆，自然会受到很多人的光顾而生意兴隆起来。

论色情学和电影性学

Erotology，在近年来已变成一门显学，我将它译为“色情学”[1]（维基词典，将其译为“性爱学”，不可取）， 并且在2007年9月到2008年

1 在中国内地，为避免触犯禁忌，我也曾将其译为“性行为描绘”。

1月，在台湾树德科技大学人类性学研究所，首次开讲“色情学概要”的硕士学分课程。

1976年，在全世界首先建立性学硕士和博士学位的美国“高级性学研究院”（IASHS），也在1990年代首先开设了“色情学证书班”，以至于设立“色情学博士”的学位。可以说该研究院是色情学进入高等教育专业领域的先驱。

当然，色情学这个术语，并不是新的。例如，1824年，也就是在100多年前，便出版了一本《古典色情学手册》。

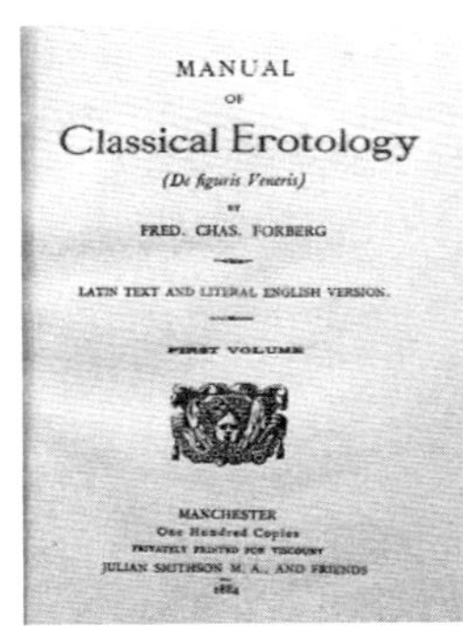

（左）《古典色情学手册》封面

（右）《古典色情学手册》2003年重印本

现在，在网上也有庞大的专门的色情学学术网站：http://www.erotology.net

今天（2008年6月20日），在Google搜索引擎上输入Erotology这个字，可以找到15100页网页。作为一个学术领域来说，色情学还是一个非常新颖的学科。我所开设的作为一门独立课程的“色情学概要”虽说是一个全新的课程，所用的教材，却也是有教本的。美国性学界最高的行业机构美国性科学委员会在1991年出版的《性学纲要》的“文化性学”一章中，有“色情学”的大纲；在纽约执业的牙科医师Dr. C.J. Scheiner是世界上最大的西文色情书刊和性书的收藏家和研究家，后来他在旧金山高级性学研究院以色情学研究的博士论文，得到性学哲学

博士，也成为世界级的色情学权威，他也著有《色情学概论》。这些都是我的色情学课程的教材。

上述的《性学纲要》把色情学定义为：做爱的实践研究，包括人类的性的一切方面的所有的文化上的表现。也就是说，色情学是实务、实用、实际的研究，而性学是理论的研究。被列入色情学的主要内容有：

在艺术作品中的情色与色情形象（Erotic art）；

在文学中的性描写；

婚姻手册、提高性生活的指南；

色情品、淫秽品及情色品；

性信息／娱乐性期刊、场所，例如，杂志、脱衣舞场；

大众传播媒体中的性；

广告与工业中的性；

性、毒品与摇滚乐。

"色情学网"（www.erotology.net）定义："色情学是情色表现的研究，也就是说，包括旨在煽情的任何形式的性呈现。"并推介C.J. Scheiner博士更详细的解说：

> 色情学是多学科的领域，其主要涉及收集及研究与性相关的所有的表现之样式，不仅包括性交的肉体活动，还包括态度、社会文化对这些行为的控制、艺术及文学露骨的描写、心理学及生理学（身心）中所有的层次以解释性行为的发起及完成及促进性活动的春药。色情学既研究性的实际、实体，也研究性的符号、象征或替代品。艺术、科学、法律、经济学、犯罪学、神学、社会学、医学、语言学、民族学及历史是很容易就列举出的几个与色情学有关的"主要

的”学术领域。人类生来的遗传的本能是性的，以保证成功地繁衍后代，可以说，生命／生活的任何层面都不可能无“性”，性的层面无所不在。这些从进化和性表现的普遍等层面就是理解色情学及其重要性的稳固基础。

Dr. Laura Henkel是继C.J. Scheiner之后，由旧金山高级性学研究院培养出来的第二位色情学博士。她目前正在主持建立由高级性学研究院主办的设在世界最大的“赌城”拉斯维加斯（Las Vegas）的色情艺术博物馆（Erotic Heritage Museum），以容纳和展出100年来美国色情艺术的发展及其珍贵遗产。定于2008年8月2日开馆，将成为世界最大的色情艺术博物馆。2005年，Laura Henkel博士在中国深圳的首家“性吧”，应邀发表关了色情学的演讲，她指出：

性学关心或聚焦的是在人们的行为及对他们对所作所为的感受，但是色情学是性行为艺术的表达，关心的是人们对于自己或他人做了什么的性行为，并用一种艺术的方式呈现出来（把人的性行为表现出来给他人看）。色情学是一种科学的研究，是对性爱的艺术的、图像的表现。

色情艺术可以让我们了解自己对性幻想、性表达的感受，并了解我们是谁，色情艺术告诉我们每个人都是不同的，让我们了解他人的性幻想及性表达的感受，所以与个体的性健康及幸福有密切关系。

一个性学家可能会说：如果一个人对性事的了解越多，性的表达就可以很好。色情学家会告诉你：你不可能知道一个人对其性行为的感受，除非对方非常忠实，用艺术的方式表现出来。色情艺术可以使我们感受到性生活是如此丰富、

浪漫，也提醒我们要注意性生活的质量：有什么是我们遗漏错过的，我们还有哪些有待发挥的潜能？它可以鼓舞我们去探索和追求。

我们都会感觉到：色情艺术的大部分是受禁止而无法被大众欣赏。美国现在正从维多利亚时代的压抑中恢复过来。在维多利亚时代女性全身包裹，不让画，不让人看有性的意味的东西的。过去的50年以来，我们透过音乐、戏剧、影片及数码的图像形式，正在重新塑造我们的文化。色情艺术帮助我们理解我们是谁，我们以前是怎么样，我们未来会怎么样？色情艺术在美国开始成长成熟，多年来，只要有些情色意味的作品都会受到诸多限制。然而，色情艺术家一定都会同意：艺术创作是才能的充分发挥，多多少少都有情色意味在其中。在美国，现在已把色情艺术归类为“民间艺术”来加以接受和推广。

色情学（Erotology）的英文词根来自Erotic，一般翻译成“情色”。然而，从主要内容来说，色情学研究的是Porn，即Pornography，是色情，通常被指为猥亵、淫秽的、“黄色下流”的东西。也可以说，情色是没有性交图像的，例如《花花公子》（Playboy）是情色杂志，只有裸体，没有性交等性行为的直接露骨的表现。而色情的书刊，就有性交等性行为的直接而露骨的表现。

由于眼下的社会对于“色情”的看法，还多是污名化，认为“色情”就是淫秽、低下，不是艺术。所以在社会上是被压制、加上莫须有的罪名的。所以人们常常利用“情色”一词来规避色情的罪名，以便于在社会上立足，不至于受到谴责。

如果我们执意要严格区分艺术和情色、色情时，其实就陷入了

“色情污名化”的圈套。在性学和色情学的专业领域中，其实并没有情色与色情的本质不同，情色艺术与色情艺术，都是艺术。只要是画得好的作品，就是艺术。不管画的是大脑，还是阴茎，还是把阴茎放进阴道里。

好像纯“艺术”就不煽情，所以，如果煽情，就是色情。其实，煽情与否，是观者的主观意识或主观投射的，而非该艺术品本身的必然表现。色情或情色的艺术，通常都可能具有（但不是必定有）煽情作用。这和看的人有关。煽情与否都是相对的，而非绝对的。没有任何的作品是绝对的艺术或绝对的色情。当然，某些作者喜欢或故意创作色情作品，但至于是否达到煽情的目的，也是因人（观看者）而异的。所以，并不需要严格区分情色与色情，更不要将它们对立起来。

色情学近年的显学化，扩大了对人类的“性（Sexuality）”的研究。还有一些人类技术的进步，大大扩大了人们对“性”的观察、研究和实践。过去，我们只能观察与研究“现实世界”的性现象。电影、电视、计算机视频和手机视频的出现与普及，使我们可以在“影视世界”中观察与研究大量的性行为和性现象。1990年代中期以来，互联网发展很快，出现了“网上性爱”等等大量存在于“虚拟世界”的性行为和性现象（Cybersex）。也就是说，现在，人们既可以研究“现实世界”中的性行为等性现象，也可以研究“虚拟世界”或“电影世界（影视世界）”中的性行为等性现象。我们可以将这些扩大出来的对性行为等性现象的新研究领域，称之为“网络性学”和“电影性学”（Sexology of movies，Sexological studies of movies，Sexuality aspects of movies studies）。

19世纪末，法国卢米埃尔兄弟发明了电影，使电影艺术成为20世纪最受欢迎的大众艺术而独步全球。印度以年产700部故事片和900部短片号称全球最大的电影产业中心，仅在数量上次于美国，但在出口和

投资，特别是票房收入方面雄居榜首的电影强国当属美国。香港的电影业亦因产量和出口位居世界前列。也就是说，全世界每年生产的电影有好几千部，100多年来，虽然初期不会年产那么多，但电影的总数也会在10万部以上，并且与日俱增！人人有性，从生到死，性是人的生命和生活的重要内容。可以想见，在如此众多的电影作品中，涉及对于人类性行为和性生活的形象表达，会是多么丰富。对于性学来说，又是多么富有的一个研究领域！

电影性学也就是研究电影中所表达出来的性行为和性现象。这种研究是从性学专业的立场出发的，并不是从电影专业的立场出发的，是性学领域中的一个分支。

首先，电影性学的第一个重要研究角度，就是"电影的色情学研究"——研究电影中性行为的呈现。色情学本来就是进行和研究性行为的直接的露骨的描写。就像在"性小说"中，有文字的性描写，"涉性电影"中，则有形象的性描写。因此，"涉性电影"，其中包括完全表达性行为的"性电影"（A片，XXX级电影，等等）和或多或少有性表达的各种电影，这些电影是性学，特别是"性行为学"的一个很好的研究领域。

此外，电影性学的其他研究角度还有：

"电影的性人类学研究"——研究电影中的性风俗、性行为的民族和文化差异等等"性文化人类学"的内容；

"电影的性行为学研究"——包括电影中呈现的性观念、性态度、性行为方式等的研究；

"电影的性社会学研究"——例如，电影中表现的性行为的"社会脚本"的形成、性犯罪、反社会的性行为、卖淫及其他各种"性社会问题"的研究；

"电影的性心理学研究"——例如，研究电影中所表达的性迷误、性执著、性兼容、性禁忌、近亲性爱以及其他性心理和性社会心理学现象；

性教育电影和电影中的性教育——前者是以电影的方式来进行的性教育课程，后者则是在各种电影中表达的有关性教育的内容和方法的研究；

电影中的性学史——一方面有些电影是著名性学家的传记片，另一方面在不少电影中涉及到性学家、性学事件；

电影中的同性恋及其他酷儿或性少数的性学研究——有不少电影是专门描写同性恋的，有些同性恋电影还得到奥斯卡金像奖或其他奖项。电影中描写其他酷儿或性少数的也有，虽然数量较少，但有的涉及的内容很独特，也值得研究。

……

总之，电影性学是有着丰富的研究内容，是一个大有可为的新领域，值得对电影、电视等影视和性学两方面都有兴趣的志者投入研究。

“性电影”的概念及其划分

19世纪末，法国卢米埃兄弟（Auguste Lumiere & Louis Lumiere）发明了电影，使电影艺术成为20世纪最受欢迎的大众艺术而独步全球。电影从它一开始，就和“性”结上了不解之缘：

1896年爱迪生（Thomas Edison）西洋镜公司的女摄影师拍摄《亲吻》（The Kiss）一片，尽管只有短短20秒，在当时却引起极大争议，大众对于突然能偷窥男女亲密行为感到不适应，仅仅因为这部影片呈

现一对男女接吻的“特写镜头”。由于引起骚动，爱迪生后来又拍摄了47秒的版本，短片的广告标榜着：“观众可以看见演员准备接吻、开始接吻，以及不断地亲吻”。同年卢米埃兄弟也拍摄裸体和淋浴的影片《洗澡》，人们透过公开放映的影像看见裸露的身体；接着便开始出现以短片的形式，拍摄人物的爱抚、性交行为。[1]

然而，这种短片，很难称为“性电影”。本文不拟探讨“性电影”发展的历史，只以1972年美国导演达米安诺（Gerard Damiano）的《深喉》（Deep Throat），作为“性电影”的典型代表。现代电影的产量巨大，可以被列为“性电影”的片子，自然会越来越多。印度以年产700部故事片和900部短片号称全球最大的电影产业中心，仅在数量上次于美国，但在出口和投资，特别是票房收入方面雄居榜首的电影强国当属美国。香港的电影业亦因产量和出口位居世界前列。也就是说，全世界每年生产的电影有好几千部，100多年来，虽然初期不会年产那么多，但电影的总数也会在10万部以上，并且与日俱增！人人有性，从生到死，性是人的生命和生活的重要内容。可以想见，在如此众多的电影作品中，涉及对于人类性行为和性生活的形象表达，会是多么丰富。对于性学来说，又是多么富有的一个研究领域！

可以说，“性电影”只是从性研究的角度，来探讨性在电影中的表现，或电影中表现的性。它并不是电影的一个类别。然而，性电影这个术语，并不是笔者的创造。它是早已存在于文献中的。例如，台湾已故的影评人兼导演但汉章早在1970年代就曾在台湾报纸撰写“性电影”的专栏，但集结成书之时，则回避以“性电影”为书名，怕被人误会为色情，因此取名为“电影新潮”。[2]中国内地著名医学家吴阶平

1 林宛瑾（2008）：“性行为的影像纪录与再现——兼谈‘性’与电影”，《华人性文学艺术研究》第一期。

2 但汉章（1975）。电影新潮。台北市：时报出版社。

（1998）主编的《中国性科学百科全书》里，也列有“性电影”条目：

性电影（Sex films）存在电影的各个领域，属于一种学术研究上的分类命名，对电影中大量存在的隐性和显性的性内容进行分析，并非实际电影作品的独立门类。[1]

就像笔者所称的“电影性学”一样，也就是研究电影中所表达出来的性行为和性现象。这种研究也是从性学专业的立场出发的，并不是从电影专业的立场出发的，是性学领域中的一个分支，并非电影或电影学中的一个门类（至少至今是这样）。[2]

“性电影”的概念，或者说它的内涵与外延，并不是很容易说清楚的。“性电影”只是一个中性的、描述性的词语，并不带评价的含义，甚至也和电影的分级不是一回事，“性电影”只是说电影中有“性”的镜头而已，并不等同“限制级”。然而，什么是“性”镜头，就有麻烦。广义地说，所有电影都有“男性”、“女性”、“雌性”、“雄性”及其心理与社会的表现，自然我们不会去说所有的电影，都是“性电影”。即便狭义地说，“性”镜头指的是“性行为”的镜头，也还是有问题，吻和裸体，是不是性行为？假如把有吻和裸体的镜头的电影，都说成是“性电影”，那性电影也就太多了，从而也就失去了“性学”对“性电影”研究的焦点了。看来，只有把“性”镜头指的是“性交”，或“露骨的床戏”，才不会太宽。这就是“性电影”的“质”的界说。

那么，要有多长的“性交”，或“露骨的床戏”的镜头，才会是“性电影”呢？首先要明确的是“性电影”这个术语，并不是用来指A片、毛片、成人电影，虽然无法把它们排斥在“性电影”之外，但它

1　邹平（1998）：“性电影”。吴阶平主编《中国性科学百科全书》。北京：中国百科全书出版社，第537页。

2　阮芳赋（2008）。“论色情学和电影性学”。《华人性研究》，第3期。

们不是“性电影”的主要所指。“性电影”是指那些常规放映的“大片”中有相当分量的“性交”，或“露骨的床戏”的镜头者。这里如此加以分别，并非意对A片、毛片、成人电影带有些许蔑视，只是想要揭示研究的分工有所不同。A片、毛片、成人电影主要是“色情学”的研究领域，而“性电影” 主要是“电影性学”的研究领域。

“性电影”的“量”的界说，是十分重要的事。做得不好，就会把杰出的“性电影”（意思就是有很好的“性”镜头而已，并非对该电影的全面评价），例如《色·戒》，排除在“性电影”之外！这就像对“性小说”的研究一样。过分严格的“性小说”定义， 例如，“全书中心和描写的重点都在于性的作品”[1]，就会把《金瓶梅》等排除在外，因为《金瓶梅》的性描写总共只有全书字数的3%左右。为防止这一现象出现，所以在笔者在博士论文《中国性事——中华文化的性学研究》[2]中，提出了“小说”的“性量的划分法”，将中国古典小说“划分”为4种：完全的性小说、部分的性小说、偶有的性小说和非性小说。这样一来，即使“性小说”的概念明确，又可不把《金瓶梅》这样重要的作品，排除在“性小说”之外。

按照同样的想法，或许可以将“性电影”界定为：“性交”，或“露骨的床戏”的镜头占整个电影的5%或以上的电影。

以下5种并存的划分，或许可以进一步揭示“性电影”的面貌：

1. 性电影的外延划分：

（1）性镜头占全部或大部分的性电影（51%–100%）

（2）性镜头占相当部分的性电影（16%–50%）

---

1 崔胜洪（1993）。“论中国古代性小说中的性观念”。见张国星（1993）《中国古代小说中的性描写》，天津：百花文艺出版社，第131–145页。

2 Ruan, Fang Fu（1991）. Sex in China: Studies in Sexology in Chinese Culture. USA New York City: Plenum Press.

（3）性镜头占少部分的性电影（5%–15%）

（4）非性电影（性镜头少于5%）

2. 性电影的内涵划分：

（1）性文学电影（描写细腻、有较复杂的剧情、如：《色·戒》）

（2）性技术电影（描写性的技术，如：《女性射液》）

（3）性教育电影（新婚的性生活、性婚俗、性文化、性知识，等等）

（4）性行为电影（以性行为的表达为主要内涵，如：《性爱巴士》、《九歌》）

（5）性娱乐电影（好玩的、没有特别教育意义的歌舞、欢乐华丽的）

3. 性电影的“性度”的划分：

（1）“硬”（Hard core）性电影：性器官直接接触。

（2）“软”（Soft core）性电影，有性行为、但没有器官的直接接触。

（3）“裸”（Nude only）性电影，如：《香水》。

4. 按电影的分级制度来划分：

（1）成人性电影。

（2）限制级性电影。

（3）普通级的性电影：越来越多，如：《情人》、《断背山》、《色戒》、《性爱巴士》、《九歌》、《帮帮我爱神》，等等。

5. 按电影的性向的划分：

（1）异性恋的性电影。

（2）同性恋的性电影。

（3）性少数的性电影。

可以预见，随着社会的日益“性化”，性的日益“开放化”，色情片的日益“故事化”和故事片的日益“色情化”；随着“色情学”、“电影性学”和“性电影”等学术研究的逐步开展和深入，一定会对“性学”的发展有所贡献，也许对“电影”的发展，也会有所启发。且乐观其成吧！

《妓女研究》序

妓女研究是进入性学领域的一个很好的入门题材。我的好友维恩·布洛（Vern L. Bullough，1928-2006）博士便是以他著名的妓女研究而进入性学界的。他在性学领域出版的第一本书便是《卖淫的历史》（History of Prostitution，1964，纽约，其意大利文译本1967年，在米兰出版）。1978年，又出版了和他夫人波妮·布洛（Bonnie Bullough，1928-1996）博士合著的《卖淫：插图社会史》，后有多种外语译本问世。直到1998年，布洛教授在洛杉矶发起和主持了首届“世界妓女权力大会”，成为全球“性工作者”和“妓权活动家”的学术代言人。也正是布洛夫妇在所著的《性态度——神话与真实》（Sexual Attitudes：myths and realities，戚坚卫译，顾晓鸣校，列入杨国枢

《妓女研究》ISBN-13：978-986-82761-8-5，阮芳赋主编：性学万有文库023，万有出版社2007年版，高雄·台湾。

主编的“心理学术系列”，由桂冠图书股份有限公司2000年6月在台北出版）一书中，提出了社会处理“性工作”问题的最佳方案：“使有承诺能力的成年人之间的性活动都非罪化，而不管其中是否有金钱交易。”（中译本，第277页）。

妓女研究也是内容非常丰富，并且很有实际意义的题材。从全中国、全世界来看，直接和妓女这个行业有关的人，不是几百、几千、几万，而是几亿。这是最古老的社会存在，也是极为广泛的社会现实。所涉及政治、经济、文化、法律、道德、保健、医药、科技、社会管理、社会福利、社会冲突，等等，许许多多的问题，是非加以研究不可的。

妓女研究当然也是一个很不容易研究好的题材。进入这个领域是需要很大的勇气的。一般说来，进入性学研究就很不容易。我在1985年主编出版的《性知识手册》中，就引用过如下的一段话：

> “要成为一个化学工程师或一个空间科学家，需要智力、献身精神和努力工作。然而，为了研究所有人类行为中最基本的一种行为，却需要特殊的勇气。对于性的态度，处在宗教、道德以及感情的重重范围之中。由于研究对象的本身的特殊性，也面临着任何其他科学分支不会遇到的方法学难题。询问人们性生活的情况，可能被解释为对私人秘密的侵犯；在实验室中观察人的性行为，可能被说成是荒淫好色。然而，有一些科学家，置这些争议于不顾，勇敢地冲破传统的束缚，不屈不挠地进行研究，常常不得不以重大的个人牺牲为代价。”
>
> ——默累《性研究的勇敢的先驱者们》（1983年）

显而易见，进入妓女研究这个特定的性学领域，就需要更大的勇气，去冲破更多的困难和更大的阻力。

是以上面3点为黄灿先生《妓女研究》序。希望妓女研究只是他的入门题材，以后会进入性学更广泛的其他题材；希望他对妓女的研究能扩大到问题的许多方面；希望他保持勇敢的探索精神，把研究进行到底，取得更大更多的成就。

（2007年8月30日于中国深圳）

妓女的起源、发展和衰微

人们说妓女是“世界上最古老的职业”，自是由来已久。

显然，很难断定世界上第一个妓女是谁，在什么地方。这个问题也许并无价值 。事实上，“妓女”这一概念本身也在演变。第一个妓女，也许根本就不同于现代意义上的妓女。世界各国没有“职业妓女”的时候，可能都是先有“巫娼”，即所谓“宗教卖淫”。被尊为西方“历史之父”的古希腊历史学家希罗多德（Herodotos，约 B.C.484–425），就记述了女子到维纳斯神殿行宗教卖淫的情形，这种卖淫源于古代巴比伦女子在米苏达神殿的奉献。所以罗素在其名著《婚姻与道德》中说：“古代娼妓制度绝不如今日之为人鄙视。最初娼妓乃一男神或女神之女巫，承迎过客为拜神之表示。”

王书奴在《中国娼妓史》（1934年）里考证中国在殷代也存在着巫娼，认为这是中国妓女的起源。陈东原在《中国妇女生活史》（1928年）中则说：“中国之有妓女，实起于汉武之营妓……虽然汉以前，越王勾践输淫佚过犯之寡妇于山上，令士之忧游山以喜其意，已有妓

的雏形。”无论如何，中国最初之妓，或与“巫”联系在一起，或与“军”联系在一起，都是一种“社会服务”，并不是赚钱的生涯。

现代的妓女，当然是盈利的，被戏称为“无烟囱工业”，是不需要机器、厂房和大烟囱的；虽向受贱视，但从业者却不乏人。在美国，除了内华达州的拉斯韦加斯等城市，妓女是合法外，几乎都是“暗中”的。据估计（C. Winick & P. M. Kinsie，1971）美国有妓女25万到55万人之多。

然而，近年来，妓女业正走下坡。金赛的研究已指出，从1940年代，妓女的数目已开始下降。亨特（M. Hunt）则进一步指出，与金赛报告的时代相比，到1970年代初，妓女数目已减少50%以上。一个主要的原因是，人们的性观念逐渐开放，尤其是在“性革命”之后，性较自由，婚前性交、婚外性交等都增加了，因而就减少了对妓女的需求；另一方面随着妇女解放运动的发展，就业机会的增多，妇女很容易找到其他较好的工作，妓女业就不那么有吸引力了。但，这并不意味妓女将会从社会上消失。几百年来，试图扑灭妓女的努力，显然并不成功，这说明妓女总有其存在的理由。

妓女与社会：负功能说

反对妓女存在的人认为妓女对社会坏处很大。也就是说，对社会的功能是“负”的，即否定的。反对妓女的存在，似乎符合宗教和传统的社会道德标准，所以“禁娼”的言论，总是易于表达，也似乎“理直气壮”而受人尊重。归纳起来，负功能说的主要论点如下：

1. “万恶淫为首”，妓女是“淫业”，使社会风气败坏，是诲淫

的，使人堕落，因而是一种罪恶。

2. 由于妓女的存在，且善于引诱，一些有妇之夫宿娼，便是对妻子的不忠诚，因而破坏家庭关系，使家庭不和睦、不甜蜜、不稳定；并且也是夫妻争吵反目，甚至离婚的一个重要根源。所以，妓女的存在是社会不稳定的因素，应该排除这种对家庭和社会稳固的潜在威胁。

3. 妓女制度是对妇女人格的贬低，是社会明目张胆的宣告女人乃是男人的玩物，一种没有爱情的、没有选择自由的、出卖肉体的性行为，是对性爱的亵渎，把人降低到动物的水平，是男人对于女性的“性剥削”，是对女性尊严的严重侵犯。

4. 妓女和淫业的存在，促使犯罪的增多；卖淫和吸毒常常连在一起，更易使人堕落。宿娼为满足淫欲，因此而产生偷窃、抢劫等犯罪行为，以获致非分之财而供挥霍，更是屡见不鲜。甚至在妓女与嫖客之间也常会发生骗财与谋杀等违法情事。总之，妓女和淫业的存在，是犯罪的一个根源。

5. 妓女与众多的男人性交（据估计美国妓女每周约有40次性交——G. Sheehy，1873），最易传播梅毒及其他性病，对人类健康的威胁极大，不仅宿娼者的健康受到损害，而且流毒于妻子以及将要出生的子女。性病实是严重危害社会的疾病，要消灭性病，必须消灭娼妓。

6. 妓女与嫖客所发生的性行为，不少是变态性行为，“口交”（Oral sex acts）、“肛交”（Anal sex acts）以及被虐和施虐等等不正常的性行为时常出现。这是堕落的、反宗教的、违法的（例如最近美国最高法院裁定 Sadomy 为非法的）。为了净化性行为，也应取缔这种下贱无耻的行业。

7. 妓女处境是非常悲惨的，她们由于贫困，堕入“火坑”，受到家庭、亲戚、朋友的鄙视，自尊心丧失，抬不起头来，更不能建立自身幸福的婚姻和家庭，过着一种非人的生活。一切有良知的人们，都应该谴责罪恶的娼妓制度，严加取缔，使妓女重新做人，使这种败坏的行业从世界上绝迹。

妓女与社会：正功能说

清朝学者赵翼（1727–1814年）在广州任官时，反对禁船户卖淫，在《檐曝杂记》中，他写道："余守广州时，制府常令禁之。余谓此风由来已久，每船持以衣食。一旦绝其生计，令其七八万人，何以得食。且缠头皆出富人，亦裒多益寡之意。事遂已。"这就肯定了妓女的社会功能，认为卖淫是一种赖以维生的职业，有"济贫"的作用。

至于从学术上论证妓女具有社会正功能的，可以莫尼教授等主编的《性学手册》（1978年）第八十六章"娼妓"（M. S. Stein 撰著）所论述的为代表。该章详论了妓女的五大心理社会功能，要旨如下：

妓女提供了一种方便的、没有情感责任的、多样化的性服务。对于没有配偶或远离配偶的男人（士兵、外出经营者、水手等等），妓女是他们所需要的；对于和配偶在一起的男人来说，宿妓也是在"社会理想的忠诚婚姻"与"性要求变换的自然欲望"之间所生冲突的一种解决办法。

妓女提供各种性工具、性行为的方式，其中很多是夫妻之间难以进行的，例如两个妓女和一个嫖客的"三人性行为"（Troilism）等等。从妓女那里可以得到性体验的扩展。

妓女善于扮演人际依赖关系间的不同角色以提供宿娼者不同的需

要。比如说，有的男人希望有一个像女儿般依赖于他的女人，有的男人却希望有一个像母亲般可以依附的女人，都可从妓女处获得满足。根据统计，72%的男人认为和妓女的关系很好处；52%的男人实际上将妓女当成是有治疗意义的社会角色，例如性咨询、危机的化解、苦闷的排遣等等。特别值得提出的是，妓女常常能成功地治疗一些男人的早泄、阳痿等性机能障碍，故也可以说，妓女是一种有效的，地下“性保健”服务。

妓院和妓女，也是一种社会娱乐和社会的场所。一些长袖善舞的商人，常会利用妓女的媒介作用来发展其贸易。

显而易见，主张查禁妓女的人是不会同意以上说法的，正像赞成妓女存在的人，不相信把妓女当成是罪恶的象征一样。反对者，把妓女当成是社会道德败坏的一种根源；赞成者，则认为妓女的存在恰恰有利于维护社会的道德。从适应性需要的角度试作分析：正因为有了妓女的存在，使一些在家中难获性满足的男人可以方便地得到解决，而不必去引诱别人的妻女，自可减少家庭间的桃色纠纷，无形中也维护了“良家妇女”的贞洁和道德，对于维持家庭的稳定性也有裨益。

当然，娼妓的存在，乃是一项很现实的社会问题，化暗为明，或化明为暗，各有利弊，难作定评；如何配合时空，善加处理，正是一项严肃而必须面对的课题。

面首与男妓

在性生活方面，男性比女性占优势，例如，男人可以娶“小老婆”，即“纳妾”，也可嫖妓。中国古代，曾经流行过这类的话：

“妻不如妾，妾不如婢，婢不如妓。”就明目张胆地宣扬了男人在性生活上的享乐和自由。

然而，女人也有不甘示弱的。她们要娶“小丈夫”（即置“面首”），她们也要嫖妓，当然这里不是“妓女”，而是“妓男”，或“男妓”。司马光（1019–1086年）撰《资治通鉴》的“宋纪·太宗明皇帝上之上”中记载山阴公主：“尝谓帝曰：‘妾与陛下男女虽殊，俱托体先帝，陛下六宫万数，而妾惟驸马一人，事太不均’。帝乃为公主置面首左右三十人。”（胡三省注：面取其美貌，首取其发美）。当然，能够有面首的，只能是像山阴公主那样的贵妇人了。

至于男妓，在古代中国的出现，起初并非为了满足女性的性要求（那时的妇女还没有出家门嫖男妓的自由），而是为了满足男子同性恋的要求，特别是些地位显要的男同性恋者的性要求。直到现在，男妓也是包括两大类：一类是供男人的（英语中称为Hustlers，call boys，kept boys，Peer–delinquent prostitutes等），一类是供女人的（英语中称为Gigolos等）。

在当今世界盛行一夫一妻制的时代，面首是不复存在了。但，男妓却颇有发展之势。特别是近年来，一些完全女性装扮的男妓，引人注目。此种男妓在新加坡、马来西亚华人社会中通称为“人妖”。他们卖淫的对象主要也是男性。有时也称他们为“阴阳人”、“第三性者”、“中性人”。这些称呼在学术上并不完全正确，混淆了一般的概念。然而，无论如何，他们的“容貌、身材，甚至走路的姿势，都可媲美娇滴滴的小姐们”。最著名的泰国人妖“曼谷邓丽君”是一位歌星，“瓜子脸儿，衬着明眸皓齿，十分迷人，尤其是他光洁无瑕的皮肤，披肩的长发，更显得婀娜多姿”（《世界日报》1986年7月15日刊有照片）。当然，这些做女性装扮的男人，只有一部分是男妓。而且，他们的情况也大有不同，有的只是因职业上的需要而做女性装

扮；有的则是心理上的需要，有“异装癖”；有的则是“异性癖”，有改变性别的强烈要求；有的则已做了变性手术。

有多少男妓是专门为女性服务的，未见确切的统计。显然其数目会少于妓女。不过，可以肯定的是，卖淫早已不是女性专有的职业了。

嫖客的研究

妓女与嫖客是分不开的。没有嫖客，妓女也就不可能存在。妓女的特点是为了赚钱而出卖肉体，假如无人付钱去买，这种职业自然就不复存在了。因此，要真正研究清楚卖淫这种社会现象，必须对嫖客也加以研究。

为什么花钱去“买淫”，一个男人为什么要去嫖妓，一般想当然的回答会说，一定是这个男人娶不到妻子，没有其他途径去发泄他的性欲，或也有是因为只身在外，妻子不在身旁，所以暂时不得不去妓院。但是，客观的研究却证明事实上并不如此！嫖妓的主要原因并非因为没有妻子或妻子不在身边。

Houck C.在1984年发表的题为“为什么结婚的男人仍然花钱去买性”的文章中指出：嫖客的最大一个共同点就在他们都是结婚的。

Holzman. H. R.等人1982年发表题为《买性：嫖妓现象研究》的文章中则指出：在所谈过的30个嫖客中，平均他们嫖过的妓女达50个之多。他们的平均年龄为35岁，大部分受过高等教育，没有一个人在身体或外观方面是没有吸引力的，都是堂堂汉子，一表人才，绝大多数毫无困难便可以找到不需要花钱的性伴侣，他们的平均工资达每年3万美元。

Wetzsteon R.于1984年发表的题为《卖淫》的文章中，则指出至少75%的美国男人，在一生中至少嫖过一次妓女。以上这些客观的研究报告都表明，没有妻子或找不到不要花钱的性伴侣，不是（至少不是主要原因）决定男人们嫖妓与否的原因。

Diana L.在其所著《妓女与其嫖客》一书（1985年出版）则给了一个更为广泛的嫖客研究资料，共研究了某城市的嫖客501人，再一次证实了前人的发现，并指出妓女的服务越是高雅，嫖客的社会阶层也越高。

还有一组研究，嫖客数量多到933人，为某一南部城市，发现在收入高、社会职业高的小区和人群之中，嫖客率更高。95%为当地居民。其中只有14个嫖客是女人。嫖妓最多的乃是受过很好教育的、高收入的男性专业人士、属于中上阶层，大部分乃是结了婚的人。

卖淫是一种社会病吗?

美国人道主义者的刊物《Free Inquiry》在1988年夏季号刊登了一封读者（Kenneth A. Davidson, TUCSON, AZ）来信，对于该刊前一期发表的Betty McCollister的文章中的一个观点提出了不同的看法。

Betty McCollister是经常为该刊撰稿的作者，她在该刊1987-1988年冬季号上的一篇文章中将卖淫列为一种社会病，她写道："离婚、青少年犯罪、吸毒、卖淫以及其他脱轨行为这些社会病是人类所特有的"。

Kenneth A. Davidson 反驳道：McCollister断言卖淫是一种社会病，并且只是人类才有，她并没有提出任何证据来支持她的断言。在这两点

上她全是错的。

首先，性作为一种雇佣交易并不只是人类才有的。根据研究记者J. R. Schwartz在一本关于美国的合法卖淫的书，以及布劳夫妇（Vern & Bonie Bullough）在其所著《妇女和卖淫》一书中所介绍的，在高等灵长类动物中，已经观察到存在着以性交作为交易来换取食物及其他好处。举此一点就够了。

我特别反对McCollister那种说法，似乎任何出卖“性”以换钱的行为一定是坏的。我只需用一个例子来证明卖淫并不就一定是不好的。像我们之中那些有严重残疾的人，用钱来买“性”几乎经常是唯一可行的办法（当然手淫除外）。“性”作为一种商品对于残疾人是非常有用的。仅仅这一事实就会使那些谴责一切卖淫的人不能自圆其说了。

把买卖“性”这种单纯换取金钱的通常行为，和青少年犯罪、吸毒放在同一个范围里，也是很荒谬的。这里面没有任何逻辑联系。性作为一种个体的选择、需要和欲望是无害的，仅仅在那些妄图控制别人的性生活的有神论者才把性说成是邪恶。大多数来自卖淫的有害的事情之所以发生，并不是因为把“性”作为金钱交易这种事情本身，恰恰是来源于法律妄图压制卖淫。

在一份人道主义者的刊物上，我读到这种无知的偏见，使人震惊。人道主义者恰恰正是要起来反对这种偏见的。这种偏见是个体自由和个人选择的大敌。

杂志在刊登这封读者来信的同时，刊出了McCollister的回答，她表示Davidson所言是真切合理的，她表示同意，确实有一些场合是需要卖淫存在的。她也指出目前许多卖淫则仅仅是一种剥削，或对幼女的迫害。

性福篇：
“性福”的彼岸

编者温馨提示
性，与生俱来，无处不在。人人有性，与生俱存，绵延不断。所以我们应该“顺其自然，尊重选择”。
老人的性爱需求是一项巨大的社会工程。老年人应该保持一种包括性生活在内的富有乐趣和心身健康的生活。
人类自身的命运在很大程度上取决于对“性”的需求、探索与实践，那么，未来的性学研究发展及人们的性爱趋向究竟如何？性学大师为我们提供了一幅性科学的宏伟蓝图，让我们一起“营造”“性福”生活，奔向“性福”的彼岸。

顺其自然，尊重选择

1993年冬，应台湾性学界同仁晏涵文、文荣光、江汉声等几位教授的邀请访问台湾。第一个演说地点是在高雄。演说完之后，许多热情的记者一拥而上，有一位劈头问道：“以您多年对性学的研究，请用一句话概括性事的要点。”

当时，我脱口而出说了八个字：“顺其自然，尊重选择。”

第二天，好几种报纸报道了这一说法，被称为“八字箴言”。

8年过去了，至今我仍然认为对人们的性取向、性匹配、性探索、性生活的各个方面来说，“顺其自然、尊重选择”仍然是性事美满幸福的要点。

性生活是非常个体化、隐私化、通常牵涉到两个人的非常感情化的微妙的、灵肉交融的行为。

不自然、强人所难、摘酸葡萄等做法，都不可能有很美满的性欢乐。“水到渠成”、“自然而然”，才是和谐的坦途。

大到感情的发展、论及婚嫁，小到相互的抚摸，性交的姿势，都要“顺其自然、尊重选择”。

自然，才能放松，放松才能自如，自如才能达到完美。

假如人们在性、爱、婚、家方面都能“尊重选择”就不应有强暴和威胁，也不应有情杀、情仇等与性爱有关的残酷行为的发生，也应可大大减少不美满、不和谐的性匹配。

“顺其自然，尊重选择”不仅可以应用到异性恋，还可以应该用到同性恋、性别变换等等情况。

2000年3月，香港大学精神学系主任教授，亚洲性学界的领头人吴敏伦医师在深圳“2000年国际临床性学讲习班”的演讲中，在回答“假如发现一个少年有同性恋倾向，应该怎么做？”的问题时，也是“脱口而出”，很中肯地说：“什么也不要去做。”

这便是一个“顺其自然”的例证：许多性学家、医学家认识到，同性恋乃是一种与生俱来的自然属性，就不应将其当成“治疗”或“处罚”的对象了。

在性事领域中，要尊重的“选择”，几乎是不可胜数的。

你喜欢什么类型的人，什么样的个体使你动情，变成你情爱的对象，你把谁作为结婚成家的良伴，如此等等，是选择；你喜欢口交、肛交，或厌恶口交、肛交，也是选择；再如小到你喜欢开着灯，还是关上灯，如此这般，都会影响你性生活的舒适满意程度，也都是不同的选择，举不胜举。

谈到选择，自然就会有“喜好”在内。而谈到“喜好”，就难免是“萝卜白菜，各有所爱”，没有一个人，没有一个框框，没有一种规定，可以被所有的人所愿意，所遵守，所认同，所欣赏、所“流连忘返”，所高兴到“无以复加”的。

“人的不同，各如其面”，其实“人‘性’不同，也各如其人”，何能一统？

也许可以说：良好的伴侣、美满的性生活，正是顺其自然地发展而来，正是两人尊重、接受和协调对方的选择的硕果吧！

性健康是21世纪的一个主要社会目标

——祝贺“国际中华性健康研究会第三届会员代表大会暨学术论坛”召开

1974年2月世界卫生组织（WHO）召开“性健康研讨会”，提出了“性健康”的重要概念。参加这个划时代的会议的29位专家，其中包括著名性学家莫尼（John Money）、吉贝哈德（Paul Gebhard, 金赛的合作者）、卡尔德伦（Mary Calderone, 美国性教育协会的创始人）、卡普兰（Helen S. Kaplan, 新性治疗的奠基人）、李夫（Harold Lief, 美国高等性教育的主要推动者）等等。虽然这些性学大师都已辞世，然而他们对于性健康的重大意义的强调，对如何实现性健康的许多设想，越来越深入人心，影响巨大，已经成为世界卫生组织和许多先进国家21世纪所要致力实现的主要社会目标，成为落实人权和性权的一个关键，成为人类幸福的不可分割的重要组成部分。

显而易见，个人和社会的性健康，都不是天上掉下来的，不是凭空想就会自然实现的，而必须要动员全社会的每一份子，齐心共同努力，才能逐步实现。我相信并预祝“国际中华性健康研究会第三届会员代表大会暨学术论坛”的召开，其新一届的理事会的诞生，以及《国际中华性学杂志》和《华人性健康报》等刊物的编辑工作的改进和提高，一定会在推动华人地区以至全球的性健康的伟大事业中，取得积极而巨大的成果！

世界华人性学家协会名誉会长兼监事长

国际中华性健康研究会名誉会长

阮芳赋 敬贺 2009年9月15日

“美”的社会性

一般常以“天生尤物”、“天生丽质”来形容美貌艳丽的女人是天生自然而成。固然，“肌理细腻”、“明眸皓齿”之类大都是天生的；但若“明眸”牵涉到眼神中流露出的内在性格美，就不完全是天生的了，甚至可以说主要是社会熏陶而成。至于“情人眼中出西施”，则更说明美的判断与相互间的感情有关，美就不是一种不因人而异的天生品质了。不过，要说明美的社会性，最好的例证可能算得是“三寸金莲”。

据考证，传统社会中，中国女人的缠小脚，是李后主（公元937-978年，五代时南唐君主，名煜，字重光）提倡起来的，到清末民初，将近有一千年之久。一双细小的金莲，曾经是一个美人的必要条件，士大夫阶级更趋之若狂。如果一个女人被人评说脚大，便会感到羞惭；如果被赞一声“好小脚”，便会感到得意。方绚著《香莲品藻》一书，概括了“四照莲”、“西番莲”等18种小脚的形态，并且分为“神品上上”等九品。所谓“上上”的“神品”是：“秾纤得中，修短合度，如捧心西子，颦笑天然，不可无上，不能有二。”脚是属于身体的一部分，并不是衣饰等外加之物，缠足是要破坏身体正常结构的，痛苦非凡。李汝珍在他的《镜花缘》中曾加以描绘：“乃至缠完，只觉脚上如炭火烧的一般，阵阵疼痛，不觉一阵心酸，放声大哭道：‘坑死俺了。’”当然现在看来，小脚不但不是一种美，反是一种奇丑——不是说女人丑，而是说社会的风尚之丑，以摧残女性的身体为快乐，岂不是很丑恶的吗？

这惨痛的历史，强烈地证明了“美”的社会性。在男性中心的社会里，女性的“美”是被男性规定出来的，以致上千年、数以亿计的妇女受到这种“美”的折磨。事情还不仅于此，小脚要缠到难以行走的程度，以致弱不禁风，才算“美”的极致，真是害人不浅。《女儿经》道破天机：“为甚事，裹了足？不因好看如弓曲；恐她轻走出房间，千缠万裹来拘束。”男人制定一种“美”的框框，把女人变成了一种足不能出户的私有物，正好“金屋藏娇”。女人当然就不能去读书上学，也不能去从事什么职业和社会活动了。

可见，不但“美”的标准，是因社会而异的，而且，这种“美”的设定标准，还会带来一系列的社会后果，可见“美”确实是社会性的。

办学的奇迹和性学的盛举

2002年8月30日，我从美国旧金山湾区来到树德科技大学，就任人类性学研究所客座教授，转眼已经4年。树德科大不仅以其全新而美丽的校园和良好的教学条件，令人印象深刻，更以其惊人的发展速度，使我叹为观止。从创校之初才大约500名学生，短短5年，就发展到约有10500名学生，在台湾年经人口明显下降、招生日益困难、有的学校不得不关校的大环境下，这真是一个在全世界都称得上的办学奇迹。我想，学园长张佩玉女士创立树德40多年，声誉极佳，至少会是重要原因之一。

令人称奇的又一桩是人类性学研究所的建立，设立了性学硕士学位，开创了性学专业的新纪元，因为这不但是台湾的第一，也是地域

辽阔、人口众多的整个亚洲的第一。虽然，在1995年我在曼谷主持泰国第一届全国性学讲习班之后，1996年在国立朱拉隆功大学已设立性学硕士学位，但是是附属在"卫生研究所"的名下；1990年代以来，在中国内地的北京大学、中国人民大学、华东师范大学、华中师范大学、江西师范大学和香港的香港大学等校，也有性学、性教育学、性社会学的硕士、博士学位的授予，但都是附属在卫生学系、社会学系、生命科学系、心理学系或精神医学系等的名下，性学并未成为独立的招考专业名目，也没有建立独立的性学研究所。1985年我去美国，离开我就学了5年、任教了长达26年的北京大学医学部，17年后，首次重回母校，蒙有关部门和领导，邀我担任拟建立的"北京大学性学研究中心主任"，并拟建立性学硕士学位，但有关人士努力经年，终为泡影。在中国的大学首开性学的通识课程、并编著了中国内地第一本供大学用的性学教科书的彭晓辉教授，邀我试图在武汉大学等几所大学，试图在外省做北京大学的同仁们想做的事，也都一一破灭。之所以说到这些往事，正是为了证明：树德科技大学的董事会和校长，实在是有过人的胆识和学术勇气，敢于创新，为台湾、为亚洲、为世界做应该做的但别人却不敢做的好事；也很赞佩台湾教育部门的主事者，在近年台湾反性逆潮甚嚣尘上之际，能够批准性学专业的高级学位，实在是很有远见和社会责任感的。

好事接踵而来。2006年，博士班也开班了。首届招收3位，却有62位来应考，真是盛况空前。自从1976年美国高级性学研究院（IASHS）在全世界首创性学专业的博士学位以来，性学专业的地位得以奠定。跟进者接二连三，先后有纽约大学，宾夕法尼亚大学等设立了性学博士学位，当年主持教务的是美国性信息和性教育理事会（SIECUS）创会人、著名性教育家考尔德伦医学博士，著名性治疗家卡普兰医学博士，对在美国所有医学院开设性学课程有决定性巨大贡献的俚夫医学博士等。随着这些著名性学家的退休和辞世，纽约大学，宾西法尼亚大学的性学博士设置，已不再存在。然而，在宾州的魏德内尔大学，佛州的迈蒙尼德斯大学，印州的印第安纳大学等，又相继设立了性学方面的博士学位。今年5月，树德科技大学进入了在全世界屈指可数的设有性学博士学位的大学的行列，在亚洲则是独居鳌首，在性学学术领域堪称盛举。我本人躬逢其盛，深感荣幸，谨此为记。

《性与沟通》序

性，与生俱来，无处不在。人人有性，与生俱存，绵延不断。

性，既是“本体”[1]，性器官是可触可感的实体；也是“属性”，性欲是每个人不可或缺的心身本性；更是“关系”：不论是异性恋者、同性恋者、双性恋者的有伴侣的性行为，都是一种存在于个体之间的关系，即便是自我一人的“自娱”[2]（旧称“自慰”，贬称“手淫”），也还是通过身体的一部分与另一部分或与另一种“助性器具”[3]的特定关系而达成的。

性，最有关键意义的环节，就是沟通。因为，任何和谐而美满的关系，都有赖于适宜而有效的沟通。性关系犹然。

---

1 “本体－属性－关系”是几十年前苏联哲学家图加林诺夫提出的描述客观世界的一组哲学范畴。

2 这是笔者创意的一个词，首先用在“全方位的科学性教育”系列（共9册，阮芳赋主编，南昌，21世纪出版社，2003年；台北，新潮社，2005年）。

3 这是笔者创意的一个词，首先在笔者主持的“泰国首届性医学研讨会”（曼谷，1995年）上提出。

就性的个体关系方面来说，沟通极为重要。伴侣之间，小到房事的时间、地点、频率、体位、敏感部位的探索、手法力度的调控等等细微的安排，到是否要受孕、是否可以容忍婚外的关系等等重大的决定和争议，都需要良好的沟通。

就性的社会关系方面来说，沟通也是极为重要的。性与社会的关系，非常广泛，其影响的深刻与严重，也是极为突出的。多少的欢乐与痛苦、多少的无私奉献与生杀掠夺、多少的柔情与仇恨、多少的幸福与罪恶，都源自良好的，或者被忽略、被扭曲、被错搞的不良的性与沟通。那些使现代社会处于纷乱和对抗之中的性别冲突、性倾向歧视、性权的漠视、性产业的污名与治罪等等，也在相当程度上来自社会层面上的不良的性与沟通。

性与沟通，不仅在意义上是极为多重的，而且在方式方法上，也是非常多样的。语言的，文字的，平面的，立体的，虚拟的，艺术的，动作的，物质的，精神的，凡此种种，举不胜举。

“性与沟通”是树德科技大学人类性学研究所的很受欢迎的创新课程。以这一课程的教材和研讨为基础的《性与沟通》的出版，一定可以给台湾社会的性文明、性开放、性和谐、性幸福，带来正面而积极的影响。

解除性福的心障——性执著

据词典解释，执著原为佛教用语，指对某一事物坚持不懈，不能超脱。后来指固执或拘泥，也指坚持不懈。对于事业、前途、生活目标等人生大事，执著地去追求，当然无可非议。唯独对于性事不能执

著某种固定妄念，还是要“顺其自然”为宜。

性功能虽然是一种本能，但它能否正常发挥，与大脑中的一些有关的知识、观念、信念等有着千丝万缕的联系。对于那些足以影响性功能正常发挥的迷思妄念，我们不妨称之为“性执著”。

性执著是性生活的大敌。对可以进行正常性交的夫妇来说，各种性执著使他们的性生活难以达到更完满的状态。一些有严重性执著的人，可能会招徕阳痿、早泄、性冷淡等种种性功能障碍，根本没有性的欢乐可言，倒是因为性而徒增了许多焦虑和痛苦。

性执著有多种多样。有的很严重，有的较轻微；有的很难克服，有的颇易排除。俗话说：千人千面。人的性执著也各不相同，难以枚举。下面是一些在性生活中较常见到的性执著。

受孕执著：有的人在每次性生活中都生怕怀孕；特别是婚前性交者；有的人虽怕怀孕，又不愿避孕；有的人采取了避孕措施，又总担心效果不可靠，为之提心吊胆；有的人怀不了孕，却朝思暮想着怀孕，恨不得这次性生活后就能怀孕……

时间执著：这个时间是不是性交的合适时间；性交持续的时间是不是太短了或者太长了……

地点执著：这个地方（卧房床上之外）是否进行性生活的合适地方……

环境执著：做爱的环境太暗了，太亮了，或太吵了；可能被人看到，可能被人听到，或可能被人猜到……

年龄执著：现在已经老了，今不如昔了；双方年龄差别太大了；这把年纪做爱，是不是“老不正经”……

种族执著：别人会怎么看这种异族性关系；对方是否对我有种族歧视……

角色执著：女人不能表现主动，女人不能表现出性欲旺盛，女人

不能表现出性的满足；男人不能在下面，男人必须主动……

处女执著：又想保持童贞，又想投身爱河；男方对女方是否处女的焦虑；已知对方不是处女的烦恼……

性器执著：自己的阴茎太小了，太大了，太长了，太短了，太硬了，太软了；自己的阴道太大了，太小了，太紧了，太松了……

频度执著：性交次数太多了，太少了；觉得不如别人“能干”……

射精执著：损失精液，对身体有害，会缩短寿命；射精太快了，太慢了；精液太多了，太少了，太稀了，太稠了……

高潮执著：一定要双方同时达到性高潮，否则就是不和谐、不圆满；每次性交都要有，除高潮，否则就等于失败……

幻想执著：与配偶做爱，不可以想着别人；要不要告诉对方在做爱时脑中的性幻想……

淫荡执著：我这样是否显得太淫荡，太好色；我们的性关系是否不像真正的、纯洁的爱情，而只是流于肉体的贪婪……

患病执著：性行为是否太危险，是否会感染上艾滋病，是否会被传染上梅毒、淋病或其他性传播疾治；是否会加重原有的疾病……（不包括对性安全的正常考虑和应有的性安全措施）

体位执著：这种体位合适吗；女人能在上面吗，男人能在下面吗；这种体位是否可行，这种体位是否会伤害身体……

爱情执著：他（她）真的爱我吗，只是为了发泄还是真正的爱情；性交只能是爱情的表达，性与爱是不可以分开的……

方式执著：只有传统的性交方式才是可行的，其他不同于常规的方式都是淫荡的、变态的、不可行的……

工具执著：性工具是肮脏的；用性工具是性无能的表现……

自卑执著：她（他）太美了、太高雅了，我配不上她（他）；我能让她（他）满意吗？我是不是动作很笨拙；我的性能力好像不如别人强……

生理学知识告诉我们，你在做某件事时，就会在大脑的相关部位形成一个兴奋灶，而大脑其他部位的活动就会受到相应的抑制，以保证你能专注地做好这件事。正如俗话所说：一心不能二用。做爱也是如此。

在性生活中，任何一种性执著，都会引起不同程度的焦虑，结果在大脑中形成另一个兴奋处，从而影响性功能的良好发挥，妨碍性生活顺利进行，甚至导致性生活失败。

因此，如何有效地排除各种各样的性执著，乃是达到性生活和谐美满的必要条件。去除性执著，也就是说要把一些莫须有的顾虑、焦急、烦恼、恐惧、羞耻、自责、自卑等等内心的“魔障”去掉，从而使心灵放开，能无拘无束、无忧无虑地去尽“情”尽“爱”，以达到双方最完美的和谐与最高度的满足。

去掉莫须有的精神束缚，去掉自我烦恼的性执著，开放感情，开放心灵，乃是性和谐的关键。说“大脑是最重要的性器官”，其意也正在于此。

不过，如何去掉束缚，消除性执著，开放感情，开放心灵，没有一种唯一正确的方法可以适用于一切人。每个人有每个人的性执著，也应当有每个人特定的解决方法。可以“自放自疗自救”，也可以通过请教专家，进行“性咨询”，以求解开心结，去除妄念、克服性执著，充分享受性生活的欢乐。

对老年人的“性”偏见

美国社会学家哈里斯（D.K. Harris）和柯尔（W.E. Cole）在其《老年社会学》（1980年，波士顿）中，曾列举社会上流行的对于老年人的“神话”（Myth）——虚构的，不符合事实的，但却被广泛传布和相信的说法，共23项。其中，与我们要讨论的问题有关的，计有3项：所有的老年人都是一样的；女人比男人更能适应退休生活；绝大多数的年老者没有性能力，而且对性也无多大兴趣。

其实，老年人并不都是一样的。就“性”能力来说，不同的老人，差别很大，有的老人，在70岁、80岁以至90岁，还可保持性能力。《拍案惊奇》卷二十“李克让竟达空函，刘元普双生贵子”，写到刘元普70岁生头生子，18岁的养娘巧云疑为“拖来”或“抱来”的，刘元普此时年过71，他说：“若精力健旺，虽老犹少。你却道老年人不能生产，便把那抱别姓、借异种这样邪说疑我！我今夜留你在此，正要与你试一试精力，消你这点疑心。”只此一宵，便受了孕。这虽然是小说，但不无社会根据，与现代性科学研究的结果也并不相违背。有一位性学家在1979年调查报告说，大约有70%的男人在68岁时仍然有规律地进行性活动，甚至78岁年龄组内，还有25%的人继续保持性的活跃。女性亦然。可见，并非是绝大多数的年老者都没有性兴趣和性能力。女性在停经之后，由于不会再受孕等原因，性欲还可能比生育年龄时期增高。可是，一方面有些妇女可能受到传统的偏见“老年还追求性满足是粗鄙，不成体统的”影响；二方面社会偏见总把女性的吸引力和年轻联系在一起，女性一出现老年征象便不那么有诱人的力

量了。相反地，男性出现某种老年征象，却可能被认为是有成就、有经验、有智慧，而具有特别的吸引力；三方面，女性的平均寿命比男性长五六岁，因而寡妇要多于鳏夫，女性在老年时要过孤身生活的机会大于男性。例如1979年美国的一项调查丧偶寡居的65到74岁的男人占9.6%，75岁以上23%；在女性则分别为41.2%和65.3%，比男人高得多。因此，至少就“性”的方面来说，女性并不比男性更能适应退休生活。

现代性科学认为高龄者具有性方面的兴趣与潜力，仅仅因为一些偏见的广泛影响，使这种兴趣和能力受到明显的压抑。老年人应该对自己具有信心，不要去理睬那些不符合科学的传统偏见，而保持一种包括性生活在内的富有乐趣和心身健康的生活。

老年人性生活的名著《司达－威纳尔报告》

第二次世界大战之后，美国的两次关于性行为的调查，奠定了今天的性学和性医学。第一次是美国印第安纳大学生物学教授金赛的调查研究，从1938年起，他致力于广泛调查美国人的性生活的实际状态，或者说他致力研究性行为的人类生态学。他们创造了一套特殊的、面对面调查和记录的方法，详尽地研究了大量美国不同肤色、不同年龄、不同教育程度、不同职业、不同地区的人的性生活的各个方面。对每个被调查者提出多达350个问题，被调查人的总数达1.7万例。金赛根据这些调查数据出版了著名的两大册专著：《人类男性的性行为》（1948年）和《人类女性的性行为》（1953年）。第二次，是在几十年以后，玛斯特斯博士和约翰逊博士采用现代化的实验技术研究正

常人的性反应的解剖学和生理学，并于1966年出版了《人类性反应》。这里所要介绍的老年人性生活的著名调查研究：司达－威纳尔报告，在意义上可以和以上研究比美，在对老人性生活的研究上，得到了令人耳目一新的全新结果。

合力进行这一调研的是司达（Bernard Starr）和威纳尔（Marcella Weiner）两位博士，他们也都是纽约城市大学的教授，都是老年学专家，后者还是当时的"白宫老年会议"代表。他们设计了由50个问题组成的"问卷调查表"，向全美国年龄在60岁以上的老年男女进行调查，被调查者自行回答所问的问题。调查颇受欢迎，有14%的回收率（著名的海特报告，只有3%的回收率，发出约10万份问卷，只回收到3千份）。由此而写成的《司达－威纳尔报告：老年时期的性生活》（The Starr－Weiner Report On Sex and Sexuality in the Mature Years）于1981年在纽约由Stein and Day出版公司出版。人们将其与金赛、玛斯特斯和约翰逊相提并论，奉为有关人类性行为的第三本经典之作。

一、主要的发现

在所调查的800位老人中，年龄从60岁到91岁，35%为男性，65%为女性。来自美国东北部的占47%，西和西北部的占27%，中西部的占13%，南和西南部的占13%。大部分是白人，也有黑人，西班牙语裔，以及其他少数族裔。他们大都住在自己的房子，或公寓里，也有住在老人院里，只有5%的人是和亲属住在一起。72%的人属于"健康很好"或"健康良好"，25%的人属于"健康尚可"，只有3%属于"健康不佳"。48%是在婚的，37%是丧偶的，11%是离婚的，4%是单身的。基督教新教徒占48%，天主教徒占20%，犹太教徒占26%，其他教徒占7%。

宗教观念很重的占11%，一般的占41%，有一点点的占24%，没有宗教意识的占24%。在曾经在外面工作的人中，71%退休了。

问卷包括50个问题，下面是其中的一些：

1. 你现在对性生活的感受比你年轻时如何？

2. 有些人说性交并不是性生活的最重要部分，你认为呢？

3. 从你绝经以后，在性生活方面起了什么变化？

4. 你认为是男性老人，还是女性老人，对性生活更感兴趣，有些什么差别？

5. 许多老人用“自娱”（手淫）来释放性欲冲动，你对此有何看法？

6. 在晚年，女性多于男性，那些年老的女性如何应付这个问题？

7. 那些没有结婚也无同居伴侣的老人，怎么解决他们的性要求？

8. 现在你在做爱时出现高潮的频度如何，比你往昔年轻时有无不同？

9. 你对裸体和伴侣在一起，有何看法，在这些年来，对此方面有什么改变吗？

10. 假如男方无法勃起，这对做爱的伴侣能够怎么做？

11. 你对年老的男人有年轻的情人有何看法，对年老的女人有年轻的情人又有何看法？

12. 随着年龄的不断变老，你的性激情，态度和行为也会随做着有所改变，对此，你有何看法？

《司达－威纳尔报告：老年时代的性生活》以“性兴趣”、“自娱”（手淫）、“女性高潮和性爱体验”、“喜欢的和不喜欢的”、“性行为的实验和理想的情人”、“亲密的沟通”、“孤独的老妇”、“回顾与前瞻”、“永无休止的性：改善你的性生活的指南”，和“老年的革命”等10章和60个表格，来分述这一空前的研究的结果。同时在作为导引的第一章“性与老年：迷误和真实”中，用以

下的陈述明确表达了这一研究所揭示的令人惊讶的发现：

1. 在老人中仍然强烈而持续地有性欲求。

2. 老人们相信性生活对于身体和心灵的健全是很重要的。

3. 大多数受访的老人都感到现今的性生活像他（她）们年轻时一样好。

4. 相当多的老人，包括男的和女的，感到进入老年后的性生活比过去更好。

5. 性感高潮仍被认为是性体验的不可或缺的主要部分。

6. 大多数受访老妇是有性高潮的并且一直保持这种状态。

7. 许多人感到现在的性感高潮强过年轻时的高潮。

8. “自娱”（手淫）被接受为解决性需要的一种途径。

9. 大多数人都认可不结婚的同居。

10. 占压倒多数的受访的老人，包括丧偶的、离婚的、单身的，都有主动活跃的性生活。

11. 大多数人都对他们的性生活满意。

12. 为了达成性生活的满足，许多人都乐于采用种种不同的性技巧。

13. 有字数目多到令人惊奇的老人，认为口交是最兴奋的性体验。

14. 受访者典型地表现出来对谈性既不感到难为情，也不焦虑。

15. 大多数人喜欢和伴侣裸体。

16. 受访的老人，特别是老年妇女，认为理想的、最棒的爱人是和自己年龄相近的。

17. 大多数人认为他们的性生活会在变得更老时还保持大体同样的情况。

二、宝贵的启发

《司达－威纳尔报告：老年时代的性生活》全书302页，开篇第一段写道：

> 在大多数美国人的心思里，“性生活”和“老年人”通常应是不会走到一起的。没有人喜欢变老，特别是在美国这种崇尚年轻的文化里。除去想到老人银灰的头发、皮肤的皱折，这些来自多年生活磨炼的象征外，人们就往往把“老年”和“衰退”等同为一。

可见中美两国对老年人性生活的否定、消极而谬误的一般舆论是一致的，事实上，这是在全球范围内，对老年性生活认识的历史性错误的表现。请看司达和威纳尔两位博士在他们的报告的卷首，举出的对老年人性生活的一些成见和说法，又是和中国领土和文化中的一些说法，何其相似，如出一辙：

当看到一对老人紧靠在一起，相互握着手，抚摩着对方的手指，周围的人们就会以看不惯的眼光盯他们，好像要对老人说：“举止行为要适合年纪！”（中国人骂道：“老不正经！”）一般的信念是：“老人都是一样的，他们根本不应再想性事。”（中国人骂道：“老来骚！”）

有意思的是，在美国进行客观调查的结果，却如上面译出的，从60岁到91岁的老人，性生活很活跃，很主动，很满意，很看重，很积极，很肯定，甚至比过去年轻时还好！！

这一点倒也很像“中国国情”，性事，是能做不能说的！管你社会舆论如何把老人从“性”的欢乐殿堂“扫地出门”，大家关起房门，照干不误！或者说虽然关起房门干得欢，但在桌面上、在社会

上，大家还是维持传统：“爸爸妈妈（更不用说爷爷奶奶）是早已并且绝对不干那件事了！”

《司达－威纳尔报告：老年时代的性生活》，或者这里把这报告摘要译出，正是为了把这件很自然，很有益、很愉悦的老人性事说出来，让它变得可以大大方方去做，去坚持、去改进、去享受的老人生活的重要组成部分！

就像报告中的一位老年妇女说的那样明白有力：

> 我曾经做了5年寡妇。6个月以前我再婚了。人人都对我说；再婚很好，因为你需要一个伴！每一个人都告诉我要有一个伴，我感到很恼火。当然，我是需要做伴的人，但我再婚也是为了性生活。我一直总是有着主动的性生活的，至今依然。我现在已是82岁了！

然而，这些说出性生活很活跃、很主动、很满意、很看重、很积极、很肯定，甚至比过去年轻时还好的老人800位，只是发出问卷总数的14%，也许正因为他们性生活很活跃、很主动、很满意、很看重、很积极、很肯定，甚至比过去年轻时还好，所以他们才积极回答出来，还有86%，相当于4900多人，没有给出他们的回答。安知这大多数人中有多少是没有性生活的，并对老人的性生活持否定的态度的呢？

《司达－威纳尔报告：老年时代的性生活》，或者这里把这报告摘要译出，正是为了把这些老人性生活“很活跃、很主动、很满意、很看重、很积极、很肯定，甚至比过去年轻时还好”的这种积极有效的实情和态度，传达给那些并没有性生活的老年人，传达给整个社会，从而使现在和未来的老年人，也都生活在美妙的性爱之中，让老人有更主动、更愉快的性生活，活得更健康、更美满、更长寿！

老人的性爱需求是一项巨大的社会工程

——《华人老年性生活研究》发刊词

“老人无性”是几千年来在全世界广泛流行的错误观念，对老人的健康和生活有很大的负面影响。现在已经到了非要解决不可的时候。早在1993年，台湾已经正式进入“高龄化社会”，银发族已经是社会所要面对的迫切课题。

现代科学已经证实，老人主动而积极的性生活对老年人的心身健康和幸福愉悦具有不可或缺的重大意义。与此相关的许多问题都要深入研究，例如，老人性欲的特点，老年人的性能力及其影响因素，老人性行为的特点，老年人性功能方面可能出现的障碍及其防治，各种疾病、药物和嗜好品对老人的性活动的影响，在必要情况下避孕和助性器具与性辅助剂的使用，性传播疾病及其预防，老人婚姻中的老少配，老人的离婚、丧偶和再婚，老人的人权和性权的完整体现和社会支持，等等。

“活到老，学到老，性到老。”有理由说，20世纪人类在性生活方面更为开放、活跃和丰富多彩，也许正是使人体素质和平均寿命有空前改善的重要因素之一。也有理由相信，21世纪人类在性生活方面，在各个年龄阶段的进一步开放、活跃和丰富多彩，将会也进一步提高人体素质和平均寿命。当前的首要问题，就是要树立新观念：活跃的性生活，对老年人来说，不但不是不适当的，而且是必要的，既有利于提高老人包括性生活在内的生活质量，也有延年益寿欢度晚年的功效。

在某种意义上说，老年人也是一个“弱势群体”，他们的生活常常要受到家庭内、社会上年轻一代人的影响，有时是还会是决定性的重大影响。所以，性爱生活对于老人的积极意义这一点，不但要老年人懂得，不要“自动放弃”；还要使他们的家人以及社会上有关的人懂得，从而对此能加以支持和帮助，而不去阻挠与反对。

65岁以上的老人，通常都已退休。除去少许本来富有的老人外，多半收入减少，甚至不再有收入，也就是说老人在经济上大都不能自给自足；到达退休年龄以上的老人，身体或多或少都有些毛病：高血压、糖尿病、骨关节病、心脏病、癌症等等疾病的威胁，老年性痴呆导致的无生活自理能力，都会导致老年人体力上不能应付自如；同时，在精神上、观念上深受偏见重压，社会上各种各样不利于老年人的迷误，十分盛行，这些都使老年人弱势化，多数老人可能会处在家庭弱势、社会弱势、人生弱势之中。老人的性生活，更是长期以来被否认、被抹杀、被反对，可以说是弱中之弱了。因此，从观念上、舆论上、法律上、机构上、社会措施上有系统并综合配套地致力于解决老人亲密关系和性需求方面的问题，是一个必须多方努力，携手合作，共同完成好的巨大的社会工程。

本刊正是适应这一需要所创办的一个兼顾学术和普及之杂志，期望能在广大作者和读者的支持下，起到一点积极的作用。热烈欢迎来稿，欢迎提出意见与建议，共同努力把这份刊物办好，越办越好！

残疾人的性问题

由于遗传病和其他先天性疾病、交通事故、战火及其他意外伤害，使得残疾人在人口中占有相当大的比例。家庭和社会对于残疾人负有很大的人道责任，应该尽量使他们遭受不幸的人生过得较为幸福。其中就有一个过去很少谈到的残疾人的性生活问题。流行的观念总把“性”和年轻、力壮、体态优美等联系在一起。对残疾人来说，重要的似乎仅是衣着能自理、能行动或能操纵轮椅等等，性生活则无足轻重，最好避而不谈。其实不然，性要求是人生来就有的权利，残疾人也不例外；甚至，残疾人尽管生理方面受到限制，感情方面的要求却有增无减。

现代性医学认为：小便失禁并不意味着性器官的无能；缺乏知觉并不意味着缺乏感受；生理上的畸形并不意味着性欲上的缺陷；无性交能力并不意味着无能力得到性享受，性生活还包括性交以外的种种形式；失去生殖器并不意味着失去性生活，身体还有其他一些部位可以提供愉快的性体验。

著名性医学家玛斯特斯和约翰逊两位博士的实验室曾经观察到一个女病人，她本来是一名受试者，参加了玛斯特斯和约翰逊实验室对正常性反应的客观研究，3年后因车祸而截瘫，尽管她失去所有的骨盆感觉，却渐渐发觉乳房对刺激的敏感性增加了。在她受伤以前，性快感和性兴奋很少被刺激乳房所激发起来，但在截瘫6个月以后，却能从乳房的刺激激起性高潮，身体也表现出性高潮的种种变化。这就说明残疾人可能发展出新的性能力。

无论医务人员、残疾人或是其亲属，都不要对残疾人的性能力和性生活完全失望。采取一些积极的措施，残疾人便可以得到相当的性生活，并不断地有所改善。这些措施包括：有关专家对残疾人根据伤的具体情况进行适当的性教育和性生活指导；在不能完成性交（失去生殖器、没有配偶、无法完成性交动作等）的情况下，建议进行按摩、接吻、乳房刺激等“非生殖器”性活动，或手淫、口交等“非生殖器”性行为，发展和采用一些辅助装置，例如男用的“人造阴道”、“振荡器”，女用的“振荡器”、“按摩器”，性交时机械性的体位辅助器物等等。

事实上只要临床医生、临床心理学家、性医学专家、性治疗专家、康复医学专家、社会工作者、护士、已经康复的残疾人、残疾人福利组织等各个方面结合起来，在残疾人的家庭配合下，就一定可以使残疾人的性生活问题得到合理而实际的解决，从这一方面，使残疾人的生活质量和幸福感不断得到改善和提高。显而易见，仅仅靠残疾人本身，问题是难以解决的，必须要有一种社会的注意和社会的协助，才能做好这件为残疾人造福的工作。

“性角色革命”和“性革命”

讨论两性社会学是不可能不提到“性角色革命”（The sex-role revolution）和“性革命”（The sexual revolution）的，即使像60年代、70年代那样的热潮已经过去，但其影响是不容忽视的。不同的人，对于“性角色革命”和“性革命”有不同的理解，事实上也存在着歪曲和混乱。所以，最好的办法是以严肃的、社会学家的学术性著作为依

据，来加以了解。美国社会学家坎多（T.M. Kando）所著《性行为和转变中的家庭生活》（1978年）便是一个很好的根据，这本书正好是在热潮年代之末写成。它的最后两章（第八章和第九章）的题目正是“性角色革命”（第339–374页）、“性革命”（第375–424页）。我们按照这两章的内容，对“性角色革命”和“性革命”作一简单的介绍，作为以后讨论有关问题的一个基础。

“性角色革命”与“性革命”虽有相当的关联，但在根本上是有差别的。“性角色革命”是一种社会革命，与共同生活中的男性、女性角色的变化相关；“性革命”是一种性行为革命，与私生活中的性自由程度相关。一个赞成“性角色革命”的人（例如主张男女真正平等、同工同酬等），并不一定赞成“性革命”；一个赞成“性革命”的人（例如主张同性恋者应有和异性恋者同等的权利、可合法结婚等），并不一定赞成“性角色革命”。

“性角色革命”的根源在于人们认识到在男、女两性之间存在着一种社会的不平等。“性角色革命”的主要表现和内容便是众所周知的“妇女解放运动”。妇女解放运动所针对的主要问题包括：①社会结构方面的歧视女性，例如在劳工市场上女性的不利地位；②文化方面的歧视女性，这表现在不利于女性的性成见、语言上的性别歧视、社会学说和传播媒介以至整个价值观念系统中对女性的歧视；③传统的婚姻和家庭模式中，存在着对女性的压迫；④在性方面，女性是被剥削的，例如性道德方面的两重标准，女性受限制，男性则远较自由。对这方面的，“性角色革命”和“性革命”相连接起来。

台湾大学人口研究中心在1985年3月举办了第一次研讨会，主题为“妇女在国家发展过程中的角色”，后来，在台湾大学人口研究中心妇女研究室的主持下，又召开了“变迁中的性别角色座谈会”，可以认为这些都是与“性角色革命”有关的。

“性革命”又称为“性解放”（Sexual liberation）、“性宽容”（Sexual permissiveness）、“性自由”（Sexual freedom），指的是人们在性行为方面的显著而快速的变化。第一次性革命发生在第一次世界大战结束之后，第二次性革命发生在1965–1975年，是世界性的，例如婚前性行为的人口大量增加，见于美国、英国、德国、斯堪的纳维亚、加拿大以及其他许多国家。以斯堪的纳维亚国家言，尤其是瑞典、丹麦，在性革命方面起了带头作用。

归纳起来，“性革命”所涉及的主要方面为：①无论是男人、是女人、是年轻人、是上了年纪的人，结婚了的、没有结婚的、同性恋的、异性恋的、双性恋的以及其他各色人等，都有同等的性权利，都可以根据自己的意愿和选择，自由地进行任何无害的性行为，法律和道德都不应该对此种性行为加以阻止；②对性技术的注重，包括一系列方面，从生殖器性交技术到口交、肛交技术，从手淫方法到振荡器、人造性器及其他各种性器具的使用；③重新强调人际关系的意义，强调爱情，强调相互尊重的新道德标准，强调性关系的相互响应而不是例行的、剥削性的性行为，强调真诚而不是虚伪。在这方面的一个突出的事例是，在妻子不愿意性交的情况下，如丈夫强行求欢，则妻子可以强奸罪名提出控告。

本文并非对“性革命”进行评论（以后将根据具体问题而另行评议）。显而易见的，自80年代以来，人们逐渐在性方面转向传统和保守。一个典型的综合评述便是列奥（J. Leo）的文章“性革命已成过去”（“时代”1984年4月9日）。美国俄亥俄大学社会学教授张思添（A. Thio）在他的《社会学概论》（1986年出版）教科书中，摘载了这篇文章；同时，专门写了一节“性革命的后果”，指出性革命导致了4方面的变化：①鼓励人们对各种性行为的形式采取容忍的态度，一个突出的例证是相当多的人已不再认为同性恋不道德的了；②明显削弱了性道德的两重标准，女性在性方面比从前自由得多，例如大学女生有婚前性行为的，由1965年的29%上升到64%（相差35%），男性则由65%上升到77%（只相当12%）；③结婚者性行为的目标已出现根本性变化，由过去的生殖目标转变为现在的享乐目标，在夫妻性生活中转向追求各种各样的性满足；④道德观念方面的明显改变，由过去的“定位”标准（只容许婚内的性行为），转为现在对性行为双方关系的“质量”的强调（平等、相互尊重和爱情）。

“性革命之后”的美国

美国广播公司（ABC）在1986年7月30日播出了一个长达3小时的电视“新闻特写”，题目叫做“性革命之后”（After the Sexual Revolution）。不过，就具体内容来说，基本上讲的是“性角色革命”，而不是“性革命”。当然，这个节目本身是很有趣味的，有助于人们了解，性革命和妇女解放运动兴起之后20年来，到底对于美国的妇女、男人和儿童的生活发生了些什么变化？在经济上有何得失？男人和女人之间的关系真有些什么变化？女人参加工作、男女间关系的改变，对家庭的影响如何？

由詹宁斯（P. Jennings）主播、阿隆（B. Aaron）和斯瑞克尔德（R. Threlkeld）采访的这组电视新闻特写，分成3部分，依次题为：妇女在工作、女人和男人、新的美国家庭。

看了这个节目之后，总的印象是：变化很大、问题不小。这里，摘取一些数字和典型数据，来看看这些变化和问题。

男人工作赚钱，女人在家照料，这种传统的男、女社会角色的模

式已不复存在。现在，工作的人中，女人占到50%以上；像医师、律师这种高收入、高声誉的工作，女人所占的比例，也明显增加。今天，女医师占17%，女律师占18%，比过去大有增长。然而，女人仍然在社会地位、经济地位方面低于男人。美国500家最大的公司中居于首位者，女人只有2人，可说是微乎其微。60%的工作妇女，每年的收入低于2万美元。一般说来，女人和男人做同样的工作，其报酬仍然不足男人工资的2／3。据统计，70%的工作妇女是单身的、离婚的、寡居的或嫁给每年收入不到15000美元的男人。

在对妇女的保护方面，美国也还欠缺。世界上有100多个国家有法律保障孕妇的工作，美国却没有；世界上有100多个国家有法律保证当妇女妊娠生育期仍可得到工资，美国却没有；世界上有50多个国家有法律要求政府机构和私人雇主给妇女提供喂奶、照顾婴儿的时间，美国却没有。

离婚的妇女，问题更大。离婚之后，妇女和她所带的孩子，有73%生活水平下降，男人却有42%上升。只有不到15%的妇女收到平均每年不到4000美元的赡养费；许多人只收到每年1美元的象征性的赡养费。离婚的妇女和她所带的孩子，33%处于穷困之中，15%靠救济维生。

所以，即使在经济生活方面，妇女仍然还要努力奋斗，才有可能真正和男人并驾齐驱。

在性与婚姻方面，改变的确很大。

1953年，《金赛报告》一书中显示，50%的妇女在婚前有过性行为，现在（1974年）上升到81%，这表明女生在性方面较往昔更自由。

20–30岁的妇女，1970年有36%未婚，现在（1986年）则上升到56%；没有结婚而同居的妇女人数，1986年是1970年的4倍，现有的200万之众。这表明传统的婚姻、家庭观念有所改变。

大学水平的白人女性，若30岁仍单身，只有20%的机会能够结婚；

35岁时仍单身，则只有5.4%结婚的机会；40岁仍单身，结婚的机会降低到4%。在50年代出生的女人，有15%永远不会结婚。

良好的婚姻、持久的婚姻，只有在往昔才是真实的。现在，女性有着新的选择机会：离婚和同居。新结婚的，有50%的机会离婚。单身女人是1/5家庭的户主。

结婚的妇女，有20%永不生小孩。在1950年，80%的小孩是不到30岁的母亲生的，现在只有60%的小孩，母亲在30岁以下；显然生育延迟了。女人在35岁以后，28%不可能生育；40岁以后，63%不能生育。

1986年，父母离婚的儿童有1000万，1987年将增到1100万。到1990年将有2/3的单身妈妈及小孩在穷困之中。

在一家日间托儿中心里，共有33个小孩，其中父母双全的只有6个，有2个和外祖父母生活，有25个是单身母亲照管。这一图像很鲜明地反映出婚姻家庭的巨大变化。再如，接受采访的纽约州“伯恩斯姐妹”摇滚乐团，她们5姐妹，有4次结婚、3次离婚、许多次的关系破裂、4个小孩，也反映出女性在社会生活中的变动。

由于男人的短缺、离婚的盛行、寡居和晚婚，现在25岁以上的仍然单身的妇女占很不小的比例。整个美国妇女，有40%是单身的。越来越多的妇女把事业放在首位。

一位和有妇之夫生了一个小孩的单身母亲琳达说：“今天，一个女人，为她自己考虑，不是不可能的了，我年在30中期，事业顺利，经济上有保障，我可能并不需要去找一个理想的男人嫁给他。但是我并不放弃做妈妈的机会。”

离婚的增多，单身和同居的被接受，婚前性行为和婚外性行为的增多，显而易见的是，这些都增大了妇女选择的自由和机会；但到底，是好、是坏？好在哪里？坏在哪里？如何进一步演变，以求得更美满的社会和人生，恐怕都还需要待以时日，才知分晓。

性革命方兴未艾

曾经发表过《性革命已成过去》的社会评论家和高级作家John Leo此文发表后几个月，在《人道主义者》上发表了L.A. Kirkendall的相反观点的文章《性革命方兴未艾》。

Kirkendall是奥列冈州立大学"家庭生活"退休教授，是国际著名的"家庭生活研究"的伟大先驱者之一，著有不少关于性和家庭生活的书和论文，是"美国性信息和性教育理事会"（SIECUS）的联名创立者，他被选为1983年人道主义者，在1985年被授予美国性的科学研究学会（SSSS）年度奖。他曾在美国、日本、以色列、英国等许多国家和地区进行演讲。

他首先指出Leo的文章所理解的"性"太狭窄了，仅仅集中注意于生殖器官、婚前性交的增加以及对性乐趣的肯定和追求。这个非常局限的观念，使他得出了性革命已经结束的结论。而按Kirkendall看来，在上世纪60年代和70年代并不存在着"性革命"。仅仅在现今，人们正感受到一场"性革命"行将来临。

Kirkendall在他的文章中列举出了已经发生的、正在发生和将要发生的、真正重大的"性革命"变化有：

1. 生殖过程和生殖器交媾的分离，这里包括人工授精、精子银行、代孕妈妈、胚胎移植、产前诊断和治疗、试管婴儿、冰冻胚胎、人造子宫等新技术的应用。

2. 使男人、女人的角色差别减少到最小的运动，这里既包括新技术，也包括新的社会变动。传统的男、女角色差别，对男人、女人都不利。女人受到男人的支配，男人却推动了许多的生活的满足和欢乐。从一定意义上来说，男人需要解放更甚于女人之需要解放。避孕技术、使生殖与性交分离的技术，既减轻了女人的负担，也减轻了男人的负担。女人解放进入职业，男人解放也许将会更多地去照顾小孩、享受生活的乐趣。

3. 使某些僵硬的、形成于“性仅仅为了生育”的时代的束缚松弛开来，使人们在性生活领域中，可以享受各种不同的选择和体验。我们需要扩展对“性”的概念，那并不止是生殖器和阴茎插入阴道。

所有这些变化将使人们更为自由、不论是男人或女人，这才是真正使人们生活幸福的“性革命”。

中美性科学的现状与未来

中文的“性学”是Sexology的译名，Sexology来自德文SEXUALISSENCHAFT，是德国医学家布洛赫在1906年首先创用的。在从小学到大学的普通教育（包括普通性教育）中，一般不大用“性学”这个学科名，例如，在美国到20世纪60年代后期，开始真正重视性教育，以医学院为例，1960年整个美国只有3所医学院开设有关“性”的课程，1968年增加到30所，到1973年114医学院已有110所开设了这方面的课程。现在几乎全部美国的大学，学院，包括二年制的小区学院,都有专门的课程讲授有关“性”的知识,可以反映出社会对性教育的需求和重视，这些课程一般都不称为Sexology，而称为 Human Sexuality。我建议以“性科学”来译Human Sexuality，用于更广泛的多种场合，而“性学”还是译Sexology，用在更为狭义的专业领域。

一、从建成一门学科的要素看中美“性科学”的成熟度

一门学科，在学术界，在一个国家，是不是完全确立，要看是否满足了下面7个必要条件：

有一定的从业人员，有一定的工作岗位（社会实践领域），有学会和学术会议，有一定量的专业出版物，有公开发行的学报或专业杂志，在高等教育中设有专门化和学位，有专门的研究机构。

1906年布洛赫提出“性学”之后，另一位德国医学家赫希菲尔德于1896年出版了《怎样解释男人与女人爱同性的人》。1908年编辑出版了世界上第一种“性学杂志”，并1913年共同奠基组建了世界上第一个“性学学会”。1919年在柏林建立了世界上第一个“性学研究所”，1921年组织“性改革国际大会”，这是人类历史上第一次国际的性学会议。他著有《异装癖》、《爱的自然律》、《同性恋》和《性病理学》（3卷）等著作，对性学的创建做出了很多贡献。

1933年希特勒上台后，不但关闭了赫希菲尔德的性学研究所，也毁灭了刚建立不久的性学，致使性学领域陷入一片空白，直到第二次世界大战后，性学学科才得以新的面貌在美国逐步重新建立。

我在原北京医科大学的生理学和医学史这两个学科都工作过相当长的时间，曾是中国《生理科学进展》两个生理学杂志的常务编委之一，同时也担任过《中华医史杂志》的常务编委，可以说对这两个领域还是了解的。无论生理学还是医学史，今天，无论在国际学术界，还是在中国，都是完全确立了的，即成熟度100%。虽然医学史领域，不如生理学领域那么大，在中国实现完全确立也较晚，但现在也是7个条件全具备了的。

从20世纪70年代末80年代初，我进入了在当时的中国内地还是禁区的性学领域。

当时任中国医学科学院名誉院长，中华医学会会长的著名泌尿外科专家吴阶平教授主持编译的《性医学》一书，1982年由北京的科学技术文献出版社出版，标志着现代性学和性医学作为一个专门学术领域在我国的建立，具有不可磨灭的历史功绩。该书的编译前言精辟地论述了性研究和性医学的巨大意义：

> 性医学是研究人类的性生物学、性心理学及性临床学的一门新兴学科。性是生物繁衍的基础。性行为是人的一种“本能”。然而，许多因素，包括社会、心理、遗传、疾病等等，都会影响或破坏这种本能。事实上，有这样或那样性问题的人十分常见。但是，很长一个时期里，人类自身的性问题并没有受到正确地对待。有性方面疾患和苦恼的人常常羞于启齿，苦于无处就医；许多医生对性医学的理论和实践也了解甚少，又往往无师可问、无书可读。大量事实表明，人们十分需要性医学。性医学所提供的医疗保健，有利于解除人们性的疾患和忧虑，有益于人们的身心健康，有助于提高生活质量，使人们精力充沛地去工作、学习和生活。有关性医学的研究，也促使计划生育学、精神卫生学等等学科的发展。

这些精辟的论述不仅适用于性医学，也适用于整个性学和性教育领域。这本书的出版，作为一个信号和榜样促进了性学禁区的打破和性教育的开展。

也就是在那个时期，1979-1985年，我撰写“性教育漫谈”，在《父母必度》发表，从1985年1月起，共刊出10篇，这是新中国成立以来，第一次对性教育作了较全面而的系统的正面论述。还在当时发行

量很大的一些刊物和报纸，诸如《中国青年》、《大众医学》、《健康》、《祝您健康》、《中国妇女》、《百科知识》等等，发表了84篇有关性教育和性学研究的文章，其中包括都是1985年发表的《百科知识》上我写的《从禁区走出——现代性医学发展史略》，是一篇性学通史和简论，该文首次正面而系统地论述了现代性学作为一个科学分支的兴起和发展及其意义，担起了为一个学科开道的历史作用。在《祝您健康》上我写的《同性恋——一个未解之谜》，相当系统地谈到了同性爱的各个方面，被认为是当代国内第一篇公开表示对同性恋要加以理解和正确对待的文章。

在这个基础上，我主编的《性知识手册》在1985年由科技文献出版社在北京出版。这是新中国成立以来国人自行编写的第一部中型性学读物，兼顾专业人士和一般读者的需要，也为性教育提供了一个现代的性科学知识基础。至此，我国性学和性教育书籍出版的大门便成功地打开了。

1985年7月22日到8月8日，在上海举办性知识讲座成功的基础上，由上海大学文学院刘达临教授、上海中医学院樊民胜副教授和上海计划生育宣传教育分中心蒋蕴芬主任共同发起主办的全国第一届性教育讲习班开办。这个班当时受到广泛的注意，国内外多种报刊作了报导。是新中国成立以来第一次有组织地培训性教育人才。我作为主要讲课人在课堂上提议建立"中国性教育研究会"（筹）获得了广大学员的热烈赞同。旋即成立了以上海中医学院洪嘉禾教授为主任的筹委会，虽然之后由于种种原因，这个全国范围的性教育研究地至今仍未成立，但这个组织行动推动了在上海、黑龙江、新疆等很多地方建立了性教育研究会等机构。

也许可以说，1985年是中国性学禁区被打开的一个标志。是年离美国金赛的《人类男性的性行为》（1948）的出版已37年，离玛斯特斯和约翰逊1966年出版的《人类性反应》已经19年，离1976年全球第一个授予政府核准的性科学高级学位的专业研究生院美国“高级性学研究院”的建院也已经9年；从1985年到现在（2001年）才17年的发展，我认为中国性学的发展是很快的，其专业成熟度已达65%，美国至今我看也只有85%（但在全世界也许这还是目前最高的）。下面就上列举的7项条件，比较中美两国在性学学术领域已有的成果和尚待弥补的缺失。

（一）从业人员

一个建立了的专业，一定有专门的人才在从事。中美两国现在都有数以千计的专业人员在性教育、性咨询、性治疗、性研究等部门工作。在中国，完全从事这一专业的人员较少，但也已经有了。例如，马晓年主任医师在北京402医院建立了“性医学科”，他和他的同事便是全职工作在性科学与性医学领域的。但兼职的则要多得多。即便在深圳康宁医院也成立了性医学科并开设性治疗门诊，在国内业界有相当的知名度，主持人陶林医师是中国性学会的理事，广东性学会和深圳性学会的负责人之一，他也还要兼做他的精神科医生的本业工作。在美国，情况类似，包括一些最著名的性学家如莫尼（John Money）、格林（Richard Green）、布劳（Vern Bullough）等等在内，很多性研究者、性教育者也是兼职的。

由于美国大部分医师不会兼职去从事性治疗，而中国不但很多精神科医师，还有很多泌尿科医师和妇产科医师兼职从事性治疗和性研究，加上还有很多计划生育和妇幼保健人员，也兼职从事性教育性咨询性治疗和性研究中来，所以中国的性教育、性咨询、性治疗、性研究人员数目会比美国多。

从受过性学专门训练的从业人员来说，美国和中国都还远远

不够。10年前，美国“高级性学研究院”院长麦克依万纳（Ted McIlvenna）教授估计，当时美国便需要10000个性学专家，过了10年，真正达到的数目也才2000人，所缺甚剧，中国真正受了性学专业训练的人员数目就更小了。

（二）社会实践领域（工作岗位）

在中国，性学的专业人员可以就业的岗位，比在美国的机会其实还要多些。共同的实践岗位主要有：

1. 性咨询门诊

2. 性治疗门诊

3. 性教育工作：包括在中学和大学的普通新兴科学课程的教师，社会上的对一般公众的性教育，在性科学学位教育（学士、硕士、博士、博士后）机构任教的高级专家。

4. 性传播疾病特别是艾滋病的防治工作

5. 性研究工作

6. 性社会问题的对策和防止

在中国具有远比美国就业机会多的岗位有：

7. 计划生育机构

8. 优生咨询机构

在美国更多但其职位本身很有限的岗位有：

9. 在各种“性少数”或“酷儿”的群体及其有关机构工作的活动家和社会工作者

总的说来，美国和中国都还没有在以上岗位配够有足够专业训练的性科学人才，尤以中国为甚。例如，在中国的中学和大学和社会上受过充分性科学专门训练的性教育专业人员，至今数目还是不多的，是很需要填补的一大片专业人才训练的空白。

对一个服务于人类个体的咨询和治疗的行业，例如医师、心理治疗师等等，都要有专业资格的合法认定。通常的做法有两种：一种是行业机构发出的专业认定，另一种是政府机构发出的开业执照。最成熟的这类职业，常常要兼有这两种证照。

美国性科学领域至今尚存在的一个最大的缺失是对性咨询师和性治疗师并未建立政府管理的执照制度。在这种情况下，不但性咨询师和性治疗师没有像医师和心理治疗师那样的职业和社会地位，甚至不得不处在合法与非法之间的边缘状态。这也就是我只给美国的性学科85%而不是100%成熟度的主要原因。

就性学科的行业认证来说，美国虽然早已开始了，但也还没有完成。最早的两个行业认证机构是：成立于1967年的“美国性教育工作者性咨询师和性治疗师协会”和成立于1978年的“美国性学家学院”。较晚的两个是：1986年成立的“美国性学院”和1991年建立的“美国临床性学家学院”。

之所以说性学科的行业认证也还没有完成，是因为以上四个机构的全国的普遍权威尚未确立，也没有成为政府授权的委托机构。也就是说，有一些性教育工作者、性咨询师和性治疗师，并不具有它们之中的任何一种证照，也在执业；又由于政府并无性教育工作者、性咨询师和性治疗师的执照法律，所以，“无照”并非就是“非法”。看来，无论是权威的行业机构的专业认定，还是政府机构发出的开业执照，对于性教育工作者、性咨询师和性治疗师职业来说，都不是一个短时期可以解决的问题。

相反地，在中国，假如要着手解决这个问题的话，倒有可能在较短时间便能解决。因为，中国从事性教育工作、性咨询和性治疗的人员大多是已有医师、教师的执照，而且性科学一般也不需要在大学建立学士学位，所以只要给有志于成为性教育工作者、性咨询师和性治

疗师的人员，在其原有学位和执照的基础上进行一定量的附加专业训练，便能够以一定方式认证其执业的合法性。当然，也可以在国内的高等院校设立性教育工作、性咨询和性治疗的硕士以至博士学位，他们的学士专业为他们提供了合法执业的执照，他们以附加专业训练或性教育工作、性咨询和性治疗的硕士以至博士学位的条件，通过“中国性学会”特设的“专业资格审查委员会”，为他们的执业提供行业的认证。

（三）学会和学术会议

美国最早也是最有影响的性科学学会是“美国性的科学研究学会”（又译“美国性科学学会”，Society for the Scientific Research of Sex，简称SSSS），是在1950年由美国著名性学家阿尔拜特·艾利斯（Albert Ellis）等提议组建，但直到1957年才得以建成，每年举办学术会议，都约在11月上旬举行。

此外，还有一些与性科学相关的学会组织，例如：“性治疗和研究学会”、“美国男性学学会”、“性沉溺症治疗协会”、“哈利·本杰明国际性别认同障碍协会”等。

在中国近代史上，1923年，张竞生博士在北京大学任教，组织了性科学研究会，可说是性科学研究组织的先声。当然，随着张教授的被迫害和德国法西斯对性学的剿灭，这一切也就销声匿迹了。

当代中国，在性学禁区被打开之后不久，中国性学会便以“筹委会”的形式存在了多年，有过多次学术会议。我就参加过1993年在成都的第7次学术会议。中国性学会终于1994年5月27日在民政部注册成立，社会团体登记证号为：社证字第1636号，其成立大会于1994年12月24日在北京举行。中国性学会常设办事机构在北京海淀区学院路38号，北京大学医学部内旧公共卫生楼320室中国性学会秘书处。2001年，中国性

学会举行了第4届学术大会。

（四）专业出版物

假如说在1985年，中国出版的有关性和性学的书籍，还是屈指可数的话，那么，在1985年之后，这方面的出书，就如大潮风涌来，难以胜数。从出书种数和印数的绝对数来说，可能不但都超过美国，也可能会超过其他任何一个国家。到底中国在改革开放以来，出了多少有关性的书籍?

潘绥铭教授在所著《中国性现状》（北京，光明日报出版社，1995）中说：“人们到底也没学会从活人的生活中来理解社会，到底也没想出该对性来点什么建设式意见。结果，最近的10年就站出来说话了。1985年，阮芳赋教授主编的《性知识手册》和吴阶平教授编译的《性医学》先后问世。到1992年10月，据吴宗健讲师的不完全统计，此类书籍（文艺作品除外）已有273种之多。”

现在，不但早已超过273种，恐怕也超过了546种，甚至超过819种了。我并没有见到正式的统计数位。但为了得到一个说法，大前天，我特地到“国家图书馆”查了主要收改革开放以来的中文书目，在“性”的分类下共列有1438种书。本来这应是很有价值的统计数字。遗憾的是由于该编目程序有问题，竟包进了数以百计的与性（Sexuality，Sex）毫无关系的书（例如有关内燃机、核工业的技术专著）。因此，我只好减去400种误入的，加上150种漏收的，那么这些年来，中国出的有关性的书约有1000–1200种之多!

我希望有人愿意花工夫写一本书《中国当代性书书目提要述评》，从数量上，特别要从提高质量上，对此作一严肃的学术研究。

（五）公开发行的学报或专业杂志

"美国性的科学研究学会"的学术机关刊物是《性的研究杂志》。其他的性科学方面的专业杂志有：《性行为文献》，《性的历史杂志》，《同性恋杂志》，《心理学和人类的性杂志》，《性教育和治疗杂志》，《性和婚姻治疗杂志》，《社会工作和人类的性杂志》，《性和残疾的医学方面》，《性和残疾》，《美国性信息和教育理事会报告》（原文略）等。

中国性学会的学术机关刊物是《中国性科学》（原名《中国性学》），到2001年9月，已出到第十卷第三期了，但还不是一个有正式刊号的正式出版物。这对中国性科学的发展肯定会有相当不利的影响（本演讲之后不久，此问题已经解决，《中国性科学》已有刊号多年——阮芳赋注，2010-1-14）。有一个国家级的性科学学术杂志，不仅对提高性科学研究的质量大有好处，也有利于性科学专业队伍的巩固与发展，还可使中国性科学真正进入到世界性科学界，有利于国际交流的正常发展。

（六）高等教育中的专门化和学位

1976年，两位美国"美以美教会"的神父麦克依万纳（Ted McIlvenna）和萨顿（Laird Sutton），脱离了委托他们从事的有关性的调查，在加州旧金山成立了州批准的私立美国"高级性学研究院"，提供州批准和认可的性科学硕士、性科学博士，性科学教育博士、性科学哲学博士等高级学位（美国的大学均由州政府批准和管理，联邦教育部并不直接批准和管理高等院校），开创了在美国和全世界性科学高级学位教育的先河，今年6月刚举行了25周年庆典。至今，"高级性学研究院"仍是世界上唯一的性科学的专业研究生院。

随着性科学的日益成熟并为社会所需要，性科学的高级学位，相继也在其他大学设立，包括一些名牌综合大学。例如，"美国性学院”在1993年出版的只提供给其成员的《性学纲要》中，在“高级性学研究院”之外，还列举了两个设有性科学博士学位的大学：纽约大学和宾夕法尼亚大学。纽约大学也有3种高级性科学学位：性科学硕士、性科学教育博士、性科学哲学博士。我在前几天，特别从国际互联网上查阅最新的情况，现在已有约20个大学或研究院设有性科学的训练证书、学士、硕士、博士学位或博士后研究，其中包括加州州立大学诺斯累奇分校、旧金山加州州立大学、杜克大学、印第安纳大学、麦蒙尼得斯大学、夏威夷大学、明尼苏达大学、威德纳耳大学、阿尔拜特·艾利斯研究所、哥伦比亚大学与纽约州立精神病研究所、威斯康星医学院、艾莫累大学、乔治·华盛顿大学与霍吉尔基金会、芝加哥伊利诺大学、印第安纳波里斯性健康研究所、新择西医齿科大学、密西根大学，等等。

中国性科学的发展，现在最重要的当务之急是要添补空白，立即着手建立高等教育中的性科学专门化和学位。前面已指出，需要性科学专门人才的社会岗位，中国比美国还多，教学的基础和建立专业时机已经成熟。能像加拿大那样有专门的“性学系”（如在蒙特利尔的魁北克大学）固然好，就像美国那样，除了“高级性学研究院”之外，并没有那个大学设有性学系，而是将性科学的专业化分布在已有的系科中。例如，纽约大学是设在教育系，还有的大学分别列入心理系、健康教育系、体育系、家政系、社会工作系、家庭医学系、家庭医学和小区保健系、家庭环境科学系、人类服务职业系、行为科学系、家庭计划和性科学系、医学系，等等。

虽然，并不一定要设性学系，但一定要建立这个专门化。即便是在心理系、教育系、社会系、医学系、卫生系等等不同科系的硕士点、博士点、博士后工作站点培养，但在学位、学历上，一定要有“性科学”、“性咨询”、“性治疗”、“性教育”专门化的字样，

这是性科学在中国完全建立和成熟的必要条件。我想国内很多大学，都有可能争取领先达到这一目标。

（七）专门的研究机构

20世纪40年代，美国印第安纳大学生物学教授金赛通过对1.7万美国人的性行为的面对面的调查（有350个问题之多），完成了两大册专著：《人类男性的性行为》（1948）和《人类女性的性行为》（1953），是世界上首次最大规模的、最详尽的关于性行为的调查分析。金赛被公认为性科学研究的划时代的人物，以他的名字命名的"性学研究所"是美国也是全世界最著名的一个性学研究机构，其中还设有在全美国也是全世界最丰富的性学博物馆。

几十年以后，美国妇产科专家玛斯特斯博士和后来成为他的妻子的心理学家约翰逊博士，共同进行了性反应的实验研究，成为了现代性医学的真正的开创者。1966年，出版了第一部专著《人类性反应》，1970年出版了第二部专著《人类性机能障碍》，开创了性治疗的新阶段。1979的出版了第三部专著《同性恋》。巨大的成功使他们得以在圣路易斯建立了以他们的名字命名的研究所，他们夫妇共任所长，克洛德尼（R.C. Kolodny）博士任副所长。他们三人合著的《性医学教科书》于1979年问世。该书就是吴阶平教授主持编译的《性医学》的蓝本。

此外，还有设在纽约的阿尔拜特·艾利斯研究所，加州州立大学诺斯累奇分校的"性研究中心"（由尚健在的著名性学家布劳协助建立），夏威夷大学的"太平洋性和社会研究中心"等。

中国最早建立的是设在江西宜春的"南方性学研究所"，相继有"黑龙江性学研究所"、"上海大学性社会学研究中心"、"中国人民大学性社会学研究所"等。最近北京大学医学部的一些专家提议建立实体机构“北京大学性科学研究中心”，如能尽快落实，对于促进性科学的发展是会很有积极作用的。

二、中美“性科学”的未来

从全世界来说，性科学都还是一门发展中的科学，中美两国性科学的建立过程也都还没有完成。近年来，中美两国的人士也都感觉到了培养性科学人才、发展性科学的必要。例如，在1995年，由美国的福特基金会、贡德基金会、罗伯特·伍德·约翰生基金会、亨利·凯萨家族基金会、J. D. 和C. T. 麦克阿瑟基金会、洛克菲勒基金会共同资助，对美国的性科学研究进行评估，提出长篇报告，建议要加强性科学的研究工作。中国近年也大力提倡要加强性教育，加强对艾滋病和其他各种性转播疾病的防治和研究。

中国在性科学的从业人员、出版物等方面，已有很好的基础，又有计划生育这样国家的一项最重大任务的客观需要和实力支持，加上对众多人口的性教育和艾滋病等各种性转播疾病的防治和研究的巨大需求，再加上中国没有对性持否定态度的强大宗教势力的阻挠，我认为，在新的世纪，中国有可能在世界上领先完成性科学的学科建设，并在性科学的研究和实践上取得重大进展，推动性科学登上一个新的高峰。

缔造和迎接人类性学的第三个高峰[1]

1993年在成都举行的中国性学会（筹）学术会议的闭幕即席致词中，笔者首次提出以下概括和预测：历史上，以说德语的性学家为首，掀起了第一次世界性学高峰；以说英语的性学家为首，掀起了第二次世界性学高峰；由于一些客观的因素，在21世纪，将以说汉语的性学家为首，掀起第三次世界性学高峰。10多年后，更多的迹象出现，使这一预测的现实可能性日益明显。

一、人类性学的第一个高峰

这一个时期，始于1886年克拉夫特·埃宾的《性心理病》一书的出版，终于1933希特勒上台后对性学的毁灭。第一次性学高峰集中在说德语的国家，其学术的焦点在于认识和支持性少数，推行性少数的"医学化"：由把性少数看成是犯罪而改成是疾病，从而保护性少数。

虽然"性学"（Sexualissenchaft，英译为Sexology，中文也可译为"性科学"）这个术语是德国医学家布洛赫在1906年首先创用的，但是，人们仍然公认1886年出版的克拉夫特·埃宾的《性心理病》一书是现代性学的奠基性著作。因此1886年便被看成是现代性学的肇始之年。

德国出生的奥地利精神病学家和司法精神病鉴定专家克拉夫特·埃宾一生写有400多种著作，包括几种大型教科书。根据长期的司

1　世界华人性学家协会成立大会暨性学高峰论坛，2008-1-22，深圳，中国。

法精神鉴定所收集的精神病案例，尤其性的反常案例，通过分析、归纳和总结撰写并出版《性心理病》。他指出“性倒错”（性变态）并不是犯罪而是疾病，《性心理病》是为医生和律师写的专著，副标题为“临床－法医学研究”。为了避免此书在公众中流传，所以关键的段落采用拉丁文写成。然而这本书还是被广为传播，大受欢迎，在作者逝世之前便已增订出到第12版。从世界各地给他寄来大量信件求助，他都尽力地回信。

1891年，摩尔写了第一本有关同性恋的专著《反常的性感受》。1896年，赫希菲尔德用笔名出版了一本关于同性恋的书《怎样解释男人与女人爱同性的人》。同年，霭理士和西蒙合著《性反常》（亦称《性逆转》）一书，从而开始了霭理士达32年的《性心理学研究》的浩大工程，由库列勒根据未能在英国公开发行的英文本译成德文，在德国的莱比锡出版，当时“性逆转”一词主要指同性恋。1899年，赫希菲尔德编辑《性中间阶段年报》，研究“性中间阶段”，即处于男性与女性之间的兼性状态人群。布洛赫著《马尔奎·德·萨德和我们的时代》，研究了性变态现象。

奥地利的精神病学家弗洛伊德在1905年出版了他的《性学三论》，在性学发展史上有重要影响。弗洛伊德的学说在西方的风行，在20世纪中促进了人们对性持更开明的态度，对违反社会“正常”惯例的人较为宽容。也使对性科学的公开研究在社会上获得了更多的认可。

瑞士性学家、性教育家A.H.福勒尔出版了《性问题》专著，提出废除过多的性法律和同性恋可以结婚的主张，对于性学做过不少普及和教育工作。1928年哥本哈根召开的国际性学大会之后，建立了“性改革国际联盟”，福勒尔与赫希菲尔德、霭理士共任主席。

可以用赫希菲尔德个人的成就和遭遇，反映出第一次性学高峰的

概况：

对性学卓有建树的德国医学家赫希菲尔德于1896年写了一本书《怎样解释男人与女人爱同性的人》。1908年编辑出版了世界上第一种"性学杂志"，并于1913年共同奠基组建了世界上第一个"性学学会"。又有《异装癖》、《爱的自然律》、《同性恋》和《性病理学》（3卷）等著作出版。1919年在柏林建立了世界上第一个"性学研究所"。1933年，希特勒上台后，他的性学研究所被关闭，迫使他流亡国外。

希特勒所破坏的不仅是赫希菲尔德的性学研究所，而是完全扼杀了第一次性学高峰，毁灭了刚建立不久的整个性学领域，当时活跃的大多数性学家是德国的犹太人，他们的著作被烧毁，研究机构、学会和杂志被禁，使性学领域进入空白一片，直到第二次世界大战后，性学学科才得以新的面貌在美国逐步重新建立。

二、人类性学的第二个高峰

希特勒扼杀第一次世界性学高峰的1933年，正好可以说是说英语的性学家掀起第二次世界性学高峰的起始之年。1933年，美国第一位重要的性研究家迪金森博士的名著《人类性解剖学》出版。他是一位医生，又是一位画家，曾描绘了许多女性和男性生殖器官正常和异常的图像，他的《人类性解剖学》成为这方面的权威专著。他还采取面对面交谈的方式收集了总数达1200份之多的关于性生活的个案资料。这一研究方向为金赛所发展，1938年他开始其持续多年的规模浩大的人类性行为的调查研究。1948年和1953年，金赛的《人类男性性行为》与《人类女性性行为》相继出版，被视为现代性学的第一座里程碑。后来，马斯特斯和约翰逊以实验的方法，经过对312名男性和382名女性实际性行为的实验观察，积10年的研究成果，1966年出版了轰动世界的专著

《人类性反应》，提出了人类性反应周期（兴奋期、持续期、高潮期和消退期）及其规律的学说，被誉为现代性医学的奠基者。

可以说第二次性学高峰的焦点是“性多数”，也就是说是人类社会中的普通人，研究的是并未被污名化的大多数人的性生活，中心议题在于认识和支持性多数。事实上，性多数中，就有性少数的行为，其间并无严格的分界。对性多数的研究，进而促进性少数的“非医学化”，由把性少数看成疾病而改为是正常的差异，从而进一步保护性少数。

同性恋就是一个最好的例证。同性恋由是犯罪，经第一次性学高峰，改认为是一种疾病，由被认为是“罪恶行为”变成是“异常行为”。然而，金赛的调查表明：同性恋者的数目并不少，1948年报告5300名成年男性白人，有过同性恋行为的占37%，其中绝对同性恋者占4%；1953年报告5940名白人妇女，有过同性恋行为的占13%，其中绝对同性恋占3%。美国政府的一项出版物中公布了吉伯哈德1972年的估计：成年妇女有过同性恋体验的约占10%-12%，男性同性恋行为的发生率更高一倍，即约占20%-24%。1973年，美国精神病学会召开全国代表大会，更以58%赞成，38%反对，4%弃权通过决议，把同性恋从“异常行为”中删除，同性恋第一次正式地被承认为“一种并非病态的性行为方式”。这里，就把“性少数”和“性多数”统一起来了，全都是人类“性象”（Sexual spectrum）的不同部分。整个人类的性权利，都要受到肯定与尊重。也就是说，性学的新高峰将要关注的是“性全数”：性少数和性多数都并列为在“性象”中，从而实现人类全体的性权利。

三、对人类性学的第三个高峰的预测

因此，笔者以1999年《世界性权宣言》的正式通过，作为第三次

性学高峰的起点。正好，这是20世纪结束之年，也正好这个性权利宣言是在华人小区香港通过和发表的。

第三次性学高峰，将要致力于实现“性全数”（性少数和性多数）的“人权化／性权化”：全人类、全年龄、全性别都要有完全的性权利，既要消除性多数和性少数的性对立，也要消除性方面的年龄歧视（“老人无性”和“儿少无性”的严重社会偏见）和性别歧视（对女性的性歧视和对“跨性”／“第三性”的性歧视），实现性的“四全”：全人类、全年龄、全性别都要有完全的性权利。

美国自从洛克菲勒基金会断绝对金赛研究的支持以来，性研究就很少能够得到资助。2005年，在芝加哥大学，著名的性研究家劳曼（Edward O. Laumann）向我面授机宜的一个要点便是：如何在提出研究计划时避免出现Sex和Sexuality字样，要想办法找到“非性”的代用词，以便能得到经费的支持。由此可见一斑。

中国也许是唯一的一个大国可以用国家的金钱和时间公开进行涉性的研究。许多妇产科、泌尿科、精神科和计划生育科的专业人员都可以进行与性有关的学术研究。当然，这是与中国面临的人口控制和艾滋病及其他性传播疾病的控制等问题有关，但是由此而导向的性研究的进行本身是有稳固的支持的。

我们还可列举一些重要标志表明未来华人社会在性学的第三次高峰的形成和发展中会起到重要的，甚至是决定性的作用：

1999年，吴敏伦教授在香港主持了第一次在华人地区召开的世界性学大会，并通过了有伟大意义的“世界性权利宣言”；

2006年，以林燕卿教授为所长的树德科技大学性学研究所博士班开学，连同前后的200名以上的硕士生，形成了当今全球最大的性学专业人员培训基地；

同年，以彭晓辉教授为主译完成了在“世界上最大的性学网站”

中主要性学自学课程的中译，并使该网站的点击量大幅增长，其中的中文版居于各种文版之首；

近几年来，在广州、武汉、香港和深圳等地接连举办性文化节，上海等地也有类似的大型活动，表明性和性学在华人世界已经成为大众化的社会行为；

2007年9月，“世界华人性学家协会”（WACS）已由会长吴敏伦教授在香港注册。该会的成立旨在把全世界华人社会的华人性学家和西方研究“华人性学”（Chinese Sexuality）的“汉学家”联络组织起来，就性学研究的方法和方向，进行更密切和更有效的交流，使性学的研究更科学、更有独创、更有意义、更有革命性的巨大影响力和带动力。

这个协会是笔者在2007年2月4日，在中国第一个“性吧”举行的“深圳市性学会暨首届性文化节筹备会”上提议立即着手建立的。定于2008年1月20–22日在深圳隆重举行成立大会，同时举行该协会的第一次性学高峰论坛。当然，这只是一个开端，真正的工作和成果，还需要今后多年的艰苦努力。

愿有志者团结一致，共同奋斗，努力缔造和迎接人类性学的第三个高峰！

再论缔造和迎接人类性学的第三个高峰

在世界华人性学家协会（WACS）成立大会暨性学高峰论坛上，与会者对于笔者提出的“在21世纪，将以说汉语的性学家为首，掀起第三次世界性学高峰”的预测普遍表示赞同。尤其值得注意的是吴敏伦教

授以其亲身经历说明，一些西方性学家早就有这种看法。他在大会发出的《华人性研究》创刊号"发刊词"中写道：

> 近年来，我们尊敬的性学前辈与同事阮芳赋教授到处向人表示，根据他的分析和推论，现代人类性学已进入第三个高峰，而这将会是由华人所领导的。他这个说法或许还未有很多人信服，因芳赋本人是华人，难免有"卖花赞花香"之嫌。但是，多参加国际性学会议或多与外国性学家交谈者，便会知道很多西方性学家其实也有类似想法，甚至不只是想法，而是寄望。因为根深蒂固的西方文化和信仰，已开始顽强地拖着"性科学"的后腿，使它在欧美等地已再难寸进，反而由于被性政治的缠扰拖累，已渐有进入死胡同的迹象。一年前，我在《性与关系治疗期刊》（Sexual and Relationship Therapy）中发表《一个中国模式的性文化蜕变》（The Transformation of A Sexual Culture, the Chinese Paradigm）一文后，更收到很多外国性学家的来信，认为世界性学若要摆脱诅咒，那才是唯一可走的路。
>
> 所以，对华人性学家来说，现在已经不再是一个谦虚礼让的时候，而是要提起勇气，努力接棒，以求不负众望。

然而，在如何论证这一预测上却有不同的看法。刘达临教授在会后有很详细的叙述，题为《迎接〈世界第三次性学高峰〉》，该文放在他的"自传"体裁的新著《我与性文化》，作为该书的"后记"，全文引述如下[1]：

1　刘达临：《我与性文化》，上海：东方出版中心出版社，2008。

不久以前，有人提出世界上将出现以华语为中心的“第三次性学高峰”。世界第一次性学高峰是以德语为中心的，主要是在20世纪的初期和前期，其代表人物为一批德国科学家如赫希菲尔德、穆尔、布洛赫等。世界第二次性学高峰是以英语为中心的，主要是发生在20世纪的中后期，其代表人物为一批美国科学家如金西、迪金森、玛斯特斯和约翰逊等。而进入21世纪，华人世界将达到第三次的性学高峰。

提出这个预测的是阮芳赋教授。

我认识阮教授已有23年了。1985年，当我刚刚进入性学领域的时候，他是北京医科大学医史教研室的一位副教授，那时他已经有了风靡全国的成果，这就是1985年春天出版的《性知识手册》，这是新中国成立以后出版的第一部系统、全面又有一定深度的性学读物，当时这本书真是被人争相购买，“洛阳纸贵”。在20世纪80年代，不少人还不好意思公开地去买什么性方面的书，都在书店说：“买那本黄封面的，两块五的！”这也是中国现代性学史上的一个很有趣的事情。

1985年7–8月，我参与发起并组织了我国第一届性教育讲习班，在上海举行，有来自18个省市的80多人参加，大多数人都成为以后中国推行性教育的骨干力量。授课教师有3人，一是从北京请来的阮芳赋教授，二是从广西请来的一位何教授，三是我。（实际上不只3人，记得共有16课，阮一人讲8课，另外6人分讲另外8课——引者注。）

这次讲习班办得很成功，阮教授建议我们乘胜追击，成立一个学术团体。我说：“成立学会要政府审批，怕很难

吧？”他说：“不要紧的，可以先成立一个筹委会，成立筹委会不需要批准。”于是，我们就成立起来了，第二年在这个基础上成立了上海性教育研究会，这是中国正式成立的第一个性学会。

可惜，到了1985年年底，阮教授到美国学习工作去了，一去就是20多年，在这期间，他得到了博士学位，成为华裔中的第一个性学博士（那时他已加入美国国籍）（“那时”是1991年，阮入美籍是1997年——引者注。）以后长期在美国高级性学研究院工作，同时也不断地和中国学者取得联系。2007年夏天，他和几位学者反复磋商，决定建立一个“世界华人性学家协会”，2008年1月在深圳召开成立大会，会上他将发表关于“世界第三次性学高峰”的演讲，而且邀请我和胡宏霞博士参加。

对于他这个预测，我是十分赞成的，从我的研究的切身体会中深深感到，中国人在这方面有许多优势，中国文化一定能对世界产生巨大的影响。他能明确地提出这个预测，也有十分重要的意义。可是，看到了阮芳赋教授在网上发表的演讲文章时，我却有些失望，他举了一些个案来论证“世界第三次性学高峰”，而这些个案都有一些局限性，说明不了这一伟大的预测。

例如，有些工作是中国学者和外国学者合作进行的，而且中国学者并不是太占主导地位，这就说明不了中华文化的优势了。他十分推崇1999年在香港召开的第十四届世界性学大会上通过的《世界性权利宣言》[1]，可是据我看这个宣言虽

1　实则是“世界性学会性权利宣言”。——编者注。

然有意义，可是有的内容不符合中国国情，在理论上也有偏颇。另外，有些事例虽很突出，但是只举这一件事，就显得单薄了，“一花独放不是春，万紫千红香满园”嘛！

我的看法是，提出一个大论点，最好不要单纯以许多个案来作为论据。因为社会现象十分复杂，十分多元，可以举出任何个案来说明任何观点，无论是正面的还是反面的。举个案，总是很难全面，主要要看大背景、大形势，在什么样的经济、政治形势下，在什么样的文化背景下，在人类历史发展的进程中，怎样不可避免地会出现这种以华语为中心的第三次性学高峰。

这么一个宏观的预测一定要有一些宏观方面的因素作为论据，我认为这些论据应该是：

1. 世界上有许多人预测，到了21世纪中叶，中国的经济发展将成为世界经济发展的重点，一个国家、一个民族，经济发展的高潮必然会带来文化发展的高潮，中国未来的经济地位也会决定了中国文化（当然也包括性文化）在世界的影响与地位。

2. 就现代性科学的发展而言，中国在某些科学理念、研究性学的技术手段等方面还和西方国家有些差距，当然也能迎头赶上；另一方面，中国丰富而悠久的性文化在世界上占有十分优势的地位，这种优势要感谢我们的老祖宗。现在，这方面的文化正在不断挖掘的过程中，这就是说，中国人有潜力，有本钱。

3. 中国的党和政府提出了“以人为本”、“和谐社会”的方针，虽然现在有许多人还没有意识到性文化在其中的重要内涵，但是由于性在人们生活中的重要地位，“以人为

本”、“和谐社会”的发展必将带来性文化的巨大发展，这股浪潮必然会向这个方向奔流。

4. 计划生育是中国的基本国策，它和性科学的关系至为密切，20世纪80年代以来，中国现代性科学的发展得到计划生育的支撑甚大，在今后的发展中，计划生育这个基本国策也是一个开路先锋、一面大旗和坚强的后盾。

5. 中国人口众多，人多，经济发展，就可能涌现更多的文化精英。中国现代性科学虽然兴起稍晚于西方，但是学术力量雄厚。即以全国性的性学组织中国性学会而言，它有会员6200多人，就以活跃分子占30%计算，也有2000名性学家这样一支浩荡大军，同时还有新鲜血液源源不断地加入这个队伍，这股力量是世界少有的。

我深信，从以上这些经济的、文化的、政治的和人力资源的条件来论证“世界第三次性学高峰”的发生，是最雄辩、最有说服力的。以上这些条件为中国所独有，那么这次性学高峰要在以华语为中心的范围内发生，也是必然的了。

但是，怎样和阮芳赋教授探讨呢？他现在远在台湾，对这么大的一个问题不当面讨论是说不清楚的，可是哪有这个机会呢？我也想写一篇文章阐述我的意见给他寄去，可是如果他不接受呢？如果他不接受，我再坚持，就形成“对立”了。在这么一个大会上形成“对立”，总归不好，中国人不总是提倡开一个“团结的大会，胜利的大会”吗？

在一段时期内，在大会上是否要谈这些意见，我颇费踌躇，而开会的日期却一天天地临近了。最后我下了决心：讲！掀起“以华语为中心的世界第三次性学高峰”是一个伟大的预测，如果只用那些个案来论证，是站不住脚的，是

缺乏说服力的。对此，我不讲谁讲呢？如果我畅所欲言地讲了，阮芳赋教授会不高兴，而这几个个案中的人也会因为我不赞成把他们捧得那么高而不高兴，那么怎么办呢？应该是“吾爱吾友，吾更爱真理”。

我几次征求了胡宏霞博士的意见，她也很难置可否，只是说：“尽量还是少得罪人吧！”

2008年1月19日，我和胡宏霞从上海去深圳参加“世界华人性学家协会成立大会暨高级论坛”。这次大会有180多人参加，中国（包括香港、台湾）的许多知名的性学家和性教育工作者几乎全来了，我见到了许多多年不见的老朋友和新朋友，同时也感到阮芳赋教授能够发起并组织这次大会真不容易。

大会把我的发言放在第三天（最后一天）的上午第一个，而把阮教授关于“世界第三次性学高峰”的发言放在下午最后一个，他发言以后就是闭幕式了。按照逻辑顺序，我在他的发言以后再讲则比较好，可是一切都已无法改动了，他们甚至还不知道我要讲什么呢？

当我们到达深圳的第二天晚上，阮芳赋教授来看望我们，我对他说：“阮教授，我在这次发言中要对你提出的‘世界第三次性学高峰’的论据提一些修改与补充的意见，可以吗？可是，你的发言是在最后，我只能根据你在网上发表的文章谈了。”

他说：“好的，不过每个人的发言只有25分钟。”

1月22日上午，我发言了。回顾了20多年前我和阮教授的交往，赞扬了他多年来为中国性学发展所做的贡献，肯定了他所提出的“以华语为中心的第三次性学高峰”这一预测的

重要意义，谈了几个个案不足之处，讲了这一宏观的预测应该有几个宏观的条件作为依据，等等。因为这次发言的重要性，我事先写了讲稿，可是一发言，我就不知不觉地离开讲稿，顺流而下了，因为这讲稿的内容我在心中已经想过千遍万遍。

这次大会的发言限定每人25分钟，似乎控制很严，当我讲了还不到一半内容的时候，主持人彭晓辉教授提醒我：“还有8分钟。”

我一愣，只好说：“好，我快点讲。”

没想到台下突然有几位听众大声地说：“让他讲下去，让他讲下去。”“我们要听刘教授讲话！”然后就是一阵热烈的掌声。

这个“突发事件”使我有些不知所措，我望望主持人。这时一位会议负责人陶林主任赶快上台，对主持人说：“让刘教授讲吧！”主持人说：“好，好，刘教授请继续讲，按照大家的意见，你的发言不受时间限制。”

当然我也不能不识相而占用过多的时间，但是总算安心了一些。我用这么一段话结束了这次演讲：

最后，我想送这次大会一首诗，这是清朝晚期一个叫黄遵宪的人写的，他是一个思想家、革命家，他和“戊戌变法六君子”之一的谭嗣同、还有梁启超等人齐名，这首诗的题目是《赠梁任公同年》：列国纵横六七帝，斯文兴废五千年；黄人捧日撑空起，要放光明照大千。

我想，这首诗很好地表达了我们大家的愿望、大家的壮志豪情，这也是鼓舞我们在阮教授所预测的“第三次性学高峰”的道路上奋勇前进的力量。我认为这应该是我们这个协

会的精神所在。

谢谢大家！

引用这首诗，我感到比较得体，华人性学家应该有这股劲儿，才能干成大事，才能达到“世界第三次性学高峰”。

我发言以后，台下掌声很热烈。

轮到听众向发言者提问了，有几个人问了我关于研究性文化，性文化可以不可以是“下里巴人”、性文化节与“卖淫合法化”是否可行等问题，我一一作了回答。这时，主持人念了一张递上来的纸条，是一位性教育工作者张静女士写的，她写道：“刘达临教授是我们大家所尊敬的性学家，我们读过他的许多书，他是一个干实事的人，请乘此机会向刘教授表达我们对他的敬意和谢意。”

上午走出会场，一位香港学者对我说：“刘教授，你的发言真好。”晚上台湾的文荣光教授请我和胡宏霞吃晚饭，他说：“你发言中说什么‘一花独放不是春’，确是这样。”

到了下午，阮芳赋教授最后一个作关于“世界第三次性学高峰”的发言了。他讲起话来总是很激动，不太按稿子讲，好像心中有一股热浪挤在喉咙口要迸涌出来。可是，可能因为太有激情了，有些口不择言，讲话中有些漏洞，例如他说：这“第三次性学高峰”之所以落在我们华人身上，不是因为我们有什么好，而是因为人家（美国）不要了！

这是一个原则问题，怎么可以这么说呢？不过，出自阮教授的声望和大家对他的尊重（他是老一辈的性学家，又是“世界华人性学家协会”的发起人和创办者），一般是不会有人公开地站出来对他进行质疑的。怎么办？就让这件事过

去了？我又要被逼着去当“出头鸟”了！

在向报告人提问的时候，我举手说：“你方才说，第三次性学高峰的出现不是因为我们有什么好，而是人家不要了，那么为什么日本人不去拣，印度人不去拣，而我们中国人能拣起来呢？我认为正是因为我们华人有许多优势，所以时代的重任才必然地落在我们的身上，而并不是人家不要了、我们才拣起来的问题。”

阮教授作了一些解释，说是中国人当然有许多优势，这些优势方才刘达临教授都说过了，他就不讲了。

整个大会结束了，酒阑人散，大家纷纷走出会场，一位成都的性教育工作者胡萍对我说：“在所有的学者中，你是我最尊敬的学者。”

从深圳回到上海，我并不是很高兴，总觉得欠了别人一些什么，好像做错了什么事。阮芳赋教授和我是多年的交情，这次好心好意地请我去深圳开会，我为什么要公开地反对他呢？虽然只是学术讨论，可是弄得他的发言不那么圆满了，似乎在抢了他的风头。不过，在这些原则问题上有话不说也不行啊！

我问胡宏霞：“你说，阮芳赋这次会后悔邀请我去开会吗？”

她说：“但愿不会吧！”

是的，但愿不会。我和阮芳赋教授这些人都是新中国的第一批性学家，都已年过七旬了，尽管是老骥伏枥，志在千里，却总有“廉颇老矣，尚能饭否”的担心了。我们一辈子为了性学研究、为了光复人性而历尽风浪，受尽委屈，如果还有什么误会，也不必放在心上了。思前顾后，怕这怕那，实在活得太累。我们即使厥功至伟，也不过是一块铺路石，让后来的性学家们踩在我们的身上，迎着“世界第三次性学高峰”继续前进。

让这美好的目标早日实现吧！

刘达临

2008年2月18日

于上海万春轩

刘教授的文章虽然长，但与笔者的不同意见，只有两点：①提出一个大论点，最好不要单纯以许多个案来作为论据。主要要看大背景、大形势，在什么样的经济、政治形势下，在什么样的文化背景下；②第三次性学高峰的出现不是因为我们有什么好，而是人家不要了，那么为什么日本人不去拣，印度人不去拣，而我们中国人能拣起来呢?

在笔者看来，以上两点根本不是问题。

先说“论据”问题。不要说我在中国生活了大半辈子，光在北京大学医学部就有31年之久。笔者当然很熟悉“大背景、大形势”的论证方法。事实上，1993年在成都举行的中国性学会（筹）学术会议的闭幕即席致词中，笔者首次提出这一预测所用的论证就是中国的文化优势、资源优势、政策优势、人力优势；中国文化不以性为原罪，阴阳和谐是“至道”；中国的医生、计划生育人员等等可以用上班的时间用国家的经费做性研究；中国要控制人口、控制AIDS和STDS，就一定要支持性研究；中国有那么多医生、计划生育人员、教师、社会工作者等等可以参加到性研究中来，这在美国都是不可能的！为何到2008年，笔者不再讲这些，反而用“个案列举”？其实这是极其可喜的成就！！以上笔者早在1993年列举的“大”条件，只是“可能性”，只是

"有可能"；而2008年笔者能列举的已经不是"可能性"，而是"现实性"，是已经达到的"实际成果"！这就叫"林中有千只鸟，不如手中有一只鸟"！！！

以下就是我列举的"个案"，全都是1993年不可能有的最好例证。（略）

我们还可列举一些重要标志，表明未来华人社会在性学的第三次高峰的形成和发展中，会起到重要的，甚至是决定性的作用：

1999年，吴敏伦教授在香港主持了第一次在华人地区召开的世界性学大会，并通过了有伟大意义的"世界性学会性权利宣言"；2006年，以林燕卿教授为所长的树德科技大学人类性学研究所博士班开学，连同前后的200名以上的硕士生，形成了当今全球最大的性学专业人员培训基地；同年，以彭晓辉教授为主译完成了在"世界上最大的性学网站"中主要性学自学课程的中译，并使该网站的点击量大幅增长，其中的中文版居于各种文版之首；近几年来，在广州、武汉、香港和深圳等地，接连举办性文化节，上海等地也有类似的大型活动，表明性和性学在华人世界已经成为大众化的社会行为。

也许刘达临教授对以上个案都不以为然，他说："在香港召开的第十四届世界性学大会上通过的《世界性权利宣言》，可是据我看这个宣言虽然有意义，可是有的内容不符合中国国情，在理论上也有偏颇。"这是他个人见解的问题，在此不予置评。"有些工作是中国学者和外国学者合作进行的，而且中国学者并不是太占主导地位，这就说明不了中华文化的优势了。"这是他的误解。笔者说的是在"世界上最大的性学网站"中主要性学自学课程的中译，不是说这个网站本身。中译就不但彭晓辉占主导地位，而且全是他译的！网站本身的主导者、制作者黑伯乐教授非常兴奋，中译本一出现，点击量以每月几百万的大幅度增长，大大显示出中华文化的一种优势！！黑伯乐教授与笔者不约而同地认识到未来性学的发展属于华人世界[1]，也因此特别扩大网站的华人顾问到3个人（吴敏伦、阮芳赋、李勇），在全世界总共15名中，已是很大比例了。

再说“不要”问题。我记得在会场上刘教授对“人家不要了”的说法很反感，好像笔者把华人的伟大降低到“捡垃圾”的份上！这也是一种误会。人家不要的东西不一定就是垃圾！！！自由、民主、平等、和平是很多“历史人物”弃而不要的东西，也是一些国家弃而不要的东西，但都不是垃圾！！美国以及其他一些西方以至东方国家，不再坚持性革命的进步大旗，不再领导性学研究，不再追求社会的“性福”，将它们“不要了”！难道它们就因为“被不要”而“垃圾了”！！其实，笔者说“人家不要了”是非常文雅礼貌而概略的说法，请看吴敏伦教授的措词，比笔者就更直接多了：“根深蒂固的西方文化和信仰，已开始顽强地拖着性科学的后腿，使它在欧美等地已再难寸进，反而由于被性政治的缠扰拖累，已渐有进入死胡同的迹象。”（吴教授的论说和黑伯乐教授的陈述是何等一致！黑伯乐教授的话翻成中文，大体是说：“由于性学在欧洲和美国总体来说是大走下坡，我有一种感觉，不出几年，对于我们这个性学领域的生存和扩展，中国将变得从所未有的极其重要！”）

笔者在文中也曾写道：“2005年，在芝加哥大学，世界著名的性研究家劳曼（Edward O. Laumann）教授，向我面授机宜的一个要点便是：如何在提出研究计划时，避免出现Sex和Sexuality字样，要想办法找到‘非性’的代用词（诸如“家庭生活”，“婚姻关系”之类），以

1　他在2007年5月30日写给笔者的信中明确表达：“Since sexology in Europe and the US seems generally in decline, I have a feeling that, over the next few years, China will become ever more important for the survival and expansion of our field.”

便能得到经费的支持。”由此可见美国“不要性学”到了何种程度，真是21世纪的“谈性色变”也！！

是不是笔者写的、说的就真的一点毛病也没有呢？不是。有一个很大的毛病也成为笔者的一种心病，就是笔者未曾正面反驳刘教授的一种说法：“这些条件为中国所独有，那么这次性学高峰要在以华语为中心的范围内发生，也是必然的了，”“不可避免地会出现这种以华语为中心的第三次性学高峰”；也未曾正面展开“不是因为我们有什么好”这句很模糊的话。

“第三次性学高峰”并不是一顶美丽的帽子，可以拿来就戴上，也不是一句空口号，而是有一定的内涵的严肃使命，简而言之就是：将要致力于实现“性全数”（性少数和性多数）的“人权化／性权化”：全人类、全年龄、全性别都要有完全的性权利，既要消除性多数和性少数的性对立，也要消除性方面的年龄歧视（“老人无性”和“少儿无性”的严重社会偏见）和性别歧视（对女性的性歧视和对“跨性”／“第三性”的性歧视），实现性的“四全”：全人类、全年龄、全性别都要有完全的性权利。

笔者实在不敢妄断眼下实现这一切的条件“为中国所独有”，连为所有的“华人社会”（比“中国”还多些地方）“所有”，笔者都不敢说，更不用说什么“所独有”了！在实现“四全”（全人类、全年龄、全性别都要有完全的性权利）上，“华人社会”真的已经比“非华人社会”好吗？这些真的会很顺利在21世纪的华人社会再推及全世界“不可避免地”“必然的”实现吗？冷静下来，扪心自问一下吧！

是的，笔者很希望，也有一定程度地相信，也愿意为之做最大的努力，但绝不敢盲目乐观。在中国内地，连“性学”作为一门学术专业，至今还未被承认，至今还没有“性学硕士”、“性学博士”或

"性学学士"的学位呀！连这个学科名称"性学"都排除在高等教育专业目录之外，学术上也是"名不正，言不顺"，奈何得很呢，何况"世界性学的新高峰"乎！笔者并不自轻，所以才从1993年以来，一直宣扬"在21世纪，将以说汉语的性学家为首，掀起第三次世界性学高峰"这个所谓"大论点"，但笔者决不希望它成为"特大牛皮肥皂泡"！

知其可行，所以去做；知其不易，所以奋斗！！！

（2009年1月27日草于深圳华侨城，1月28日改定）

从"性知"到"性福"

日前，北京《环球时报·生命周刊》"性与爱"版的编辑王展约我写一篇"2005年底特稿"，"谈谈对从《性知识手册》到《性的报告》这20多年来的变化的认识，两本书的内容关注点明显不一样了，这反映了大众性健康意识的怎样一种变化。"这实在是一个很有深意和新意的好题目，倒不在于是因为它涉及我自己，而是因为它反映出时代的变迁和进展。所以我很愿意一试。

《性知识手册》的出版是20年前的事（1985，科学技术文献出版社，北京；1988，修订本第二版，人民卫生出版社与科学技术文献出版社共同出版，北京），《性的报告》的出版也已经是4年前的事（《性的报告－21世纪版性知识手册：性知 性趣 性福》（阮芳赋性学书系，中医古籍出版社，北京，2002年6月第一版）。所以，也许有的读者并不知道这两本书，先要略微介绍一下。我想采取引用书评者的话来代替我自己说，一方面比较客观，另一方面代表着一种历史的意义。

吴阶平教授主编的《中国性科学百科全书》（中国大百科全书出版社, 1998年6月第一版）中，列有《性知识手册》这一条目，放在“性科学史”部分，全文如下：

《性知识手册》1985年由阮芳赋主编、北京科学技术文献出版社出版的性知识专著。编者组织了医学院校及研究所的医学专家、法律专家及律师共20人共同撰写而成。为了确保该书的科学性，特请中国科学院学部委员、中华医学会会长、原中国医学科学院院长、吴阶平教授等全国知名的泌尿外科学、男科学、妇产科学、遗传学、心理学、精神卫生学、药物学、皮肤性病学、法学、青少年卫生学、刑法学、及计划生育等专家教授20人审订、修改，以保证该书的质量。这么多专家、教授、学者为此书工作是颇为难得的。该书是结合当时国情由国人编写的比较全面地介绍性知识的书籍。它系统地介绍了性解剖、性生理、性内分泌学、性发育、性心理反应、性卫生、性病理、性疾病、性治疗、性教育、性社会学及计划生育方面的知识。特别是性与生育一章中，对人类生育的各环节与过程做了详细的介绍，对性与婚姻、生育、计划生育、疾病、用药的关系，以及对性能力随年龄的变化也做了做了介绍，这也是一般书籍上很少谈到的。该书的问世，除对一般读者大为有益处外，对医护人员，特别是从事男科学、妇产科学、精神生理卫生科学以及从事计划生育工作的医护人员，也是一本有指导意义的书籍。该书也存在一些不足之处，如书中对一些国内学者们研究的资料未能收入，缺失对祖国传统医学在性医学基础理论和临床实践方面的介绍。虽然如此，该书仍不失为一本有分

量的好书。其第一版印刷50万册很快销售一空，以后又多次再版，深受读者的欢迎。（杨文质）

撰稿人杨文质教授是我的老师，也是我敬邀的20位《性知识手册》审稿人之一，对此书当然比较了解。非常感谢在十多年后，杨教授对此书还给了高度的称赞。所论不足之处两点，就当前（1998年左右）来看，是对的。但就当时（1985年10月以前）来看，就不是疏失了。这倒不是自辩，不过是想“借题发挥”，回顾一下当时的情境和难处，从一个方面体会“20多年来的变化”，而这正是本文的主题。

关于“对一些国内学者们研究的资料未能收入”。事实上，在性学禁区打开之前，国内只有妇产科、泌尿科、生殖医学等方面的研究，大体可说还没有真正的“性学”研究。像刘达临教授主持的全国性生活调查、潘绥铭教授的多种性社会学调查、李银河博士对同性恋和妇女性生活的调查研究等等很有意义的工作，都是在1985年以后才问世的。

关于“缺失对祖国传统医学在性医学基础理论和临床实践方面的介绍”。这又涉及当时的现实。在“性学”这个特定领域，中医和“道家性学”、“房中术”、“中国传统性学”，是一致的，是紧密结合在一起的。像葛洪（公元261–341年）、陶弘景（452–536年）和孙思邈（581–682年），都是道家的代表人物，都号称“真人”，又都是房中术的大师，中医的泰斗，都名列“中国古代十大名医”。我们现在能见到的中国传统性医学论述，除了1972年才出土的“马王堆医书中的房中著作”之外，主要都来自这几位“真人”的文字（《千金要方》等）以及日本人丹波康赖（912–995年）在他所编的《医心方》（编于982–984年，以手抄本流传，1854年才首印出版）第28卷中引录的文字（《素女经》等）。“文化大革命”中，人民卫生出版社因1956

年出版《医心方》而受到严厉批判，不得不致函各界把《医心方》第28卷全部撕去。《千金要方》也因内有“淫秽”文字而受责难。1975年2月，我从英文原版的李约瑟《中国科学技术史》中，得知中国近现代儒学大家叶德辉（1864–1927年）的《双梅影（门音）丛书》（以下简称《双书》）第一卷，1903年从《医心方》第28卷，以“辑佚”的方式，辑出了《素女经》、《素女方》、《玉房秘诀 》、《玉房指要》、《洞玄子》等等中国古典性书。我开具了北京医科大学的介绍信，到当时存放“不公开流通”的书籍的“北京图书馆柏林寺分馆”去借阅。看到图书馆员捧了一大函书出来，好高兴，一看却泄了气：内有一告示：“第一卷不得借阅”。

1975年9月幸蒙著名医史学家、藏书家范行准教授（1906–1998年）主动出示并惠借《双书》第一卷给我，“弥足珍贵”，我用“蝇头小楷”把整卷手抄下来了。10年后，1985年，文化大气候开放多了，我直接用要“主编‘性知识手册’”的介绍信，再到“柏林寺分馆”，花了半年多的时间，借阅并摘录了全部我想看的新中国成立前、新中国成立后的“性书”以及明、清的“性小说”，也影印了道家性学专书《三峰丹诀》和《玄微心印》，并从文津街的北京图书馆总馆的“善本室”全文手抄了道家性学专书《修真演义》和《既济真经》。应该说，当时我手中，有关“中国传统性学”和“中国传统性医学”的材料是够难得、够丰富的了。这些手抄本、笔记和影印本，至今还珍藏在身边。主要用这些材料，在1987年前后，写成了我的英文著作《中国性事》（1991年出版）中的第3、4、6章：“房中：中国传统性学”、“道家的性技术：迷误和方法”、“中国古典性小说：过去和现在”。然而，在《性知识手册》中，我有意对这些内容完全避开。一个时候、一本书，攻一个主要的禁区，更有成功的胜算。当“道家性学”、“房中术”和“中国传统性学”被认为是“淫秽”和“糟粕”

的时候，中国传统性医学也就难见天日。只有得力于现代科学和现代医学的社会优势，先打开“现代性医学”进而“现代性学”的“禁区”，“道家性学”、“房中术”、“中国传统性学”和“中国传统性医学”的内在价值重放光彩，也就指日可待了。果然，在1988年，周一谋先生《中国古代房事养生学》（中外文化出版公司，沈阳）一书，以译注“马王堆医书中的房中著作”为契机，介绍了不少“中国传统性学”和“中国传统性医学”的内容；到1991年，宋书功先生《中国古代房室养生集要》（中国医药科技出版社，北京）一书，就推出更多了。此后，类似的书，更大的、更小的、在大陆出的、在香港出的、在台湾出的，都有，数不胜数。值得一提的是，1995年，海南国际新闻出版中心，影印了“全本”《双书》（计705页），还加上了重排的简体字本，并杨逢彬、何守中先生的校点和注解（计386页），精装巨册（共计1091页），洋洋大观，公开发行。这是十年前无法想象的。

当然，这些内容在《性的报告》中，都包括进去了。其中有“中国古典性学”和“中国古典性小说”等章节。然而，这并不是从《性知识手册》到《性的报告》的主要变化。

我还是先引一位书评者，对《性的报告》的介绍吧。

江晓原教授主编的“科学 历史 文化”网上专栏，在2002年11月24日发表了董煜宇先生题为“性知·性趣·性福——在科学与文化之间读性”的评介文字，写道：

自上世纪70年代末，在改革春潮的激荡下，国人突破性禁区，开始谈性说性，公众的性观念已有很大进步。虽然对很多人而言，“性”仍然是一个“欲说还休”的字眼，但人们已经开始意识到无论对于个人或是社会，性都是一个不能回避也无法回避的问题。它不只是有关“男欢女爱”的个人

私事，也是事关家国、社会和人类的大事。

在推动人们性观念进步的过程中，如雨后春笋般冒出来的以性知识、性健康、性文化、性文学、性心理等面目出现的涉性书籍，发挥了很大的积极作用。但是随着写作过剩时代的到来、公众欣赏水平的提高，以及社会性观念的进步发展，满眼“性书”良莠不齐，越来越令读者无从选择。如何创作出雅俗共赏、更贴近读者、贴近生活、更具有时代气息的性学著作，成为突出的问题。

性学家阮芳赋，是改革开放初期冲击性学禁区的先行者之一，当年他的一本《性知识手册》，堪称洛阳纸贵。依靠他多年在性学领域辛勤耕耘所积淀下来的深厚学养，此次又推出《性的报告——21世纪版性知识手册》（以下简称《报告》）。

《报告》一书与众不同之处，首先就在于立足性的现代概念，以“更新性知识、提高性趣、增进性幸福”为宗旨，交汇性科学与性文化两条线索，给出关于性的多方面阐释。用作者自己的话说就是：“既重视性的生物医学方面，也重视性的心理学、社会学方面”。

……

除了基本的生理常识、性生活和谐所必需的妙计良策、各种关于性的疑难问题的较为可信的答案，书中还包括性与哲学、法律、道德、政策、经济、历史社会和文化问题的密切联系以及现代意义下全面性教育的重要意义。

不仅如此，作者还凭借多年来在海外潜心研究性学的心得和研究成果，介绍了美国近年来培养健全的“性观念”和“性态度”、改进提高男女“性能”与“性趣”，以及“性

生活”对个人、家庭、社会幸福的重大意义，让读者在立足了解本国“性”国情的同时，也能放眼世界之“性”并从中汲取有益的东西。

《报告》一书的与众不同之处，还在于它的编写体例。作者吸取了国外近年教科书和普及读物中流行的一些新手法，如在正文之外插入经典名篇、争论焦点、名家小传、学派学会介绍、重大学术进展、重要术语解释、表格、统计数据等等，使全书丰富多彩、更有广度、深度，可以让不同层次的读者根据自己的需要自由选择。

《报告》力图在科学与文化之间阐释“性”。对于近年已经让读者看得有些厌倦的性知识、性观念、性教育，作者融会贯通，以文化增其品味，祛其俗气。如果说20世纪80年代的《性知识手册》还只是一位山村少女，则如今的《性的报告——21世纪版性知识手册》已经是一位成熟的、修饰得体的红妆少妇，显得温情脉脉、风韵宜人，看起来赏心悦目，更使人愿意相识相知。

董煜宇先生的比较和分析很精辟，很多话都替我说了。我只需要略加补充。事实上我在《报告》的“后记”中曾写道：

关于副标题《性知·性趣·性福》，我也想作更进一步的具体说明。虽然“性知”不过是“性知识”的缩写、“性趣”、“性福”不过是“性兴趣”（性趣味）和“性幸福”的缩写，或“兴趣”和“幸福”的谐音，分别已在中文出版物（特别是在台湾的报刊）中，作为一种“幽默”用语，常常使用；然而，把“性知识”、“性兴趣”（性趣

味）和“性幸福”三者正式作为学术概念加以论述，并把它们系列化，放在一种有着相互关系和特定顺序的结构中，则是作者的创意。其基本意思是：“性福”是“个人幸福”和”社会福祉“的一个必要且重要的组成部分，个人有权利去追求其不为害他人的“性幸福”，社会有义务去保障其成员的不为害他人的“性福祉”；一个人的“性幸福”一定是建立在其“性兴趣”（性趣味）的基础之上的，你只会去追求你感兴趣的，也只有得到你感兴趣的，才会有幸福感，社会作则要承认“性兴趣”（性趣味）的多样，只要不是真会为害他人，就不要加以干涉，这样才能有全社会普遍的“性幸福”；“性知识”则以其科学性和客观性，为个人和社会提供有关“性兴趣”（性趣味）和“性幸福”（性福祉）解释和引导的科学基础。大体上可以说，“性知”主要是生物医学方面的性知识，是普遍适用的学习内容；“性趣”主要是心理——行为科学方面的内容，其适用性因个人而有所不同，“性福”则主要是社会–行为科学方面的内容，其适用性因社会而有所不同。人们常说“培养兴趣”，“争取幸福”，“性趣” 和“性福”亦然。固然“兴趣”、“幸福”和“性趣”、“性福”都有“生来”的成分在内，但“培养”和“争取”的“后天”努力确是更重要并可不断发展的成分。“性趣”和“性福”都包括“人际关系”在内，尤其是“性福”更包括复杂而多重的社会人际关系，不仅和个人的努力有关，甚至也要求社会的变革，才得以造成和发展。光有“性知”，并不能“满足性趣”、“实现性福”，必须付诸行动，才能享有、保持、提高和拓展个人和社会的“性趣”和“性福”。……在“性书”中，写出人人都懂的话并不难，写出人人都认可的话，就很难了，有时候简直是不可能。总之，对一本“性书”来说，无论它是“学术性”的，还是“普及性”的，要担心的不在于人们看不看得懂，而是有多少人会不同意、是哪些人不同意的问题。当然，对“性书”作者来说，应该力求写得有更多的人会接受，但却不一定要写得人人都同意。在现今，“人人都同意”，不过意味着回避了所有有争论的问题，恐怕对于推进人们和社会的“性幸福”（性福祉）也不会有很大的帮助。

在《报告》的“前言”中我更曾明确写道：

在打开“性禁区”已近20年之久、中国“性书”的出版量可能称冠于全球的今天，单纯的性知识铺陈，已经不能满足提高人们性生活质量的需要，当前性教育和性研究的重点，已经到了要放到“性观念”和“性态度”的转变上去。这正是本书所要达到的新的目标。当然，这种转变，并不是希望人们接受笔者所推崇的某一“理想标准”。其实，在性生活领域，根本就没有什么对人人都适合的理想标准。你自己才是你本人唯一且最佳的决定者。在性事领域，我对个人和社会的建议不过只是：“顺其自然，尊重选择！”

现在可以正面地扼要回答开头提出的问题了：对从《性知识手册》到《性的报告》这20多年来的变化。

在《性知识手册》的年代，历经了35年的性禁锢，当时的任务是要打开这个严厉的性禁区，所以是以“性知识”的普及为主，而且以性的生物医学知识的普及为主。第一，这方面的知识在当时也真是很

缺乏，很需要；第二，个人性生活质量的提高和社会性开放程度的改善，问题比较敏感，正面提出的时机还不够成熟。从来医学是性学兴起和发展的保护伞，中国当代性学的兴起和发展，自然也顺利地沿着这条路前进。此后数年，各种不同水平和体例的有关性知识的书，数以百计的速度和数量出版，慢慢就达到“了无新意”的程度。同时，随着社会的进一步开放，心理学和社会学的恢复和发展，在性学、性教育、性医学和性研究等的日益进步的协同下，对性的心理学和社会学的研究也就发展起来了。成为个人性生活质量提高和社会性开放程度改善的障碍因素，已经不是具体的性知识的缺乏，而是广泛流行的各种保守的性观念，对性的否定态度和各种反性的观念与态度，各种性禁忌（Sexual taboos）、性迷误（Sexual myths）和性执著（Sexual hand-ups），各种对人的性权益的否认和侵犯，等等。只有逐步克服这些负面的东西，个人的“性幸福”和社会的“性开放”才能达成。

国际上，这些年逐步明确提出“性权益是基本人权的一个组成部分”，显著的标志是20世纪最后一次世界性学大会（第14届），1999年8月22日在香港召开。亚洲性学联合会的奠基人、香港大学教授吴敏伦医师主持筹办了这个首次在华人地区举行的世界性学大会，有来自世界各地的500多位性学家与会。这个大会不朽的历史性贡献是正式通过了“世界性学大会性权宣言”，指出：性的充分发展为个人、人际和社会健康幸福所必需。性权乃普世人权，以全人类固有之自由、尊严与平等为基础。鉴于健康乃基本人权，故而性健康亦为基本之人权。为确保人与社会发展健康之性，所有社会必须尽其所能以承认、促进、尊重与维护性权利。”共提出了11项性权利，即：性自由权、“性自主权、性完整权与肉体安全权”、性私权、性公平权、性快乐权、性表达权、性自由结合权、生育选择权、性信息权、全面性教育权、性保健权。

《性的报告》在更新性知识的同时，特别新增和加强了以上更为人权化和社会化的内容，正面提出当前性教育和性研究的重点，要放到“性观念”和“性态度”的转变上去。《报告》不仅在理论概念上，提出了性的肯定观与性的否定观的对立，性权利是基本人权，全年龄和全方位的性教育等，也在具体实践上指出要克服的各种性禁忌、性迷误和性执著。希望从《性知识手册》到《性的报告》这一新的转变和发展，能受到读者和社会的理解与注重，并能促进个人和社会的更多、更大的“性福”的圆满实现。

性学的过去、现在与未来

一、性学的过去

任何一门学问的发展，都是一个漫长的过程。就“性学“来说，如果从它的萌芽说起，会和人类的认识史同样久远。也就是说，像任何现代科学领域一样，“性研究”在其被确立为“科学”之前，有一个一般说来会是很长的“前科学”时期，然后随着现代科学和现代医学的兴起，才进入到它的现代科学也就是“现代性学”时期。

（一）“前科学时期”性研究（远古–1886年）

人们早期而著名的对人类性生活的描绘，发现于中东美索不达米亚在乌拉城的发掘中。这种历史遗迹见于公元前3200年–前3000年之间。而更为古老的对性生活的描绘见于法国多尔多涅发现的原始洞穴墙壁上，画中有坐着性生活的一男一女，这些壁画至今约4万年左右。

以四大文明古国古埃及、美索不达米亚、古中国、古印度，这四

个人类文明最早诞生的地区来说，先后都有性研究的著述出现。

已知防止怀孕最古老的医学处方，保存在公元前1850年左右的古埃及文稿（莎草纸文献）中。古埃及人用鳄鱼粪（后来用大象粪）、蜂蜜和苏打做成阴道软膏，以阻碍精子通过和作杀精子剂之用。他们也用酒、大蒜和茴香的混合物冲洗阴道，达到避孕之目的。这种古老的避孕方法曾沿用了近3000年。

中国长沙马王堆，在1972年出土的文物，是公元前168年（汉文帝十二年）下葬的，其中包括目前世界上存留最早的大量古代珍贵性学文献《十问》、《合阴阳方》、和《天下至道谈》等。这些书距今至少有2100多年了。既是现存的中国最早的性研究著作，也可能是全世界已经发现的最早的性研究著作。至于《素女经》，只是假托黄帝和素女的对话，至今并不知道它为何时、何人所撰，最早见于著录的，乃在《隋书，经籍志，子部医家类》有“素女秘道轻一卷”；单独出现“素女经”书名的，仅见于日本宽平年间（中国唐昭宗，在位公元889–904年）的《见在书目》中。至于现代所见到的一切版本的《素女经》，则均是从日本永观二年（公元984年）丹波康赖所撰的《医心方》的第二十八卷所辑佚而成，最早由长沙叶德辉在光绪癸卯年（1903年）刊印的。著名英国学者、中国科技史权威李约瑟博士（Joseph Needham）在他的巨著《中国科学技术史》的第五卷第五部（1983年，剑桥大学出版社）中，将《素女经》的成书定为汉代。

印度马兰伽·筏蹉衍那（Mallanga Vatsayana）的《卡玛箴言》（Kama Sutra，也译为《印度爱经》、《欲经》、《卡玛苏特拉》）成书于公元350年左右，向人们传授了大量的性知识。书中的多数细节可以追溯到公元一世纪。该书作者婆罗门教士筏蹉衍那并不是原创作者，他只是将先人的知识进行编辑，形成7个部分，如情欲的好处、私处的锻炼以及如何选择伴侣等。1883年，英国探险家、翻译家理查德德德·波顿爵士（Sir Richard Burton，1821–1890年）首先将此书翻译成英文。

性研究的“前科学时期”，很漫长，从远古 一直到 1886年克拉夫特–埃宾的《性心理病》的出版。中间有许许多多的著作问世，在此不再列举。本文所说的“前科学”，等同于“科学之前的”， 在性研究中，也就是“前性学”（Pre–sexology），“前科学性学”（Pre–scientific sexology）。而“科学”一词则是指近代的科学，也就是指以培根（Francis Bacon, 1561–1626年）所倡导的、伽利略（Galileo Galilei，1564–1642年）为实践先驱的“实验方法”为基础的系统的知识和研究。

（二）“科学时期” 性学（1886年–现在与未来）

在性学领域中，虽“性学”（Sexualissenchaft，英译为Sexology，中文也可译为“性科学”）这个术语，是德国医学家布洛赫（I.Bloch,1972–1922年）在1906年首先创用的，但人们仍公认1886年出版的克拉夫特·埃宾的《性心理病》一书，是现代性学的奠基性著作。因此，1886年便被看成是“科学性学”（Scientific sexology，现代性学Modern sexology, 简称：性学）的肇始之年。

“科学性学”著作，指在1886年之后出版的、其基本内容是用现代科学方法（包括科学实验或其他客观研究方法）所证明的可重复、可验证、可证伪的自身没有矛盾的结论。

根据这些著作的核心内容的特点，又可以分为几个发展阶段，并且大体上可以和年代的顺序相一致来加以论述。

● 第一阶段（1886-1933年）

笔者又将此阶段称为“现代性学的建立阶段”，“性学的解放性

少数阶段"，或"世界第一次性学高峰时期"。

这一个时期，始于1886年克拉夫特·埃宾的《性心理病》一书的出版，[1]终于1933希特勒上台后对性学的毁灭。集中在说德语的国家，其学术的焦点在于认识和支持性少数[2]，推行性少数的"医学化"：由把性少数看成是犯罪而改成是疾病，从而保护性少数。

克拉夫特·埃宾，德国出生的奥地利精神病学家，1863年毕业于海得尔堡大学，先后任斯德拉斯堡大学、格拉茨大学、维也纳大学教授，一生写有400多种著作，包括几种大型教科书。1901年退休还带了2万份病例到他心爱的格拉茨去。《性心理病》第一次把性的疾患独立出来详细讨论。他指出"性倒错"（性变态）并不是犯罪而是疾病，该书是为医生和律师写的专著，副标题为"临床–法医学研究"。为了避免此书在公众中流传，所以关键的段落采用拉丁文写成。然而这本书还是被广为传播，大受欢迎。在作者逝世之前便已增订出到第12版。从世界各地给他寄来大量信件求助，他都尽力地回信。然而，直到1891年该第5版出版后，在《精神病学杂志》上发表的书评中，仍然满怀敌意地攻击这一著作。这种攻击在此后的一些著名性学家也都遇到过，指出这些情况，就是要说明"解放性少数"是一种真正的社会改革以至革命。

1891年，德国医学家摩尔写了第一本有关同性恋的专著《反常的性感受》，1912年编了第一本《性学手册》。1913年，摩尔建立了"国际性研究学会"，并在1926年组织了在柏林召开的第一次"纯科学的"、"国际的性研究大会"，摩尔组织第二次（也是最后一次）性研究国际会议于1930年在伦敦召开。

1　台湾2005年出版的陈苍多中译本译为《性病态——238个真实档案》。

2　笔者在此将"性少数"作一种很广泛的"模糊定义"：一切不属于"被社会普遍接受的异性恋行为者"，所以其中也包括一些其性偏好不受社会接受的异性恋者。

1896年，赫希菲尔德用笔名出版了一本关于同性恋的书《怎样解释男人与女人爱同性的人》。同年，霭理士和西蒙合著《性反常》（亦称《性逆转》）一书，由库列勒根据未能在英国公开发行的英文本译成德文，在德国的莱比锡出版，当时“性逆转”一词主要指同性恋。

作为“性心理学”的鼻祖、对20世纪的文化和社会有重要影响的英国学者霭理斯从1896年到1928年先后出版了他的巨著《性心理研究》7大卷。霭理斯首先收集了数以百计的性科学个例研究资料，在33例个案研究的基础上，他激情地请求人们容忍同性恋。在他的自传（《我的生活：霭理斯自传》，波士顿，1939）中，他充满自信地写道：

> 我没有创作伟大的艺术品。然而我曾完成了人类所需要的一种服务，看来，那个事业正是适合于我这个人去完成的。我曾通过解放人们的心灵帮助这个世界变得更美好一些。

1899年，赫希菲尔德编辑《性中间阶段年报》，研究“性中间阶段”，即处于男性与女性之间的兼性状态人群。

布洛赫著《马尔奎·德·萨德和我们的时代》，研究了性变态现象。布洛赫是德国医学家、医史学家，1896年获得医学博士学位，后成为一位著名的皮肤性病学家。他会多种语言，爱好多种学科，他的私人图书馆有价值的收藏多达8万卷。他把民族学和人类学的方法引入性障碍的研究。1906年首先创用“性学”（Sexualwissenchaft，英译Sexology，汉译“性学”、“性科学”、“性欲学”等）一词，他和赫希菲尔德、摩尔等人一起为性教育、性改革而斗争。他指出一些性倒错患者是没有责任能力的。由于一种血管病，他先后截去双侧下肢。

他躺在床上过50岁生日时，世界各地许多科学家向他表示祝贺和赞扬，12个月后辞世。布洛赫把社会科学引入性学研究，是现代性学的奠基人之一，被称为实际上的"性学之父"。

对20世纪西方文化和社会有重要影响的另一位学者是奥地利的精神病学家弗洛伊德，1905年出版了他的《性学三论》。弗洛伊德比他的同时代人霭理斯更毫无恐惧地分析包括他本人在内的深藏的心灵。对"性欲"的强调，是弗洛伊德精神分析学说的核心内容。他的无所顾忌的、近乎武断的结论激起了人们的反对。然而，弗洛伊德的学说在西方的风行，却在20世纪中促进了人们对性持更为开明的态度，对违反社会"正常"惯例的人较为宽容，也使对性科学的公开研究在社会上获得了更多的认可。然而，有些人以人弗洛伊德鼓吹打破一切教养规范以使性行为无拘无束，这是一种曲解。弗洛伊德本人绝不是放荡不羁的人，他也不鼓吹打破一切教养规矩以使性行为无拘无束。弗洛伊德不厌其烦地指出，文明要以人的性生活上的一些限制为价值才能进步。然而，弗洛伊德还是备受攻击。仅举他早期刚刚对性与疾病略有论述的时候，维也纳医学会的同仁们对他的对抗，便可见一斑。墨菲和柯瓦奇在《近代心理学导引》中写道："当他作完报告并抬起头来时，他发现一大部分听众已经移到后排座位上，好像怕受到这个坏人的传染似的。没有一个人祝贺他的研究成果，甚至没有人同他握手。"

作为瑞士性学家、性教育家、昆虫学家和精神病学家，福勒尔出版了《性问题》专著，并提出废除过多的性法律和同性恋结婚的主张。他对性学做过不少普及和教育工作。1928年在哥本哈根召开国际性学大会之后，福勒尔建立了"性改革国际联盟"，与赫西菲尔德、霭理士共任主席。

这里，可以用赫希菲尔德个人的成就和遭遇，反映出第一次性学高峰的概况。

德国医学家赫希菲尔德对性学的创建做出了很多贡献，1896年他写了一本书《怎样解释男人与女人爱同性的人》，1908年编辑出版了世界上第一种“性学杂志”，1913年共同奠基组建了世界上第一个“性学学会”，并著有《异装癖》、《爱的自然律》、《同性恋》（为布洛赫主编的《性学手册大全》的第三卷，达1000多页）和《性病理学》（3卷）等著作。1919年在柏林建立了世界上第一个“性学研究所”，免费提供咨询服务，一年之内就积累了病例近2万份。1921年组织“性改革国际大会”，这是人类历史上第一次国际的性学会议。1928年出版《性学》（5卷），涉及整个性学领域。几乎可以说，赫希菲尔德一人花了约30年的时间，把建立性学学科的大部分工作都完成了。1933年，希特勒上台后，不但关闭了赫希菲尔德的性学研究所，病例等资料全被烧毁，他本人被迫流亡国外。

希特勒所破坏的不仅是赫希菲尔德的性学研究所，而是完全扼杀了第一次性学高峰，毁灭了刚建立不久的整个性学领域。直到第二次世界大战后，性学学科才得以以新的面貌在美国逐步重新建立。

● 第二阶段（1933-1999年）

笔者又将此阶段称为“现代性学的重建阶段”、“性学的解放性多数阶段”或“世界第二次性学高峰时期”。

希特勒扼杀第一次世界性学高峰的1933年，正好可以说是说英语的性学家掀起“第二次世界性学高峰”的起始之年。1933年，美国第一位重要的性研究家迪金森博士的名著《人类性解剖学》出版，以后成为这方面世界著名的权威专著。

美国印第安纳大学生物学教授金赛继承了迪金森的研究，从1938年起致力于研究性行为的人类生态学，并详尽地研究了大量美国不同

肤色、不同年龄、不同教育程度、不同职业、不同地区的人的性生活的各个方面。金赛及其合作者根据客观调查写成了两大册专著：《人类男性的性行为》（1948年）和《人类女性的性行为》（1953年），它们至今仍是性科学的经典名著。金赛报告注意到了前人所忽视了的一些东西，例如，他指出性行为的方式因社会阶级、教育程度的不同而有显著差别；金赛报告披露出了人群中性行为方面的令人震惊的事实，例如他指出在美国男人中有过同性恋行为的高达37%（其中“绝对同性恋者”占4%），女人有过同性恋行为的也达13%（其中“绝对同性恋者”占3%）。当然，人们并不都同意金赛报告所列举的一切，因为被调查者所说的究竟是否全部属实，那是很难判断清楚的。但是，无论如何，他们完成了世界上首次最大规模的、最详尽的关于性行为的调查分析。金赛被公认为性科学研究的划时代的人物，现在以他的名字命名的“性学研究所”，仍是全世界最著名的一个性学研究机构。然而，在金赛的整个研究中，遇到了重重障碍，有人辱骂他们，甚至人身安全也受到威胁。当《人类男性的性行为》出版时，连《纽约时报》都拒绝接受该书的出版广告。

人类对于性行为的了解至今仍很不完备。在这个领域中，充满着种种臆测、迷信、偏见和恐惧。要真正阐明人类的性行为，要使对性机能障碍的诊治建立在真正科学的基础上，对人类性反应的客观实验研究是不可缺少的。譬如，到底男人与女人在性欲、性反应方面是基本上相同的，还是根本上相异的？研究女性性反应高潮是否是可截然分出“阴道高潮”与“阴蒂高潮”？究竟手淫所引起的身体变化与性交时出现的身体变化是不是一样的？究竟手淫是有害还是无害？究竟人类的性能力、性欲与年龄的关系如何？对诸如此类很多问题的可靠回答，只有在对不同年龄的男女性行为进行客观的实验研究之后才能得到。因此，随着人类科学探索的进程，性反应的实验研究终将被

提出来，这一莫大的禁区终将被打破。就像生理学的实验研究是现代医学的重要基础一样，性生理学的实验研究也是现代性医学的重要基础。

美国妇产科专家玛斯特斯博士和心理学家约翰逊博士成功地进行了性反应的实验研究，成为了现代性医学的真正的开创者。1966年，他们出版第一部专著《人类性反应》，此书首次详尽而客观地描述了整个性反应各个期男、女双方的身体变化。1970年出版了第二部专著《人类性机能障碍》，开创了性治疗的新阶段。然而，当他们试图将最初得到的研究成果在美国妇产科医师的学术会议上报告时，大部分医生拒绝支持他们的研究并告诫他们就此罢手，许多有名的医学期刊不予刊登他们的发现，有人施加政治压力阻止他们的研究得到政府的资助。他们的研究成果一直拖延到1962年在美国心理学会的年会上才首次向热情的听众们陈述出来。

在玛斯特斯和约翰逊的工作的基础之上，“性治疗”（Sex therapy）近年来成为一个新的专门分支学科。“性治疗”的另一位重要的奠基者是美国纽约的医院的卡普兰（H.S.Kaplan）博士，她关于现代性治疗的代表作《新的性治疗》于1974年问世。性治疗的主要原则是：性功能紊乱是配偶双方都有份的，因此男、女双方（不管障碍表现在谁身上）都要接受治疗；治疗要致力于消除“操作焦虑”，改变对性行为的消极态度；要向男、女双方提供足够的信息和教育；必要时改变生活安排，等等。性治疗强调对性功能进行积极而直接的治疗，而不像精神分析治疗那样长时间的谈话，追溯童年的一切，追求“人格变化”等等。性治疗的效果很显著，例如本森（R.C.BENSON）教授主编《现代妇产科的诊断和治疗》（第三版，1978年）中介绍玛斯特斯和约翰逊治疗186例早泄，失败的只有4例。性治疗的成功，推动着性学和性医学的进一步发展。

可以说"现代性学的重建阶段"（第二次性学高峰）的焦点是"性多数"[1]，也就是说是人类社会中的普通人（包括出现性功能障碍者），研究的是并未被污名化的大多数人的性生活，中心议题在于认识和支持性多数。事实上，性多数中，就有性少数的行为，其间并无严格的分界。对性多数的研究，以促进性少数的"非医学化"，由把性少数看成疾病而改为是正常的差异，从而进一步保护性少数。

同性恋就是一个最好的例证。同性恋行为由"犯罪行为"，经第一次性学高峰，改认为是一种疾病，由被认为是"罪恶行为"变成是"异常行为"。然而，金西的调查表明：同性恋者的数目并不少，1948年报告5300名成年男性白人，有过同性恋行为的占37%，其中绝对同性恋者占4%；1953年报告5940名白人妇女，有过同性恋行为的占13%，其中绝对同性恋占3%。美国政府的一项出版物中公布了吉伯哈德1972年的估计：成年妇女有过同性恋体验的约占10%–12%，男性同性恋行为的发生率更高一倍，即约占20%–24%！进而，在1973年，美国精神病学会召开全国代表大会更以58%赞成，38%反对，4%弃权通过决议，把同性恋从"异常行为"中删除，同性恋第一次正式地被承认为"一种并非病态的性行为方式"。这里，就把"性少数"和"性多数"统一起来了，全都是人类"性象"（Sexual spectrum）的不同部分，整个人类的性权（Sexual rights）都要受到肯定与尊重，也就是说，性学的新高峰将要关注的是：性少数和性多数都并列为在"性象"中，从而实现人类全体的性权（Sexual rights）。

1　笔者在此将"性多数"作一种很广泛的"模糊定义"：一切不曾被社会发现为"不正常"并污名化的任何性行为者，即最广大的社会大众，所以其中也包括实际上的未公开其性偏好的性少数。

二、性学的现在

“现在”（不是“现代”）指的是“当代”，也就是我们所正处于其中的时代。从性学的发展来看，它开始于有历史意义的1999年。

● 第三阶段（1999年-现在）

笔者又将此阶段称为“现代性学的性权阶段”、“性学的解放性全数阶段”或“世界第三次性学高峰的兴起和发展时期”。

笔者以1999年“世界性权宣言”的正式通过，作为新阶段（或第三次性学高峰）的起点。

1999年，不仅是20世纪最后的一年，更是现代性学发展上，一个崭新的阶段的肇始之年：是这个性权（Sexual rights）宣言引导世界进入全面落实人类性权益的新时代。这个新的阶段，才刚刚开始不久，将要致力于实现“性全数”[1]的“人权化／性权化”：全人类、全年龄、全性别都要有完全的性权（Sexual rights），既要消除性多数和性少数的性对立，也要消除性方面的年龄歧视（“老人无性”和“少儿无性”的严重社会偏见）和性别歧视（对女性的性歧视和对“跨性”／“第三性”的性歧视），实现性的“四全”：全人类、全年龄、全性别都要有完全的性权（Sexual rights）。

科学性学的发展三阶段，很适合用辩证法的“否定的否定”规律来描绘。每一个阶段只有开始，并无完结。第一阶段“解放性少数”的历史任务，并不会终止在1933年，而是继续融入到第二阶段；第二阶段“解放性多数”的历史任务，也不会终止在1999年，而是继续融入到第三阶段；也就是说第三阶段“解放性全数”，乃是第一阶段（“正”）和第二阶段（“反”）的综合（“合”），第三阶段是经

1　性全数，只是人类全体的另一个说法，用以和全体性少数和性多数作为同等构词的一个词语，当然它把性少数和性多数综合在一起，不再加以区分。

由"否定的否定"（"正–反–合"）的"螺旋式上升"，它包含了继续完成"解放性少数"和"解放性多数"的任务，并且还增加了更高更全更大的历史任务，要实现全人类、全年龄、全性别都要有完全的性权这一长远目标。

2008年在中国深圳举行成立大会的"世界华人性学家协会"（WACS），便是以此目标为宗旨的一个国际性学学术机构，第二届学术会议于2010年10月在广州召开，2011年8月在成都举行了WACS的第三届学术年会。

"世界华人性学家协会"现在已经出版9种学术期刊：《华人性研究》、《华人性文学艺术研究》、《华人性人类学研究》、《华人性权研究》、《华人博客性学研究》、《华人老年性生活研究》、《华人性的人文社科研究》、《华人性健康研究》、《华人性教育研究》等。这些都可以在WACS的专属网站www.wacshome.net免费全文阅读与下载。这些杂志推动了华人在性研究领域的开拓与研究，传播性研究的智慧成果，同时也认可以说，它们都是为实现新的性学高峰"性4全"的目标服务的。

在实现这个新世纪的伟大目标中，当前一定要注意克服几种误区解决好个人性权利与社会发展的内在辩证关系：

第一，个人享有全面的性权利，乃是基本人权的一部分，社会有义务保证其实现，因此不能过分强调社会利益及有序，而忽视个人的性权利，更不能损害与取消个人的性权利；同时，只有社会的精神财富和物质财富的不断发展，才能给个人性权益的完美实现，提供更好的保证；

第二，个人性权利并不是无限制的"绝对的性自由"，并不是任何性行为都可以可以不受任何约束。这种不受限制的绝对自由，不但不是可以实行的，而且根本上就是反性权的。性权宣言本身就坚决反对和并完全杜绝这种“打着性权旗号反性权”的反社会反人权恶行。性权宣言的第一条和第二条说得很明确：

> 1. 性自由权。性自由包括个人表达其全部性潜力之可能性；然而，它排除生活中所有形式之性强迫、性剥削与性辱虐，无论何时，亦无论出于何种情况。
>
> 2. 性自主、性完整与肉体安全权。该权利包括在个人的与社会的伦理脉络中，个人就其性生活自主决定之能力，亦包括掌握与享用我们的身体使之免于任何的虐待、伤残与暴力。

任何个人在性方面对他人的胡作非为，就是直接违反和践踏性的自主自决和自由，是破坏性权实施的反社会犯罪行为，必定要也一定会受到社会的制裁，以维护社会的利益及有序，以保证个人性权益的圆满达成。

第三，完全的性权利，包括很多内容，其实现需要一个过程。首先要确立性的自主自救和自由权。其他的性权利，例如性快乐权，性表达权等，必须在尊重他人的性自主自救和自由权的基础上，才有现实的可能性，才有不受社会制裁的合理性，才能够体现出性的美好与欢乐。

三、性学的未来

可以预期在不久的未来，个人性权利与社会发展的相互促进关系能够很好地建立，能够体现与推动“全人类、全年龄、全性别、全性权”的各种研究著作与社会行动不断涌现，一个人人享有生殖健康性健康和整个心身健康的自由美好的世界，将会来临！

另一方面，在性学的学术研究和发展上，也会出现许多重要的新领域新课题新成就，特别是以下一些方面的显著成果。

（一）"性心理学"的建立和发展

性心理学十分重要，是性学的三大支柱之一，也是很有兴趣的，很有实际意义的，然而真正的性心理学作为学科分支，过去不曾存在，现在也还没有，但将来一定会出现，我们要为建立和发展它而努力。

虽然霭理斯的《性心理研究》7大卷开性心理研究的先河，当人们建议他写一本小篇幅的大学教科书时，他把书名定为《Psychology of sex》，潘光旦教授自然也就正确地译成性心理学。因此，在英文和中文中，Psychology of sex，性心理学，就成为好像是一门独立存在的学科。然而，有一本书名叫"性心理学"，并不等于作为一个专门学科就已经建立。实际上，霭理斯著的《性心理学》也只能算是1920年代的"Human Sexuality"或"性学导论"（"性学概论"，"性学纲要"）的教科书，根本不能说是"性心理学"，因为书中所有的概念都是在"性学"、"普通心理学"、"儿童心理学"、"发展心理学"、"病理心理学"、"精神病学"、"社会学"、"婚姻家庭学"、"性教育学"、"性伦理学"、"性生物医学"等等业已存在的学科中分别都已经出现过，像"性欲"、"爱情"等等，所有书中所用的概念几乎都在别的学科中已经存在，而并没有特殊的新概念，也就不会有特定的新学科的出现。所以说，加强对性的心理学方面的研究，提炼出一些新的、真正是描写"性心理"的独特概念，建立系统而完善的性心理学专业体系，是性学未来发展中的一个极为重要的迫切任务！

（二）“性行为学”的建立和发展

虽然人们好像都知道什么是性行为（其实不然），也有许许多多文章和书籍讨论性行为。也可以说对性行为的方方面面的研究，正是性学的中心课题，然而，作为一门专门学科的“性行为学”，至今还是有待完成的一项重要的任务。著名性学家、世界最大的性学网站的建立者黑伯乐博士在2006年10月10日给笔者的信中说：“我在写《人类性行为》高级教程，已经写了一年多，这是第一本详细研讨人来性行为的教科书，大概还要两个月才能完成。”2007年堪称第一本“性行为学”的教材问世，随后也有了中文译本。[1]然而，这本教材是以性行为的文化历史和理论为主，还要加入性行为的实用方面，才能建立起更为完整的“性行为学”。

（三）“性行为描绘”的在多种媒体的进一步发展

“性行为描绘”，在西方称为Erotology，在近年来已变成一门显学，我可译为“色情学”（维基词典将其译为“性爱学”，不可取）。其实，这个术语并不是新的。例如，1824年，也就是在100多年前，便出版了一本《古典色情学手册》，2003年有重印本。2008年6月20日在Google搜索引擎上输入Erotology这个字，可以找到15100页网页。作为一个学术领域来说，色情学还是一个非常新颖的学科。色情图像（形象）主要表现于文学艺术作品中，同时也反映于各种性信息／娱乐性期刊、场所及大众传媒中。

（四）“电影性学”的发展

近一百年来，人类科学技术的进步，大大扩大了人们对性（Sex and

1　欧文 J. 黑伯乐原著，彭晓辉译，阮芳赋审校，人类的性行为。

Sexuality）的观察、研究和实践。过去，我们只能观察与研究“现实世界”的性现象。电影、电视、计算机视频和手机视频的出现与普及，使我们可以在“影视世界”中观察与研究大量的性行为和性现象。19世纪末，法国卢米埃尔兄弟发明了电影，使电影艺术成为20世纪最受欢迎的大众艺术而独步全球。印度以年产700部故事片和900部短片号称全球最大的电影产业中心，仅在数量上次于美国，但在出口和投资，特别是票房收入方面雄居榜首的电影强国当属美国。香港的电影业亦因产量和出口位居世界前列。也就是说，全世界每年生产的电影有好几千部，100多年来，虽然初期不会年产那么多，但电影的总数也会在十万部以上，并且与日俱增！人人有性，从生到死，性是人的生命和生活的重要内容。可以想见，在如此众多的电影作品中，涉及对于人类性行为和性生活的形象表达，会是多么丰富。对于性学来说，又是多么富有的一个研究领域！值得对电影、电视等影视和性学两方面都有兴趣的志者投入研究。

（五）“网络性学”和“博客／微博性学”的发展

1990年中期以来，互联网发展很快，出现了“网上性爱”等等大量存在于“虚拟世界”的性行为和性现象。也就是说，现在，人们既可以研究“现实世界”中的性行为等性现象，也可以研究“虚拟世界”中的性行为和性现象。

许多性学家在写博客／微博，更有许多非性学家在他们的博客／微博中谈论性，这些“博客／微博性文”加起来在量上极为庞大，而且与时俱增，极有收集和研究的价值。“博客／微博性学”就成为庞大的“网络性学”中的一个专门的分支。

（六）“性幻想学”的建立与发展

这些年来，对于“性幻想”的研究的进展很大，证明性幻想单独便可以引致性高潮，而性幻想的内容变化万千，类别繁多，其中有些根本不可能实现，根本不想去实现，或根本不要去实现。因此性的“幻想世界”作为研究目标，在理论上和实用上都很有意义。

（七）“实用性学”的建立与发展

虽然，无论西文或中文出版物中有关“性技巧”的“实用手册”（"How To" Books）很多，然而从性学的专业角度，以系统的科学方式，全面讲述人类性行为的大型实用性学著作并未出现。长期以来，还是空白，并不是因为这方面的内容，不为大众所重视和喜爱，只是因为性学的成熟度以及社会对性学接受的程度，尚未达到所要求的高度。看来，完成这一历史使命的时机业已成熟。

（八）性学的实用化、社会化与职业化

性学，作为一个专业，无论在专业领域的规模，还是社会的接受与应用程度，都还是有很大的发展空间的。性学，就其实践助人层面来说，主要应用有性教育、性咨询、性治疗等方面；就其社会社会变革层面来说，主要任务有改变社会上的反性的态度与观念，消除反性的法律与道德的负面作用，建设开放而健康的性文明，维护和扩大民众的性权益，提高个人和社会的性福祉。当然，这就需要培养足够的职业化的性学助人者队伍。而所有这一切，在有的地方，也许尚未开始，也许只是刚刚开始，性学对世人和社会发挥积极而巨大的良好作用还需要一个很长的艰苦努力的过程。

总之，现代性学虽然已经有100多年的历史，然而它还是一个发展中的领域。一个全面的社会、法律、道德的标准的建立，表达在“世界性权宣言”中，才只有12年！一些重要的专科，例如性心理学、性

行为学、实用性学等等，还只在萌芽状态。性学的实用化、社会化、职业化也还刚刚开始。这是一个有志者大有可为的广阔天地。也是一个会给每个人和全社会都可带来实质性的欢乐与福利的、极为人性、极其人道的研究领域。愿有志者在不久的未来，作出许多新的重要贡献！

附录：

世界华人性学家协会（WACS）发起和组织过程概述

一、基本构想和进展情况（2007年2月5日）

1993年在成都举行的中国性学会（筹）学术会议的闭幕即席致词中，我衷心预测：历史上以说德语的性学家为首，掀起了第一次世界性学高峰；以说英语的性学家为首，掀起了第二次世界性学高峰；由于一些明显的原因，在21世纪，将以说汉语的性学家为首，掀起第三次世界性学高峰。

当然，要实现这一理想，需要完成许多步骤。现在，可以见到的几个明显的进展是：1999年吴敏伦教授主持了第一次在华人地区召开世界性学大会，并通过有伟大意义的“世界性权宣言”；2006年以林燕卿教授为所长的树德科技大学性学研究所博士班开学连同前后的200名以上硕士生，形成了当今全球最大的性学培训基地；同年，以彭晓辉教授为主译完成了在“世界上最大的性学网站”中主要性学自学课程的中译，并使该网站的点击量大幅增长，其中中文版的点击量居于各种文版之首。近年来，在广州、武汉、香港、深圳等地，接连举办性文化节，表明性和性学在华人世界已经成为大众化的社会行为。

带有根本意义的是必须把华人性学家联络起来，组织起来，就性学研究的方法和方向，进行更密切更有效的交流，使性学的研究更科学，更有独创，更有意义，更有革命性的巨大影响力和带动力。为此，在2007年2月4日在中国第一个“性吧”举行的“深圳市性学会常委会暨首届性文化节筹备会”上，我建议立即着手建立“世界华人性学家协会”（World Association of Chinese Sexologists，WACS）。

为各方面的方便起见，我并建议此会在香港注册，并请吴敏伦教授担任会长，马晓年、林燕卿、胡佩诚3位教授担任副会长，陶林教授担任秘书长，彭晓辉教授担任副秘书长。这一提议蒙与会者深表赞同。会后的小型讨论中，当日在场的吴敏伦教授、陶林教授、彭晓辉教授都欣然接受他们在会中的职务。次日，我通过电话也和马晓年、胡佩诚二位教授商谈过，他们二位也欣然接受他们在会中的职务。林燕卿教授通过EMAIL也欣然接受。

二、创会的主旨和机构的构想（2007年2月8日）

（一）特殊情况要特殊的方式

由于华人遍布全球，几个主要的实体华人社会，例如中国内地、中国台湾、香港和澳门以及新加坡等，可能会有政治方面的分歧，因此，必须以一种特殊的运作方式，来组建本会。这就是目前采用的“发起人”和“6人小组”的方式。

发起人阮芳赋是不属于上述任何一个实体华人社会，但又对以上实体华人社会的性学发展素有了解，因而可以比较公平的提出方案。在成立大会之后，发起人的功能即自动取消。

由发起人提名并获当事人同意的“6人小组”（吴敏伦、马晓年、林燕卿、胡佩诚、陶林、彭晓辉），之所以不称“筹备委员会”，是因为有力的和连续的领导核心，是本会成功实现其学术使命的关键，这个"6人小组"在正式成立后，依然不变。他们不是过渡的，而是在正式成立后无间断地继续领导本会（后来名单有重要扩大，见后）。

（二）主旨和原则

本会是一个完全致力于性学学术研究和推广的全球性民间组织。本会的原则是学术第一。不流于商业牟利，也不流于哗众取宠。通过学术交流和学术讨论推进学术发展和应用。

（三）总会和分会

本会总会设在香港。总会名称即为"世界华人性学家协会"（World Association of Chinese Sexologists，简称WACS），在香港注册。其他地方按照情形，可建立分会。

（四）会刊和学术会议

1. 本会出版会刊："华人性研究"（WACS Newsletters）。为节省经费，除创刊号外，以后只出电子版，发布于本会网站，并通过EMAIL发送给会员。

2. 本会目前不出版学刊。鼓励会员在已有的专业杂志发表著作和论文。

3. 本会每两年举行一次学术会议和会员大会。本会将以高质量的论文或有指导意义的专题演讲来实现其特定的使命。

（五）经费

1. 为了方便创会，本会目前采取个人会员"不收会费"。

2. 团体会员收取入会费。

3. 本会接受机构或个人捐款。数额不限。

三、关于会刊及网站的建议（略）

四、关于“华人性学家”的双重意义的说明（2007年2月19日）

彭晓辉教授在给我的信（2007年2月15日）中提出：“有国外的朋友认为，这个协会是否可以考虑接纳研究中国性问题的外国人（非华人）入会？我个人认为，完全可以采纳。”这个意见很对，是对本会创会的意义和作用的重要扩展。事实上“华人性学家”一词有双解：本身是“华人”的“性学家”，他们可以不是研究“华人性学”（Chinese Sexuality）的：A sexologist who is a Chinese；本身不是华人，但是专门研究“华人性学”（Chinese Sexuality）的专“家”：An expert of Chinese sexology，or a sexologist of Chinese sexology，who is a non–Chinese。

这些“华人性学家”的最初而杰出的代表是已故的高罗佩（Robert van Gulik）和李约瑟（Joseph Needham）。近年来，写“华人性学”的非华人不断增加，“华人性学”已经成为一种“显学”。我们应该欢迎像Elaine Jeffreys这些后起的“华人性学”研究家入会。

五、世界华人性学家协会筹备会议（略）

六、关于日程改变和重要进展的通报（略）

七、建立秘书处和性文学艺术专业委员会的通报（略）

八、成立大会和WACS现况（2010年1月14日）

著名华裔性学家、美国旧金山“高级性学研究院”（IASHS）教

授、“美国临床性学家院”奠基院士（FAACS）阮芳赋教授1993年在成都举行的中国性学会（筹）学术会议的闭幕即席致词中曾说：“历史上以说德语的性学家为首，掀起了第一次世界性学高峰；以说英语的性学家为首，掀起了第二次世界性学高峰；由于一些明显的原因，在21世纪，将以说汉语的性学家为首，掀起第三次世界性学高峰。”基于对世界性学发展的这一基本判断，为了联合全世界的华人性学家和研究华人性学（Chinese Sexuality）的汉学家一起肩负起这个历史使命，由阮芳赋教授于2007年2月在深圳发起的“世界华人性学家协会”（WACS）经过大半年的筹备，已于2007年9月在香港注册。由著名性学家香港大学吴敏伦教授担任会长、清华大学马晓年教授、中国社会科学院社会学所研究员李银河教授、中国人民大学性社会学研究所所长潘绥铭教授、深圳市性学会会长陶林教授、台湾树德大学人类性学研究所所长林燕卿教授、台湾中央大学性/别研究室特聘教授何春蕤博士、美国纽约东西方性学研究所邓明昱所长担任副会长。

2008年1月20–22日“世界华人性学家协会（WACS）成立大会暨性学高峰论坛”于在中国深圳召开。会议的中心议题为“性学、性教育、性医学在“两岸三地”及世界各地华人小区发展的现况和未来”。

1月20日8时30分，成立大会开幕式由本会发起人阮芳赋教授、会长吴敏伦教授和福特基金会驻华项目官员李文晶博士共同主持。会长吴敏伦教授致开幕词，中国性学会理事长徐天民教授、香港性教育协会黎定基会长、台湾性教育协会高松景理事长、台湾性学会理事长林燕卿教授、国际华人医学家心理学家联合会邓明昱理事长、美国福特基金会项目官员李文晶博士分别致词祝贺。他们一致认为世界华人性学家协会的成立，是21世纪华人性学发展的一个里程碑，这个史无前例的、包含着海峡“两岸三地”，以及海外的老中青三代华人性学家共同参与的学术团体，将在互相尊重、百家争鸣、和谐发展的背景下，与其他华人性学团体共同缔造以华人为主的人类性学第三次高峰。

来自中国内地和港台、美国、日本、马来西亚的华人性学家及研究华人性学的西方汉学家200多人，云集深圳著名风景区“青青世界”，参加了大会开幕式和随后的三天“性学高峰论坛”。

在高峰论坛演讲的主要专家有：潘绥铭教授、刘达临教授、李银河教授、马晓年教授、陶林教授、瞿明安教授、彭晓晖教授；晏涵文教授、文荣光教授、林燕卿教授、何春蕤教授，宁应斌教授；阮芳赋教授、邓明昱教授等。

三天的紧张的高峰论坛和学术交流，分为6大区块：

1. 性健康和性权益专题

2. 性咨商和性治疗专题

3. 性教育专题

4. “性（Sexuality）研究”专题

5. 性文化性艺术和性产品专题

6. 华人性学现状与未来的综合讨论和闭幕式

每个专题均有7–8位专家学者，分别用25分钟进行大会报告，最后统一在台上与台下观众互动，回答与讨论大家感兴趣的种种问题，十分热络。在老一辈性学专家的带领和指导下，不少新近毕业的性相关领域的博士，硕士和还在学的青年学者，纷纷在大会发言，意气风发，崭露头角。与会者既能享受著名性学家们精彩淳厚的讲演，又能领略青年一代崭露锋芒的风采。

世界华人性学家协会成立后，学术会议每两年一届，如有单位申请，也可以在两年中增加插入一届。首届学术会议已在2009年8月14–17日在台湾高雄胜利召开。第二届学术会议于2010年11月在广州与中国全国成都性文化节同时召开；第三届学术会议于2011年8月在召开。

世界华人性学家协会已经出版的中文学术刊物有《华人性研究》、《华人性文学艺术研究》、《华人性人类学研究》、《华人性权研究》和《华人博客性学研究》这些刊物都可以在WACS的专属网站www.wacshome.net 全文阅读与下载。英文刊物有 WACS Newsletter。

世界华人性学家协会 LOGO
（创意设计：黄灿）